時

# 謝沅瑾

# 蛇年

二〇二五 乙巳年

# 生肖運勢大解析

# 自序

我從一九七八年開始學習命理五術風水，無論古籍、通書或現今風水刊物，始終覺得博大精深，浩瀚無底，進而接觸日本、韓國……等各國命理五術刊物，更覺得深淺不一，各有所述。

一九九四年，我開始長期參與各大電視台採訪錄影，談風水命理，到二〇〇三年，受邀《台灣妙妙妙》專業風水節目錄影長達兩年，其間「風水命理界教父」之名不脛而走，用科學角度分析解釋，開創專業風水命理解析先例，深得好評，其收視率之高，首播加上重播長達十年之久。

自二〇〇四年「風水命理教科書系列」出版後，更造成出版界的一股風水命理旋風，第一本風水書銷售二十七萬冊以上的佳績，連續七年以上排行榜冠軍，更是締造命理類書籍的紀錄，出版業甚至有專文討論解析本書瘋狂銷售的原因，除了讓風水普及之外，更讓大家有正確的科學風水觀。一直以來，除了希望讓大家有正確的風水觀念，以免受騙之外，我更希望能夠讓「通書」、「農民曆」和「命理」融合，讓更多的人方便簡單好用。

常常遇到許多年長的媽媽們，一說到「農民曆」，大部分不是因為內容艱澀使她們「看不懂」，要不然就是密密麻麻的字讓她們「看不清楚」，再者，農民曆中往往充斥許多「不知所云」的內容。因此做一本精確、實用、容易閱讀的農民曆，不只是獻給我自己的爸爸、媽媽，更獻給普天之下有福份的每一位爸爸、媽媽。這本農民曆設計上方便使用、簡單易懂，讓讀者可以自己選擇吉日、吉時，並輕鬆找出每天的財位、貴人、旺方、喜門……等方位，並能避開每天的煞方，讓每個人都能輕鬆趨吉避凶，幫助大家事業有成，事半功倍。

今年更增加了生肖運勢大解析，為大家用生肖與農曆月份排出流年流月，提醒讀者留心自己與家人的運勢，可以提前消災解厄、招財納福。

期望能以此書，讓我的希望理想和座右銘能夠落實在每一位有福氣的朋友身上，那就是：

**風水，**
**讓富人累積財富，**
**讓窮人改變命運！**

謝沅瑾

# 謝沅瑾老師大事紀

| 西元 | 年齡 | 重要經歷 |
|---|---|---|
| 1970 | 6 | • 開始學習國術 |
| 1978 | 14 | • 開始學習命理五術 |
| 1982 | 18 | • 以業餘身份開始從事命理工作<br>• 考上國術、太極拳合格教練 |
| 1990 | 26 | • 白手起家配合風水專業知識創立連鎖事業 |
| 1993 | 29 | • 正式執業，成立「謝沅瑾命理研究中心」 |
| 1994 | 30 | • 開始長期接受台視、中視、華視、三立、東森……等九家台灣電視台以及平面媒體新聞採訪報導 |
| 1995 | 31 | • 受邀長期參與台灣各有線無線電視台節目錄影 |
| 1996 | 32 | • 受邀長期參加台灣三立電視台《穿梭陰陽界》、台灣GTV 27《神通鬼大》……等節目錄影 |
| 1997 | 33 | • 受邀長期參加台灣中視電視台《社會秘密案》……等節目錄影 |
| 1998 | 34 | • 受邀長期參加台灣超級電視台《星期天怕怕》、台灣八大《神出鬼沒》……等節目錄影 |

| 西元 | 年齡 | 重要經歷 |
|---|---|---|
| 1999 | 35 | • 受邀長期參加日本電視台電視錄影<br>• 受邀參加台灣東森電視台《鬼話連篇》……等節目錄影長達五年 |
| 2000 | 36 | • 受邀長期參加台灣三立電視台《第三隻眼》……等節目錄影 |
| 2001 | 37 | • 受邀長期參加台灣東森S電視台《社會追緝令》、台灣GTV 28《命運大作戰》……等節目錄影 |
| 2003 | 39 | • 受邀參加台灣中天電視台《台灣妙妙妙》……等節目錄影長達兩年 |
| 2004 | 40 | • 受邀參加上海電視台演講錄影<br>• 風水著作「謝沅瑾風水教科書系列」開始出版 |
| 2005 | 41 | • 長期受邀於新加坡、馬來西亞……進行多次演說<br>• 受邀參加台灣緯來電視台《好運望望來》長達一年、《不可思議的世界》……等節目長期錄影 |
| 2006 | 42 | • 「謝沅瑾風水教科書系列」第五本《好風水、好桃花》出版<br>• 「謝沅瑾民俗風水百寶箱系列」—《福》、《祿》、《壽》、《喜》出版 |
| 2007 | 43 | • 受邀長期於《獨家報導》撰寫「謝沅瑾回憶錄」，成為第一位在雜誌連載回憶錄的風水命理老師<br>• 「謝沅瑾風水教科書系列」第六本《招財風水教科書》出版 |

# 謝沅瑾老師大事紀

## 2008 — 44
- 「謝沅瑾民俗風水教科書系列」——《謝沅瑾開運農民曆》出版。《一瞬間改變命運》出版

## 2009 — 45
- 「謝沅瑾民俗風水教科書系列」——《謝沅瑾老師教你改運發大財》出版

## 2010 — 46
- 受邀長期參與海外澳亞衛視《順風順水》節目錄影
- 「謝沅瑾民俗風水教科書系列」第七本《新居家風水教科書》《謝沅瑾老師教你改好運發大財2》出版

## 2011 — 47
- 「謝沅瑾民俗風水教科書系列」第八本《文昌風水教科書》出版
- 「謝沅瑾風水教科書系列」第九本《新居家風水教科書2》出版
- 創立「中國正統民俗風水教育協會」擔任第一屆全國總會理事長
- 當選「中華星相易理堪輿師協進會」第四屆全國總會理事長

## 2012 — 48
- 受邀長期參與緯來電視台《風水有關係》錄影

## 2013 — 49
- 謝沅瑾「行動風水教室」臉書粉絲團成立，開始分享謝沅瑾老師風水案例

## 2014 — 50
- 謝沅瑾老師粉絲頁「謝沅瑾命理／民俗文化研究中心」與「謝沅瑾老師行動風水教室」粉絲目前合計突破43萬人
- 出版《謝沅瑾羊年生肖運勢大解析》一書

## 2015 — 51
- 出版《謝沅瑾猴年生肖運勢大解析》一書

## 2016 — 52
- 出版《觀相》一書，教讀者看相識人
- 長期受邀緯來電視台《來自星星的事》錄影
- 出版《謝沅瑾雞年生肖運勢大解析》一書

## 2017 — 53
- 出版《謝沅瑾狗年生肖運勢大解析》一書
- 出版《謝沅瑾最專業的經典居家風水》一書

## 2018 — 54
- 出版《謝沅瑾豬年生肖運勢大解析》一書
- 出版《謝沅瑾最專業的財運居家風水》一書
- 獲頒國際性亞洲傑出環境理論風雲人物獎
- 世界道教文化國際高峰會議授予中華道家易經堪輿「卓越貢獻成就獎」

## 2019 — 55
- 出版泰文版《謝沅瑾最專業的開運居家風水》一書
- 出版《謝沅瑾鼠年生肖運勢大解析》一書

## 2020 — 56
- 出版《謝沅瑾牛年生肖運勢大解析》一書
- 出版泰文版面相書《觀相》

## 2021 — 57
- 出版《謝沅瑾虎年生肖運勢大解析》一書

## 2022 — 58
- 出版《謝沅瑾的現代聊齋》一書

## 2023 — 59
- 出版《謝沅瑾兔年生肖運勢大解析》一書

## 2024 — 60
- 出版《謝沅瑾好運龍龍生肖運勢大解析》一書
- 出版《謝沅瑾蛇年生肖運勢大解析》一書

## 弟子序 于千祐 老師

- 中華堪星道派第十七代掌門宗師
- 中華易經十大名師
- 中國正統民俗風水教育協會總會理事長
- 中華星相易理堪輿師協進會總會秘書長
- 謝沅瑾命理／民俗文化研究中心專任風水解說老師

謝老師不僅破除了一般人把「風水」與「迷信」畫上等號的錯誤認知，更讓這個傳統的知識用科學的理論論證，與時俱進。

自一九八三年起認識謝沅瑾老師，算一算時間已經四十多年了，很多人都很羨慕我，有什麼樣的因緣際會可以認識謝老師？我想也許一切都是緣分吧。一九八三年，當年我們都還是學生，那時，我想創立台灣協和工商夜間部手語社，在學校老師的指引下，認識了已經創立協和日間部手語社半年有餘的謝老師，在他的協助下，終於完成了我的夢想。接著我又加入謝老師在松山區青少年福利服務中心創立的手語社。這個手語社裡，有來自台北市各個有意願創立手語社的高中高職所派出的學生代表，大家一起在這裡學習手語及手語歌，學成之後回到學校去創立手語社，這些學生也就是第一批手語歌流行歌曲表演的種子。

除了和謝老師一起練習手語、手語歌之外，我也和許多人一起向謝老師學習「功夫」（國術），再把國術與手語結合，一起表演。但謝老師是個有豐富才藝的人，最讓我欣賞的並不只是上述的這兩項，而是「文筆」與「易經風水命理」。謝老師在學校裡可說是風雲人物，不論是攝影、文章、新詩等，都有他的作品。從此結下了這個不解之緣。

這麼多年來，我跟隨謝老師走遍世界各地，在眾多場合聽他解析各國不同的風水建築，除了感佩他的知識涵養深厚之外，更讓我感動的是謝老師對「易經風水民俗」永遠不變的熱忱。不論是在華人或非華人區，面對東方或西方人，只要你對風水有興趣，只要你願意提問，謝老師就會不厭其煩的為你詳細解說。他就像是一座大型的知識庫，能從「科學的角度」、「民俗的說法」、「風水的原理」、「依據和根源」全方位的分析老祖宗的智慧，不僅破除了一般人把「風水」與「迷信」畫上等號的錯誤認知，更讓這個傳統的知識用科學的理論論證，與時俱進。我想，這也就是為什麼謝老師能夠讓這麼多政商名流、科技新貴、藝人明星到一般大眾都能信服他、喜歡他的原因吧。

從一九九四年第一個電視新聞採訪開始，到二〇〇四年謝老師的第一本著作出版，二〇一〇年更在澳門「澳亞衛視」開創第一個兩岸四地看的見的「專業風水節目」「順風順水」，拜科技之賜，謝老師是「台灣風水教父」的聲名越來越遠播，走遍世界各地都有人能叫得出謝老師的名字，但無論老師多麼有名，他永遠都能保持赤子之心，永遠那麼謙遜與充滿熱忱，這也是我與老師的弟子們最感佩的地方。

而無論您是老師的觀眾或者讀者，相信看過、聽過他對風水的分析，也能感受到老師對風水的解析真的不一樣，能夠理解他讓大家尊重的原因，他所寫的書，也完全毫不藏私的和大家分享，也希望讀者們都能從中認識到正確的風水知識，並且勇於改變，就像老師經常掛在嘴邊的一句話：「風水讓富人累積財富，讓窮人改變命運」，讓我們一起踏出成功的第一步吧！

## 弟子序

# 胡瑋庭 老師

- 中華堪輿道派亞洲區行政負責人
- 中華堪輿道派宗師府大弟子（謝沅瑾老師入室大弟子）
- 謝沅瑾命理／民俗文化研究中心亞洲區行政負責人
- 中國正統民俗風水教育協會全國總會常務理事

自一九九五年認識謝老師開始，從一個拜託謝老師幫忙看自己家裡風水的人，轉變成一個跟著謝老師看人家家裡風水的人，每天和謝老師一起看風水、八字、姓名學已經十八年，然而謝老師給我的感覺，卻跟二十多年前剛認識時一樣，永遠是那麼熱心、真誠與負責。

在開始和謝老師學習時，謝老師已經是一個媒體寵兒，除了固定時間錄影的兩個節目以外，還隨時都會有媒體想要採訪或邀約錄影。

在每天排得滿滿的風水鑑定行程中，還要挪出時間參加各種錄影與訪問，固然考驗了一個助理的能耐，但更考驗了一個老師的品格和人格。

因為在這二十多年來，眼看著許多老師在電視媒體上進進出出、出現消失，或者自以為有名而張牙舞爪、得意洋洋，甚至在命理業務上獅子大開口的人大有人在，能夠像謝老師一樣，在媒體的包圍之下，依然維持一貫的誠實、謙虛、純樸、熱忱的老師，可說是少之又少。

特別是和謝老師在國際舞台上看著美國、日本、新加坡……等世界各國媒體邀約採訪時，一位真正國際級的大師，受到大家真心的尊重，仍然能夠保持平常心，對待所有的人，那種感覺，才是我真正感動的地方。

謝老師要求每一位弟子，一定要有人飢己飢，人溺己溺的精神，並常說道：「法律之前人人平等，相同的，在當老師的人面前也應該是一樣人人平等，絕對不可分貧富貴賤，任何人都有改變命運的權利！」所以和謝老師一起走過的這十八年間，無論是達官貴人，或是一般民眾，謝老師從不分貧富貴賤，都是一樣認真謙虛的對待。

謝老師常常犧牲用餐時間，餓著肚子，還認真的聽每一個人說著自己的問題，看在眼裡，感動湧現在心裡。

在這二十多年中，有好幾次遇到家中發生急難的人，不計一切代價，甚至直接捧著大把鈔票前來，只希望事情能越早處理好越好。這種情況要換做是其他老師，有的可能就照單全收，甚至還趁火打劫，想盡辦法敲竹槓的大有人在，但謝老師不但沒有如此，甚至見到當事人原本就家境困苦，更是伸出援手免費幫忙解決問題，這種善行義舉，對天天和謝老師一起東奔西跑，救苦救難的我們，更是如數家珍。

由於長期在謝老師身邊的關係，謝老師在風水命理姓名學上的專業與準確，對我而言已如同家常便飯，見怪不怪，然而眼看著一位命理老師，長期處在這樣的地位與聲望中，卻依然能保有當年的那股熱情與原則，對我們這種經歷無數，聽過成千上萬家庭的喜怒哀樂的人來說，謝老師的「一路走來始終如一」才是我最敬佩他之處。

## 弟子序 于子芸 老師

- 中華堪輿道派宗師府二弟子（謝沅瑾老師入室二弟子）
- 中華易經十大名師
- 中國正統民俗風水教育協會全國總會副理事長
- 謝沅瑾命理／民俗文化研究中心總部暨新加坡分部專任姓名學老師

自一九八四年與謝老師認識，從相信風水、了解風水，進而接觸姓名學，在這麼多年接觸學習的過程中，深知謝老師將所學到的知識，毫無保留的傳授給弟子們。

謝老師告誡弟子們：「要把有用的學問，幫助需要幫助的人，絕不能分貧、富、貴、賤。」更不能用自己所學的學問，去做坑、矇、拐、騙的事去害別人，因為我們所說的任何一句話，都有可能會影響到別人的一生，所以說話必須實在，不要誇大，要將別人的問題，用誠懇的心去處理事情、解決問題。

謝老師始終認為，人應該為自己說的話負責，而謝老師許多傳承自師尊的告誡，像是「稻子愈成熟，頭就要垂得愈低。」、「一個人有三分才華，就要有七分謙虛。」不管擁有多強的實力，身處多高的地位，處事低調、謙虛、誠懇，這些特質從謝老師身上便可看到，這也是老師給弟子們的座右銘，我們時時刻刻都謹記在心。

謝老師是一位無私奉獻、值得尊敬的老師，在教授風水上面，毫不藏私，毫無保留地用最簡單的詞彙，清楚明白的教弟子們和電視機前的每一位觀眾。在世界各國各地的演講中，總有無數的命理老師會到現場聽演講，當我們問老師為什麼還是毫無保留的傳授和回答時，謝老師很認真的跟我們講：「這有什麼關係嗎？正確的命理風水知識，如果可以讓每一個人或每一個老師，有更正確的觀念，去幫助更多需要幫助的人時，其實就是傳播善知識，不是一件很好的事嗎？」

這與許多別的老師藏私、嫉妒、自大的態度相比較，有如天壤之別，更加深了我們對謝老師的尊敬，難怪有這麼多人都稱謝老師為「風水命理界的教父」！

謝老師還常說，學問是學無止境，活到老，學到老。謝老師出書，是為了要讓更多的人了解風水、命理，進而無形中能幫助更多的人，誠如謝老師所言：「風水讓富人累積財富，讓窮人改變命運。」

我們非常感恩謝老師的教誨，不僅學習到很多專業方面的知識，也學習到許多待人處事的方法與態度，今後我們將秉持謝老師「幫助所有需要幫助的人」的理念，繼續將謝老師服務濟世的精神傳承下去，幫助更多需要幫助的人。

弟子序

## 李秉蓁 老師


- 中華堪輿道派德國分部負責人
- 中華堪輿道派宗師府五弟子（謝沅瑾老師入室五弟子）
- 中國正統民俗風水教育協會全國總會理事


**中國近代「風水史」中，最功不可沒的一人**

「風水」這個名詞，是中國在二十一世紀中，令外國朋友印象最深刻的一個詞彙。而中國近代「風水史」中，最功不可沒的一人，非台灣最知名的國際級大師，「謝沅瑾」老師莫屬了。

謝沅瑾老師是台灣第一個純「風水」節目的開山始祖（台灣妙妙妙），自二〇〇三年開播以來，老師的影響力遍及台灣、新加坡、馬來西亞、印尼、美國……連遠在德國的我們也深受其影響。之後二〇〇五年第二個專業風水節目在緯來電視台的「好運望望來」。二〇一〇年澳門「澳亞衛視」的「順風順水」開創了兩岸四地第一個看得見的專業風水節目。二〇一二年緯來電視台的「風水！有關係」……等節目，都是在各地創造高收視率，引領世界各地對中國「風水」一詞研究探討的重要人物，其影響力，在中國「風水文化」歷史定位中是不可抹滅的。不但在世界各地開創了大家對風水的一個新的熱潮，也引領大家對於中國傳統風水的印象，有了非常大的改變。

謝沅瑾老師是第一位在電視上公開用科學的角度解析風水，用現代化顯淺易懂的詞彙分析，把幾十年來的研究，中國人的智慧，大家不論年紀、知識水平的高低，都能理解風水影響的老師。有別於「傳統風水」印象，由於各家祕密不願公開，老師們又各自藏私的重大差別。所以才會被尊稱為「台灣風水命理界的教父」！

遠在德國的我們，也和許多中國人、海外僑胞學子一樣，都是看「謝沅瑾」老師的節目，一路過來的，從自己修正調整，改變風水到親自到台灣取經，登門拜訪謝老師，最令人驚訝的是，「謝沅瑾老師」電視上忠厚老實，和藹親民的印象，在私底下，居然和電視上一模一樣，感覺上就像認識謝老師，很久很久了一樣。而遠在美國也有學子們的論文，和我們一樣是專程到台灣專訪謝老師寫的，連各國的電視台，Discovery Channel……等國際性的節目，也一再到台灣拜訪「謝沅瑾老師」做各種主題性的專訪。

不論您在世界何處，不管您看的是「謝沅瑾老師」的節目或書籍，都祝福您能和我們一樣平安幸福，讓謝沅瑾老師的精神延續下去，「幫助到所有需要幫助的人」，記住老師的名言「風水！讓富人累積財富！讓窮人改變命運！」

# 目錄

## 一 生肖運勢大解析



## 二 開運農民曆

## 三 擇日與擇時



## 四 財喜貴方

## 五 乙巳年風水運用大全



## 六 乙巳年命名大全

# 七 招財補運DIY

我們只要最好的
格、人格、道德、操守與專業！
我們相信風水
富人累積財富，讓窮人改變命運！

一

# 生肖運勢大解析

# 乙巳年百歲年齡生肖對照表

| 年份 | 生肖 | 年齡 |
|---|---|---|
| 一九二六（15年） | 丙寅虎 | 100歲 |
| 一九二七（16年） | 丁卯兔 | 99歲 |
| 一九二八（17年） | 戊辰龍 | 98歲 |
| 一九二九（18年） | 己巳蛇 | 97歲 |
| 一九三〇（19年） | 庚午馬 | 96歲 |
| 一九三一（20年） | 辛未羊 | 95歲 |
| 一九三二（21年） | 壬申猴 | 94歲 |
| 一九三三（22年） | 癸酉雞 | 93歲 |
| 一九三四（23年） | 甲戌狗 | 92歲 |
| 一九三五（24年） | 乙亥豬 | 91歲 |
| 一九三六（25年） | 丙子鼠 | 90歲 |
| 一九三七（26年） | 丁丑牛 | 89歲 |
| 一九三八（27年） | 戊寅虎 | 88歲 |
| 一九三九（28年） | 己卯兔 | 87歲 |
| 一九四〇（29年） | 庚辰龍 | 86歲 |
| 一九四一（30年） | 辛巳蛇 | 85歲 |

| 年份 | 生肖 | 年齡 |
|---|---|---|
| 一九四二（31年） | 壬午馬 | 84歲 |
| 一九四三（32年） | 癸未羊 | 83歲 |
| 一九四四（33年） | 甲申猴 | 82歲 |
| 一九四五（34年） | 乙酉雞 | 81歲 |
| 一九四六（35年） | 丙戌狗 | 80歲 |
| 一九四七（36年） | 丁亥豬 | 79歲 |
| 一九四八（37年） | 戊子鼠 | 78歲 |
| 一九四九（38年） | 己丑牛 | 77歲 |
| 一九五〇（39年） | 庚寅虎 | 76歲 |
| 一九五一（40年） | 辛卯兔 | 75歲 |
| 一九五二（41年） | 壬辰龍 | 74歲 |
| 一九五三（42年） | 癸巳蛇 | 73歲 |
| 一九五四（43年） | 甲午馬 | 72歲 |
| 一九五五（44年） | 乙未羊 | 71歲 |
| 一九五六（45年） | 丙申猴 | 70歲 |
| 一九五七（46年） | 丁酉雞 | 69歲 |

| 年份 | 生肖 | 年齡 |
|---|---|---|
| 一九五八（47年） | 戊戌狗 | 68歲 |
| 一九五九（48年） | 己亥豬 | 67歲 |
| 一九六〇（49年） | 庚子鼠 | 66歲 |
| 一九六一（50年） | 辛丑牛 | 65歲 |
| 一九六二（51年） | 壬寅虎 | 64歲 |
| 一九六三（52年） | 癸卯兔 | 63歲 |
| 一九六四（53年） | 甲辰龍 | 62歲 |
| 一九六五（54年） | 乙巳蛇 | 61歲 |
| 一九六六（55年） | 丙午馬 | 60歲 |
| 一九六七（56年） | 丁未羊 | 59歲 |
| 一九六八（57年） | 戊申猴 | 58歲 |
| 一九六九（58年） | 己酉雞 | 57歲 |
| 一九七〇（59年） | 庚戌狗 | 56歲 |
| 一九七一（60年） | 辛亥豬 | 55歲 |
| 一九七二（61年） | 壬子鼠 | 54歲 |
| 一九七三（62年） | 癸丑牛 | 53歲 |

| 年份 | 生肖 | 年齡 |
|---|---|---|
| 一九七四（63年） | 甲寅虎 | 52歲 |
| 一九七五（64年） | 乙卯兔 | 51歲 |
| 一九七六（65年） | 丙辰龍 | 50歲 |
| 一九七七（66年） | 丁巳蛇 | 49歲 |
| 一九七八（67年） | 戊午馬 | 48歲 |
| 一九七九（68年） | 己未羊 | 47歲 |
| 一九八〇（69年） | 庚申猴 | 46歲 |
| 一九八一（70年） | 辛酉雞 | 45歲 |
| 一九八二（71年） | 壬戌狗 | 44歲 |
| 一九八三（72年） | 癸亥豬 | 43歲 |
| 一九八四（73年） | 甲子鼠 | 42歲 |
| 一九八五（74年） | 乙丑牛 | 41歲 |
| 一九八六（75年） | 丙寅虎 | 40歲 |
| 一九八七（76年） | 丁卯兔 | 39歲 |
| 一九八八（77年） | 戊辰龍 | 38歲 |
| 一九八九（78年） | 己巳蛇 | 37歲 |
| 一九九〇（79年） | 庚午馬 | 36歲 |
| 一九九一（80年） | 辛未羊 | 35歲 |
| 一九九二（81年） | 壬申猴 | 34歲 |
| 一九九三（82年） | 癸酉雞 | 33歲 |
| 一九九四（83年） | 甲戌狗 | 32歲 |
| 一九九五（84年） | 乙亥豬 | 31歲 |
| 一九九六（85年） | 丙子鼠 | 30歲 |
| 一九九七（86年） | 丁丑牛 | 29歲 |
| 一九九八（87年） | 戊寅虎 | 28歲 |
| 一九九九（88年） | 己卯兔 | 27歲 |
| 二〇〇〇（89年） | 庚辰龍 | 26歲 |
| 二〇〇一（90年） | 辛巳蛇 | 25歲 |
| 二〇〇二（91年） | 壬午馬 | 24歲 |
| 二〇〇三（92年） | 癸未羊 | 23歲 |
| 二〇〇四（93年） | 甲申猴 | 22歲 |
| 二〇〇五（94年） | 乙酉雞 | 21歲 |
| 二〇〇六（95年） | 丙戌狗 | 20歲 |
| 二〇〇七（96年） | 丁亥豬 | 19歲 |
| 二〇〇八（97年） | 戊子鼠 | 18歲 |
| 二〇〇九（98年） | 己丑牛 | 17歲 |
| 二〇一〇（99年） | 庚寅虎 | 16歲 |
| 二〇一一（100年） | 辛卯兔 | 15歲 |
| 二〇一二（101年） | 壬辰龍 | 14歲 |
| 二〇一三（102年） | 癸巳蛇 | 13歲 |
| 二〇一四（103年） | 甲午馬 | 12歲 |
| 二〇一五（104年） | 乙未羊 | 11歲 |
| 二〇一六（105年） | 丙申猴 | 10歲 |
| 二〇一七（106年） | 丁酉雞 | 9歲 |
| 二〇一八（107年） | 戊戌狗 | 8歲 |
| 二〇一九（108年） | 己亥豬 | 7歲 |
| 二〇二〇（109年） | 庚子鼠 | 6歲 |
| 二〇二一（110年） | 辛丑牛 | 5歲 |
| 二〇二二（111年） | 壬寅虎 | 4歲 |
| 二〇二三（112年） | 癸卯兔 | 3歲 |
| 二〇二四（113年） | 甲辰龍 | 2歲 |
| 二〇二五（114年） | 乙巳蛇 | 1歲 |

# 乙巳年十二生肖整體運勢大解析

## 整體運勢最佳前三名

**❶一九九〇年（79年）庚午馬 36歲**

整體表現非常好，吉星高照，貴人運強。無論在哪個領域，都能遇到有利的幫助和支持，使得事業發展順利。特別是在工作上，表現尤為突出，只要保持冷靜，與異性有關的問題都能審慎處理，運勢會非常理想。

**❷一九九一年（80年）辛未羊 35歲**

今年貴人運強，能夠感受到身邊的助力。特別在事業和工作中，會得到明顯的支持和引導，整體表現優秀。除了專注事業，也要關心家人的需求，保持生活平衡。

**❸一九六一年（50年）辛丑牛 65歲**

運勢表現亮眼。貴人運強，財運也有提升。除了享受這些優勢外，仍需對周遭細節多加注意，以免突發狀況造成影響。總體來說機會增多，但要小心預防意外。

## 整體運勢最差前三名

**❶ 一九五九年（48年）己亥豬 67歲**

受到歲破的衝擊，整體運勢受到挑戰。工作壓力和身心狀況會有較大影響，感覺做事情會有些綁手綁腳。建議持續保持平常心，注重情緒管理。如果能在正月十五之前去廟裡安太歲，對改善運勢有一定的幫助。

**❷ 一九八九年（78年）己巳蛇 37歲**

由於犯太歲的緣故，心理上和許多方面的外在壓力會較大，容易感到身心俱疲。建議保持低調，避免急於出頭。無論在事業、財運方面，都要謹慎思考後再做決定。如果能配合安太歲，將會對運勢有所改善。

**❸ 一九九八年（87年）戊寅虎 28歲**

今年需特別留意人際摩擦和金錢損失的問題。無論是投資還是溝通，都應多加小心，避免因為判斷錯誤而造成損失。小人問題也可能增加，因此建議保持冷靜，放慢步調，謹慎處理每一件事，以保障平安。

## 財運最佳前三名

**❶一九九〇年（79年）庚午馬 36歲 男性**

財運可說令人稱羨，特別是男性朋友，在事業和貴人運方面都有出色的表現。與他人來往溝通也比較順利，財富累積有顯著提升。記得專注於事業，處理異性的相關問題時要小心謹慎，這樣能進一步提升財運。

**❷一九九一年（80年）辛未羊 35歲**

今年財運也非常好，受貴人運的幫忙，無論是在工作還是其他方面，都有良好的機會。建議持續保持積極態度，充分利用優勢，不斷累積財富。

**❸一九六一年（50年）辛丑牛 65歲**

儘管已到退休的年齡，依然有很好的財運。過去努力耕耘所積累的經驗，使得今年有可能獲得一定的財富。當機會來臨時，充分做好評估作業，避開有疑慮的風險，可望透過貴人的協助而獲得財務上的突破。

## 財運最差前三名

**❶一九九八年（87年）戊寅虎 28歲**

財運面臨挑戰，有破財的風險，而且可能遇到小人出沒的狀況。建議減少投資和投機活動，保持穩健的財務管理。只要行事冷靜，心無旁騖，踏實專注於本業，便能夠有機會將損失降到最低。

**❷一九五九年（48年）己亥豬 67歲**

受到歲破影響，財運表現不如預期，容易事與願違，身心壓力增大。最好暫時避免投資，保持平和心態，穩固現有基礎，靜觀其變，以減少損失風險。表現出耐心，將有助於度過這段困難期，迎接下個好運的到來。

**❸一九六八年（57年）戊申猴 58歲**

今年財運不如預期，雖然有貴人相助，但容易因急躁而與他人產生摩擦，影響人際關係。建議保持冷靜，切勿與人爭執，以避免不必要的財務損失。專注於穩健的理財策略，降低風險，為未來的機會做好準備。

## 事業最佳前三名

**❶一九九〇年（79年）庚午馬 36歲 男性**

今年事業運勢最佳，貴人運旺盛，能夠迎來不少機會。特別是男性朋友，在事業發展上更可說是表現突出。建議把握機會，專注於工作，避免產生感情上的問題，這樣能夠獲得更大的成就。

**❷一九六〇年（49年）庚子鼠 66歲**

事業表現出色，貴人的支持使得工作方面取得顯著進展，長期努力開始有了回報。建議繼續保持良好的人際關係，這樣有助於事業發展，同時也要謹慎處理財務，避免不必要的風險，以確保一切順利。

**❸一九九一年（80年）辛未羊 35歲**

今年的事業運不錯，受到貴人的幫忙，能在工作中獲得發展機會。只要能夠積極把握，充分展現能力，事業上必將有亮眼的表現。保持積極的工作態度，與貴人和同事建立良好的關係，更將有助於自身的持續發展。

## 事業最差前三名

**❶一九五九年（48年）己亥豬 67歲**

今年的事業運勢較差，受到歲破的影響，整體壓力增大，發展面臨困難。即使是已經退休的年紀，也建議保持低調，謹慎應對一切事務，避免參與冒險或高風險投資。穩定的心態與生活方式是保護自身的最佳策略。

**❷一九八九年（78年）己巳蛇 37歲**

受到太歲的影響，事業上可能會感受到較大的壓力。這段時間容易遇到各種阻礙，無論是工作中的挑戰還是人際之間的摩擦，都建議要保持冷靜，儘量聽取他人的建議，避免與他人發生衝突，這樣能減少不必要的麻煩。

**❸一九六九年（58年）己酉雞 57歲**

今年儘管有貴人相助，但因小人的影響可能容易遇到挑戰和干擾，導致事業上遇到阻礙，使人感到挫折。切記要謹慎處理與他人的關係，避免產生爭執或衝突。多聽多想，保守行事，這樣能有效減少不必要的負面情緒。

## 桃花最佳前三名

**❶一九六〇年（49年）庚子鼠 66歲 男性**

人際關係在今年會非常旺盛，桃花運強勁。成熟的歷練和積累的生活經驗，將有助於社交場合的來往，人緣因此得到提升。這樣的運勢將帶來不錯的機會，只要行事與應對得宜，會是個愉快的一年。

**❷一九九〇年（79年）庚午馬 36歲 男性**

桃花運突飛猛進，個人的魅力和過去的努力將在今年大放異彩。無論是在工作上還是生活中，都容易吸引異性注意。建議可以好好利用，轉化人緣桃花成為事業上的助力，對職業生涯的發展將有很大的幫助。

**❸一九九八年（87年）戊寅虎 28歲 女性**

人緣和魅力顯著提升，無論在社交圈還是工作中，都能得到充分展現。這一年適合建立和擴展人脈網絡，有望帶來事業上的助力和生活中的喜悅。

## 桃花最差前三名

**❶一九六九年（58年）己酉雞 57歲**

今年的桃花運可能不如預期，儘管有貴人相助，但也容易受到小人的影響，導致不必要的狀況發生。與人的摩擦可能會影響社交運，建議在處理人際時要多加謹慎，保持冷靜，避免衝突，以維護彼此的關係。

**❷一九六八年（57年）戊申猴 58歲**

人際關係上的問題可能會帶來困擾，社交場合中容易出現摩擦和口角，這些狀況可能影響到運勢，因此建議保持冷靜，妥善處理與人交流的問題，注意聆聽他人的意見，避免發生爭執，維護和諧的互動，將有助於改善人際關係。

**❸一九七八年（67年）戊午馬 48歲 女性**

今年桃花運勢較差，容易遇到感情上的波動。建議在言行舉止上多加謹慎，避免因為情感問題而影響人際關係。維持良好的溝通態度，即使遇到困難也能夠化解問題，減少桃花運勢不佳所帶來的負面影響。

## 預防健康問題前三名

**❶一九五八年（47年）戊戌狗 68歲**

今年因為凶星入宮的關係，需要特別注意身體。保持良好的飲食和充足的睡眠，適度運動，能夠增強身體抵抗力，降低風險，避免影響身心。此外，也建議定期進行檢查，依狀況調整保健和生活方式，將有助於維持身心的健康。

**❷一九八八年（77年）戊辰龍 38歲**

由於病符星的影響，健康狀況可能要多花心思留意。儘管工作機會看似增多了，但健康問題反而可能會成為一個障礙。建議努力之餘也要適時休息，維護健康的生活方式，平衡工作和生活，以保持最佳狀態。

**❸一九七九年（68年）己未羊 47歲**

除了自身的問題，家人的身體狀況也可能也會帶來壓力。建議多關心自己和家人的健康，避免參加高風險活動，保持良好的生活習慣，以減少不必要的狀況。

## 預防血光意外前三名

**❶一九九九年（88年）己卯兔 27歲**

由於天狗星所帶來的影響，今年需要特別注意安全問題。無論是開車還是騎車，都應該放慢速度，保持冷靜和警覺，避免衝動而行，以確保自己和他人的安全，這樣能有效降低發生意外的風險。

**❷一九四九年（38年）己丑牛 77歲**

今年需留心意外受傷的可能狀況。由於白虎星入宮的關係，建議在日常生活中小心行事，減少參與高風險的活動。也可以到廟裡制白虎、點光明燈，透過這些措施來提升運勢，降低意外發生的機率。

**❸一九五九年（48年）己亥豬 67歲**

受到歲破的影響，今年整體壓力較大，情緒可能容易會有所波動，增加了意外的風險。建議無論是處理日常事務還是面對突發事件時，都要謹慎，保持冷靜，避免急躁，注意安全，這樣將能夠有效預防不必要的狀況發生。

# 乙巳年十二生肖流年、流月解析

## 肖鼠者運勢（30、42、54、66、78歲）

### 本年整體運勢

對於屬鼠的朋友來說，由於今年有龍德星入宮的緣故，貴人運非常旺盛，過去累積的人脈、經驗和財富在今年將帶來顯著的助益，機會和財運也會相應提升。在貴人的幫助下，將使整體表現更加出色。只要肯努力，按部就班，穩紮穩打，最終都能看到理想的成果。

**一九四八（37年）戊子鼠 78歲**

儘管有吉星降臨，但由於一些狀況的出現，壓力可能增大，尤其健康方面需多加留心。幸運的是，貴人運仍然強勁，能夠適時化解困難。建議保持低調，避免過度操勞，平安就是福。

**一九六〇（49年）庚子鼠 66歲**

今年無論在事業還是生活中，都會得到貴人的大力支持，過去的努力也將結出豐碩成果，是屬鼠中運勢最好的，只要行事平穩，便能從容應對各種挑戰，獲得亮眼的成績。

**一九七二（61年）壬子鼠 54歲**

今年需要特別謹慎，不適合進行大規模的投資，因為冒險可能會帶來財務方面的損失。建議注意步伐，保持穩定成長。在做出重大決策前，務必要詳細分析和觀察，避免衝動行事。小心駛得萬年船，保持靈活的心態，適時調整策略，才能夠好好的保護自己。

**一九八四（73年）甲子鼠 42歲**

是穩中求進的一年，整體運勢逐步上升，雖然一時之間不會有極大的突破，但仍有漸次發展的機會。貴人運旺盛，在工作和生活中都能獲得不少無形的助力。只要掌握機會，並保持耐心，不急於匆促做出決定，便能取得不錯的成績。

**一九九六（85年）丙子鼠 30歲**

由於吉星的加持，使得整體運勢穩定上升，是相當不錯的一年。特別是貴人運和財運等方面，都有顯著的增強。即便從外在環境來看，或許仍然有些壓力存在，但只要保持冷靜，穩住腳步，便能順利應對，取得良好的成果。

## 每月運勢

平 **一月運勢：**本月運勢平平，受到年度吉星朧罩，各方面都有不錯的機運。趁著農曆新春，外出活動、四處走春，為新的一年開啟完美的序幕。

凶 **二月運勢：**本月運勢不佳，工作上頗有挑戰，需多溝通，避免誤解而與人產生口角。健康狀況也需要多留意，尤其女性朋友要注意婦科問題，保持規律作息為佳。

吉 **三月運勢：**本月運勢上升，事業上貴人運相當強勢，能獲得良好機會，只要好好努力，就會有加倍的回報。財運方面也有不錯的收穫，宜好好把握。

吉 **四月運勢：**本月運勢大吉，加上年度吉星入宮，可說是年度好運的高峰，各方面都有不錯的發展，工作上只要穩健推進，能有很不錯的成果。財運也十分暢旺。

凶 **五月運勢：**本月運勢低迷，工作壓力增大，挑戰不少，尤其是來自上司的壓力，要小心應對。健康方面要留意飲食，適時休息，以免影響工作效率與生活品質。

凶 **六月運勢：**本月運勢依然在低檔，工作壓力不小，各種工作上的不順，會讓你感到十分心煩。建議保持冷靜、理性溝通，自然會有貴人出現，逢凶化吉。

吉

**七月運勢：**本月份運勢回暖，事業上貴人運不錯，會為你提供關鍵助力，有機會獲得新的發展。財運方面也會跟著有不錯的進展，可以好好把握機會。

凶

**八月運勢：**本月運勢平中帶凶，雖然年度吉星壟罩，貴人運跟財運算不錯，但感情方面則要小心應對，伴侶可能會帶給你一些壓力。健康方面要多注意腸胃問題。

凶

**九月運勢：**本月運勢不佳，要特別小心漏財問題，財務上有一定壓力，建議謹慎理財以應對各種可能的意外變故。此外，也要特別小心小人暗害。

吉

**十月運勢：**本月運勢佳，貴人運十分旺，事業運勢回暖，適合學習新技能。唯獨財運雖然會有不錯的進帳，但也有漏財的隱憂，消費理財都要謹慎為宜。

平

**十一月運勢：**本月運勢平平，因年運佳，故工作上、財運上都能保持穩定。感情方面也無大變化，只要保持現狀就是最佳狀態。

吉

**十二月運勢：**本月運勢極佳，財運上揚，適合進行理財規劃，為自己添一個年終紅包。工作、感情方面也都有貴人會適時協助，可完美的為這一年劃下句點。

# 肖牛者運勢（29、41、53、65、77歲）

## 本年整體運勢

貴人運非常強，帶來財運和機會，整體表現相當不錯。但由於白虎星入宮，行事上要保持謹慎，避免急躁或衝動。開車、工作、日常生活，都要眼觀四面耳聽八方，以防意外和受傷。建議農曆正月十五之前到寺廟制白虎或點光明燈，配合貴人的幫助，自然能逢凶化吉。

**一九四九（38年）己丑牛 77歲**

凡事要特別小心，雖有貴人相助，整體表現不錯，但出入和行動上要多加注意，避免跌倒或受傷。切勿急躁，冷靜行事。也建議到寺廟制白虎或點光明燈，一切會更加平安順利。

**一九六一（50年）辛丑牛 65歲**

在屬牛的生肖中，運勢算是最好的。無論是貴人運或財運，表現都很不錯，也容易成為注目的焦點。不過由於白虎星的影響，需預防跌倒或受傷。謹慎行事，整體運勢將非常理想。

## 一九七三（62年）癸丑牛　53歲

今年需要格外小心，特別是在投資方面。雖然日常有貴人相助，但投資上容易出現漏財的情況。此外，也要注意身體健康，避免因受傷或健康等問題而造成財務損失。只要留意這些細節，一些狀況自然會迎刃而解。

## 一九八五（74年）乙丑牛　41歲

今年的整體狀況看來還蠻不錯的，表現算是屬於中上的水準。貴人適時的幫助會為財運加分，努力將會得到成果。只要在日常行事中注意細節，將一些不穩定的因素降到最低，最後必然能夠取得好的成績。

## 一九九七（86年）丁丑牛　29歲

整體運勢非常好，貴人運帶來了財運，在各方面的表現都會受到關注，並且取得亮眼的成果。人際關係上也有拓展的機會，只要注意避免受傷，基本上沒有什麼太大的問題。繼續積極努力，加上貴人的幫忙，就會取得不錯的成績。

# 每月運勢

吉 **一月運勢：**本月運勢佳，新春伊始，好運連連，事業、財運各方面都有不錯的成果，惟年度逢白虎星入宮，宜趁正月十五前，到廟裡制白虎，保平安。

平 **二月運勢：**本月運勢平平，但因為貴人運不錯，各方面都能保有一定水準的表現。只要出入行車多留意，使用刀具、器械多小心，就能平安度過。

凶 **三月運勢：**本月運勢不佳，工作上有阻礙，容易與人有爭執，團隊內也有矛盾產生，需要多用智慧來應對。避免衝動行事，否則可能會帶來血光之災，須謹慎。

吉 **四月運勢：**本月運勢上揚，事業上可望有所斬獲，財運也有相當程度的提升。如果有一些好的企劃與想法，不妨把握這個月份提出，有很大的成功機會喔。

凶 **五月運勢：**本月運勢低迷，工作壓力增大，來自長輩的壓力需耐心應對。財務上有支出增加，建議謹慎理財。感情方面也要多加留意與伴侶的溝通，以免因小失大。

凶 **六月運勢：**工作上有挑戰，與合作夥伴容易有意見不合的狀況發生，需保持耐心。來自長輩或上司的各種壓力，也讓你充滿挫折感。宜適時放鬆，保持積極心態。

平

**七月運勢：**本月運勢平吉，工作上雖有一定壓力，但貴人運不錯，能為你帶來不少助力，只要多加努力，出入、行車小心，就不會有太大問題。

吉

**八月運勢：**本月運勢佳，財運方面有好的機會，工作運也回暖，宜好好把握。感情方面則要多加留意，跟伴侶保持良性溝通、和諧關係，就能安然度過。

凶

**九月運勢：**本月運勢不佳，各方面都頗有壓力。工作上要小心小人問題，與人溝通盡量保持冷靜，以免血光之災。財運方面也要保守理財，以免漏財。

吉

**十月運勢：**事業運勢回暖，財運上升，適合進行理財規劃。感情方面有新發展，單身者有機會遇見心儀對象。健康狀況良好，應保持積極心態。

平

**十一月運勢：**本月運勢平平，凡事只要保守穩定，維持現狀即可。保持規律的生活方式，出入小心，行車注意，就不會有太大問題。

平

**十二月運勢：**本月運勢平平，但在不錯的貴人運加持下，工作和財務狀況穩定。家庭生活和諧，健康狀況穩定，平穩中迎接新一年的到來。

# 肖虎者運勢（28、40、52、64、76歲）

## 本年整體運勢

因為福德星入宮的關係，今年事業和工作上會有很多好的機會，貴人也會在暗中相助，讓事情進行得更加順暢。然而，今年容易出現人際摩擦和金錢上的損失，因此在這方面需要特別注意。做任何決定前，務必仔細分析和留意細節，以避免不必要的損失。

**一九五〇（39年）庚寅虎 76歲**

整體表現相當不錯。因為人生經驗豐富，各方面挑戰都能夠應對自如。面對問題時只要多加觀察和留意，凡事自然會圓滿解決。

**一九六二（51年）壬寅虎 64歲**

今年雖然有貴人相助，但需注意漏財的可能性。建議今年投資方面謹慎保守，即使是看似不錯的機會，也容易產生狀況。保持冷靜，多聽多看，仔細評估再決定，避免損失的發生。

**一九七四（63年）甲寅虎　52歲**

整體表現還算不錯。貴人的幫助將在各方面看到成效，但要注意的是，工作上或人際關係中可能會出現摩擦，甚至有導致漏財的風險。因此，保持平常心，不要急於求成，才能平順度過。今年重要的課題是控制好情緒，仔細分析判斷後再行動，這樣一切會比較順利。

**一九八六（75年）丙寅虎　40歲**

今年的表現非常值得期待，貴人運特別旺盛，在事業、人際關係和處理事情方面都會有不錯的成績。但要注意，投資方面要謹慎行事，避免冒進，否則可能會有損失產生。謹記，只要腳踏實地的努力，就會有不錯的回報。

**一九九八（87年）戊寅虎　28歲**

面臨的壓力會比較大些，特別是在處理人際關係時，記得不要過於強勢，以免產生不良的影響。同時，要避免衝動型的投資，防止損失。凡是在做決定前請保持冷靜，尤其是牽涉投資理財的項目，要謹慎評估，穩健而行。

## 每月運勢

平 **一月運勢：**本月運勢平平，工作上避免大變動，適合加強人際關係。財運上，可趁著新年的開始，制定長期理財計劃。健康方面保持良好生活習慣，維持健康才是上策。

吉 **二月運勢：**本月運勢佳，工作上的計畫有望獲得上司的支持，團隊合作愉快。財運方面，投資有不錯的回報。宜趁此機會增強專業技能，讓自己更上層樓。

吉 **三月運勢：**本月運勢佳，事業上合作機會增多，只是與人溝通需多花心思，避免摩擦。財運佳，但投資與理財保持謹慎，就會有不錯的進展。

凶 **四月運勢：**本月運勢不佳，情緒波動較大，工作上可能會遇到挑戰，建議減少爭執，保持冷靜。感情方面也要多加注意，容易因小事產生摩擦，凡事多溝通為佳。

平 **五月運勢：**本月運勢平平，挑戰不少，工作推進上，能明顯感受各方面壓力與不順，所幸貴人、財運不錯，關鍵時刻總能有人帶來助力，穩住基本成果。

凶 **六月運勢：**本月運勢不佳，工作上進展不順，容易被上司找麻煩，建議保持低調為宜。人際相處上，需多加理解與包容，以免不必要的摩擦，嚴重時可能帶來金錢損失。

凶

**七月運勢：**本月運勢不佳，與人相處需謹慎，不僅容易與人發生口角爭執，還可能會遇到小人無情暗害。凡事多些包容，理性溝通才是上策。

平

**八月運勢：**本月運勢平穩，工作上雖有些壓力，但貴人運不錯，仍有一定的進展。財運上，要謹慎保守，以免金錢損失。健康方面應規律飲食，以避免腸胃問題。

吉

**九月運勢：**本月運勢大吉，適合接受新挑戰，工作上可能有升遷機會。財運上也有不錯的進帳，適合進行小額投資或理財，不適合躁進，以免帶來損失。

吉

**十月運勢：**本月運勢佳，一直處在高檔的貴人運，讓你的工作能見度相當高，只要多加努力，可能獲得獎勵與表揚。財運上收入穩定，健康上應定期檢查，保持身心健康。

平

**十一月運勢：**本月運勢平平，生活上穩定，適逢年終，適合反思與總結，或者參加身心靈的活動，增強內心的修。或者安排旅行、進修，都是相當好的活動。

平

**十二月運勢：**本月運勢平穩，工作上保持現有進度，自然有所成果。感情上，趁著年終採買可與伴侶多互動，增進感情。健康上保持適度運動與飲食，平順迎接新年到來。

# 肖兔者運勢

（27、39、51、63、75歲）

## 本年整體運勢

今年的整體運勢表現平穩，算是在穩定中有成長，但因為天狗星入宮的關係，無論是平時開車、騎車，還是工作場合中，都要格外小心，避免受傷或發生意外。民俗上認為天狗星與血光有關，建議在正月十五前至寺廟制天狗，化解相關影響，這樣便能確保一切平順。

**一九五一（40年）辛卯兔　75歲**

整體運勢很好，或許退休人生較無太大發展，但平安就是福。不過由於天狗星的影響，仍需留意可能的風險。建議行住坐臥多加小心，注意安全，也可以去廟裡制天狗。

**一九六三（52年）癸卯兔　63歲**

今年的壓力會比較大，追求發展時可能會遇到阻礙，如果太急於看到成果，反而容易出現意外或損失。建議避免進行投資，以防產生相關問題。可到寺廟制天狗，平安度過這一年。

**一九七五（64年） 乙卯兔 51歲**

整體運勢平穩，沒有太大的起伏變化，只要穩紮穩打，一切都會順利開展。不過要留意，凡事謹慎小心，勿流於急躁或衝動，這樣便能避免不好的狀況。可以安排到廟裡制天狗，化解帶來的影響，將會更加順利。

**一九八七（76年） 丁卯兔 39歲**

表現相當不錯，不論是在事業、工作還是財運上，整體狀況都非常理想。只要把握機會，努力發展，就能獲得好的成績。不過，由於天狗星的關係，仍需多加留意，注意細節，不要過度勉強，以避免不必要的失誤或狀況發生。建議可到寺廟制天狗，以保平安。

**一九九九（88年） 己卯兔 27歲**

今年的壓力較大，尤其在追求發展時，急躁的情況會比一般人更明顯。建議凡事放慢腳步，避免衝動，多聽、多看、多思考，參考身邊人的意見。無論是外出交通還是工作，都要保持情緒穩定。建議能夠抽出時間到寺廟制天狗，化解影響，這樣一切就能更平順。

## 每月運勢

吉

**一月運勢：**本月運勢佳，職場中有貴人相助，各方面都能順利推進。財運也很不錯，過年可望收到不錯的紅包。但因今年天狗星入宮，農曆正月十五日前到廟中制天狗以保平安。

平

**二月運勢：**本月運勢平平，工作上保持積極態度，即可持平發展。感情運勢平穩，適合多互動已加深彼此的了解。出入多留一份心，以免血光。

凶

**三月運勢：**本月運勢不佳，各方面都容易遇到阻礙，需謹慎行事。尤其感情方面，可能出現誤會，需多溝通。金錢上也要避免衝動決策，以免損財。

平

**四月運勢：**本月運勢平平，各方面宜保持平和心態，善用資源，打好基底。平時也可以把握機會運動增強體力，或花些時間參加講座，拓展人脈，也很不錯。

凶

**五月運勢：**本月運勢不佳，工作上容易遇到挫折，需注意與同事的溝通方式，以免意見不合造成衝突，嚴重時可能會帶來血光之災。

平

**六月運勢：**本月運勢平平，雖然貴人運不錯，讓你工作表現突出，但壓力也不小，能感覺到各方面都有些卡關的不順感。對待壓力，積極尋求支持，就能迎刃而解。

吉

**七月運勢：**本月運勢佳，貴人運很強，在各方面都能為你帶來助力，工作有新機會出現，適合嘗試新挑戰。感情方面也會因為貴人的助力，遇到不錯的對象。

凶

**八月運勢：**本月運勢不佳，工作上很容易與人意見不合，需調整心態，避免情緒影響表現。感情方面也容易與伴侶產生衝突，建議多聆聽。出入要小心留意以免意外發生。

吉

**九月運勢：**本月運勢佳，工作運勢上升，成果獲得肯定，宜把握合作機會，增強與他人的互動。財運方面也有不錯的進帳，但有漏財的可能，投資理財要謹慎。

吉

**十月運勢：**本月運勢佳，工作上可望獲得不錯的進展，宜把握良機，強化工作成果。財運也很暢旺，但仍要謹慎理財，才能守得成果。

凶

**十一月運勢：**本月運勢不佳，工作上需提防小人，避免不必要的衝突。感情方面，建議多加關心對方，控制脾氣。各方面都多包容，以免爭吵釀成災禍。

平

**十二月運勢：**本月運勢平平，工作只要保持平穩行事，就不會有太大問題。也可趁此沒有太大起伏的時機，多運動，增強體質，保持身心靈的健康平衡。

# 肖龍者運勢（26、38、50、62、74歲）

## 本年整體運勢

運勢較先前有顯著的上升，告別了太歲年，事業、工作和財運方面，將有貴人相助，做什麼事情都容易左右逢源，是非常值得期待的一年。不過努力之餘也要注意身體，因為今年有病符星入宮，在飲食、養生等方面要多加留心，避免因過度操勞而影響健康。

**一九五二（41年）壬辰龍　74歲**

脫離太歲的影響，今年的運勢還算是不錯，雖然可能會感受到些許壓力，但只要能平安過日，便是福氣。建議避免投資，以防財務損失。同時要注意身體健康，保持良好的生活習慣。

**一九六四（53年）甲辰龍　62歲**

運勢相對持平，但仍有表現的機會，貴人會帶來一定的助力。需要特別留意的是健康問題，無論是交際應酬還是事業工作方面，都要避免過度操勞，才能平安度過。

**一九七六（65年）丙辰龍　50歲**

今年的運勢有明顯的提升，彷彿脫韁野馬一般，能夠在各方面取得不錯的成績。只要努力，就能看到成果的展現。但千萬不要忽視健康，休息是為了走更長遠的路，日夜操勞可能會對身體造成負面影響，因此務必多加留意。

**一九八八（77年）戊辰龍　38歲**

壓力相對較大。去年受到太歲的影響，事業和工作發展受限，雖然今年有了更多的機會，但是健康狀況可能無法完全支撐去應對這些挑戰。因此，需特別注意身體健康和情緒穩定，保持身心平衡，這樣才能在工作和生活中取得預期的成就。

**二〇〇〇（89年）庚辰龍　26歲**

整體表現非常不錯，在許多層面上都有明顯進步。無論是在工作、事業的發展，還是在人際關係的建立與拓展方面，也出現了許多良好的機會，奠定了未來的基礎。建議在留意自身健康的前提之下，努力向前衝刺，相信會看到不錯的成果。

## 每月運勢

吉

**一月運勢：**本月運勢佳，不錯的貴人運可能為你帶來令人振奮的工作機會，與同事的合作也愉快順利。惟年度凶星入宮的影響，新春年間切忌暴飲暴食，注意健康。

吉

**二月運勢：**本月運勢佳，貴人運與財運都相當暢旺，適合開展新項目，展現自己的創意。感情上則要注意與伴侶的溝通，多聆聽是最好的解方。

凶

**三月運勢：**本月運勢不佳，工作上可能面臨一些意外狀況，與同事相處應注意避免因小事爭吵。健康上需注意過度疲勞，勿因小病而輕忽。

平

**四月運勢：**本月運勢平平，工作上沒有太大起伏，建議專注於提升自我。健康上，適合開始健身計畫，強化健康管理，為一整年的打拚打底。

凶

**五月運勢：**本月運勢不佳，工作上可能面臨不小的壓力，與上司溝通建議保持冷靜，靈活應對，適時讓步更能有所進展。記得合理安排工作與休息時間，保持心情愉悅。

凶

**六月運勢：**本月運勢不佳，來自上司、長輩的壓力，讓你喘不過氣。工作缺乏進展，卡關感極重，凡事謹慎應對，也應適當放鬆，以保健康。

吉 **七月運勢：**本月運勢佳，工作運勢回暖，有望得到貴人的相助，取得不錯的成果，適合積極展示自我。感情上，情侶之間的默契增強，可望能共度一段快樂時光。

吉 **八月運勢：**本月運勢佳，工作上各種專案能夠順利推進，團隊中貴人不少，帶來很大的助力。但感情方面，會有一些壓力，好好溝通就能避免誤解。

凶 **九月運勢：**本月運勢不佳，工作上可能會遇到一些麻煩，尤其與人合作容易有意見不合的狀況，建議提前做好準備，避免突發情況影響心情，進而帶來健康問題。

平 **十月運勢：**本月運勢平平，工作上只要保持專注，避免分心，就能穩定推進。可以多花點心思在自身的健康方面，安排一個全面的健康檢查也是個不錯的選擇。

吉 **十一月運勢：**本月運勢佳，工作上能有好的表現，在強勢的貴人運與財運加持之下，可能獲得不錯的年終獎勵，宜繼續把握機會，努力表現。

凶 **十二月運勢：**本月運勢不佳，年終時節，各種繁雜事務接踵而來，心情上會相當煩躁，切記勿與人爭執，凡事冷靜面對，以免災禍。好好關注身心靈的調整，為新的一年做好準備。

# 肖蛇者運勢（25、37、49、61、73歲）

## 本年整體運勢

由於今年犯太歲的緣故，各方面壓力增加，工作、事業和財運上皆需保持低調，凡事謹慎，避免衝動行事，力求穩定發展，冷靜應對以減少狀況。上半年時即會感受到壓力，進入下半年可能更明顯，因此，建議到廟裡安太歲、點光明燈。凡事小心，就能平穩度過。

**一九五三（42年）癸巳蛇 73歲**

需要特別注意漏財的風險。無論進行任何決策，都三思而後行，不要急於求成。今年不宜進行投資，以避免不必要的損失。建議安太歲，增強運勢。保持謹慎，平安便是福。

**一九六五（54年）乙巳蛇 61歲**

運勢相對平穩，雖然可能會受到一些干擾，但整體影響不大。不過無論在事業、工作還是投資上，都應保守，不要太大的改變。只要穩步前進，便能獲得不錯的成績。

**一九七七（66年）丁巳蛇　49歲**

整體運勢不錯，雖然因犯太歲的影響可能面臨較大的壓力，但只要保持謹慎的態度，仍可在事業和工作上有所進展。建議沉著冷靜，避免因患得患失而影響決策和行動。此外，可以考慮安太歲，這樣能夠穩定運勢，確保發展更順利。

**一九八九（78年）己巳蛇　37歲**

今年需要格外謹慎，壓力明顯增加，事業、工作及財運發展可能受到限制，較難突破。盡量保持低調，處事謹慎，切勿急於求得成果。同時，也建議安太歲，有助強化運勢，逐步削減壓力，為未來的發展做準備。

**二〇〇一（90年）辛巳蛇　25歲**

儘管今年犯太歲，但整體表現仍然不錯，處於發展的關鍵時期，只要繼續努力，便有望突破現狀。不過，太歲當頭坐，行事仍需謹慎小心，注意細節，保持冷靜。透過安太歲來增強運勢，相信在事業和人際關係上都能更上一層樓。

# 每月運勢

凶 **一月運勢：**本月運勢不佳，需謹慎行事，金錢方面會有損財的可能，要小心。感情上與伴侶間要好好溝通，否則容易出問題。因犯太歲的緣故，農曆正月十五前宜到廟裡安太歲燈，以保平安。

平 **二月運勢：**本月運勢平平，生活中不會有太大的波動。但因今年犯太歲的緣故，凡事都須低調，勿強出頭。把握這個平穩的月份，當作思考未來的好時機。

平 **三月運勢：**本月運勢平平，各方面沒有太大的波動，也沒有顯著的進展，可利用這段時間，積極學習和進修，為未來的升遷打下堅實的基礎。

平 **四月運勢：**本月運勢平穩，雖然運勢不好不壞，但可保持開放的心態，隨時準備迎接變化。生活上因為太歲當頭，盡量低調為宜。

平 **五月運勢：**本月運勢有吉有凶，一方面貴人運、財運都不錯，能帶來不少助力，但另一方面壓力也不小，工作中可能會遇到阻礙，記得穩住情緒，耐心應對。

平 **六月運勢：**本月運勢吉凶參半，事業上可能會遇到上司的關注，讓你覺得重擔壓在肩頭，但也別太擔心，因為貴人運依然很旺，將會為你帶來一些轉機。

凶 **七月運勢：**本月運勢不佳，需特別注意與人之間的溝通，容易誤解導致衝突。尤其又逢太歲之年，凡事需要低調忍讓，以免小禍釀大災。

吉 **八月運勢：**本月運勢佳，工作表現順風順水，容易受到上司的賞識，有升遷機會。財運方面也很暢旺，謹慎投資有可能帶來不錯成果。

平 **九月運勢：**本月運勢平平，雖各方面沒有太明顯的進展，可把握這段平靜的時光，尋找感興趣的領域，制定學習計劃，提升自我，為未來的發展鋪路。

凶 **十月運勢：**本月運勢不佳，各方面都容易感到壓力，且有與人意見不合，甚至產生衝突的狀況，需保持冷靜，避免情緒化的反應，帶來不好的後果。

平 **十一月運勢：**本月運勢平平，適逢年末，可把握這個時機來進行自我反省和內心探索。工作或學習上，可保持穩定的心態，繼續努力。

吉 **十二月運勢：**本月運勢佳，年尾運勢強勢上揚，適合總結一年的成果，趁著貴人運與財運都十分旺盛的時期，可開啟新的機會。凡事保持愉快的心情迎接新的一年。

# 肖馬者運勢
（24、36、48、60、72歲）

## 本年整體運勢

人際運勢非常強勁，無論在工作、財運、健康或貴人運方面，都有出色表現。由於太陽星入宮的關係，男性朋友將獲得更多發展機會，只要避開風險，成就將十分亮眼。女性朋友則需特別注意細節，尤其感情方面應謹慎處理，以防不必要的困擾，這將是一個重要課題。

**一九五四（43年）甲午馬 72歲**

運勢相當不錯，尤其是男性朋友，在人際關係和人脈拓展方面會有良好的表現。不過，需注意感情方面的問題，保持謹慎，小心應對，避免產生相關狀況。

**一九六六（55年）丙午馬 60歲**

表現非常突出，尤其是男性，運勢格外強勁，事業、工作還是財運上，都有不錯的發展，可以抓住機會，穩定中求成長。不過無論是男性或女性，都要留意感情方面，避免潛在問題。

**一九七八（67年）戊午馬　48歲**

今年需要特別小心，無論做任何事情，都應謹慎對待，尤其是在感情和投資方面，特別是與感情和財務相牽扯的決策，建議三思而後行，以避免不必要的風險。可以考慮在廟裡點光明燈，或者進行相關的化解儀式，以提升運勢。

**一九九〇（79年）庚午馬　36歲**

運勢非常旺盛，尤其在事業、工作和財運方面表現出色。建議保持謙遜和低調，冷靜判斷，這樣能在各方面取得更佳成績。感情方面最好穩定經營，維持現狀即可，避免過度變動。多花點心思在事業，整體運勢將會穩步上升。

**二〇〇二（91年）壬午馬　24歲**

今年特別需要留意金錢和感情相關的問題，無論是投資還是與他人的金錢往來，都應謹慎處理，以避免因疏忽而造成損失。儘管貴人運勢強勁，但仍需關注細節，確保運勢保持平順，留意潛在風險的發生，進而影響整體運勢。

## 每月運勢

吉

**一月運勢：**本月運勢佳，可說是開運之月，工作上可以期待新的機會，財運也有增長，又逢太陽入宮，男性朋友的運勢更加暢旺，可好好把握。

吉

**二月運勢：**本月運勢相當不錯，貴人運與財運依然很旺，不過人際交往上還是需要注意溝通應對，避免與人爭執口角，才不會影響了好運勢。

平

**三月運勢：**本月運勢平穩，工作上沒有特別的波動，但也沒有突出的進展。可專注於手上的任務，穩穩的執行即可。也可把握這個時間，為未來的機會做好準備。

吉

**四月運勢：**本月運勢佳，在財務上有不錯的增長。事業方面也會因為貴人相助，有機會迎來新的機會，尤其男性朋友更是運勢強盛，可趁機提升自己的專業形象。

凶

**五月運勢：**本月運勢不佳，需特別小心，容易遭遇上司的壓力，或是工作上的阻礙，建議冷靜應對，不要輕易做出決策，避免與人發生衝突。

平

**六月運勢：**本月運勢逐漸回穩，雖然工作上依然頗有挑戰，但還好貴人運滿不錯，關鍵時刻都能帶來助力。感情方面，女性朋友要小心爛桃花的糾纏。

平

**七月運勢：**本月運勢持平，生活中沒有大變化，也沒有太多阻礙。與朋友或家人的相處和諧，男性朋友人際相處頗為順風順水，宜把握機會，為接下來的發展積蓄力量。

凶

**八月運勢：**本月運勢不佳，尤其女性朋友需特別注意感情問題，避免因誤解而引發不必要的麻煩，對於特意接近的人要多做觀察，保持冷靜應對。

吉

**九月運勢：**本月運勢上揚，工作表現優異，有機會因為貴人相助，努力被上司看見。財運也會有所提升，適合進行理性理財，為未來做準備。

平

**十月運勢：**本月運勢平穩，沒有明顯的變化，但也是反思和調整的好時機。可以專注於提升專業技能。也可以利用這個機會好好運動健身，保持健康。

凶

**十一月運勢：**本月運勢下滑，需特別注意人際關係，容易因為誤解或爭執而帶來不力影響。建議凡事保持耐心，避免與他人發生不必要的衝突，才不會帶來損失。

凶

**十二月運勢：**本月運勢不佳，尤其感情方面會出現一些變化，特別是女性朋走要多多留意。財運上也有漏財的可能，年終採買切勿衝動消費。

# 肖羊者運勢（23、35、47、59、71歲）

## 本年整體運勢

整體表現不錯，各方面的發展都有好的成績，特別是在貴人方面，有機會因此提升財運。抓住機會，便可以在穩定中求發展。不過由於喪門星入宮的關係，建議避免接觸疾病或喪葬相關的場所，自身以及家人的健康也需特別關注，建議透過民俗方式提升運勢。

**一九五五（44年）乙未羊 71歲**

今年的運勢相對持平，各方面看起來沒有什麼太大的問題。建議多關注自身及家人的健康，避免接觸疾病或喪葬的場所。只要多加留意，就能度過平穩的一年。

**一九六七（56年）丁未羊 59歲**

今年的表現不錯，整體而言屬於中上。在事業、財運和貴人方面都呈現好的態勢。保持愉快的心情和冷靜的判斷，儘量避免接觸特定的場所，將有助於維持運勢平順。

**一九七九（68年）己未羊　47歲**

要特別留意外界環境對個人的影響，可能會感到工作繁重和壓力增大。為了避免因過度追求個人表現而引發更多問題，建議保持適當的節奏，並且認真關注健康狀況。可以透過一些民俗方式，以獲得平穩的運勢和更好的發展。

**一九九一（80年）辛未羊　35歲**

運勢非常好，無論在事業、工作、財運或人際關係方面，都處於有利的狀態。只要謹慎評估並全力以赴，將獲得豐厚的回報。然而，除了追求成就外，也應多關注健康，避免過度疲勞，同時遠離疾病或喪葬相關的場所。

**二〇〇三（92年）癸未羊　23歲**

今年在工作上的表現較為出色，有了貴人的幫助，獲得不少加分，其他方面的表現則較為持平，尤其是要留意健康問題。此外，也建議今年謹慎對待大額投資或金融產品的購買。專心在工作上，避免不必要的財務風險，將有助於取得更好的成績。

## 每月運勢

平 **一月運勢：**本月運勢平穩，各方面在穩定中都能有所發展，不過，因為受到年度凶星的影響，盡量避免進入喪家或者探病的場合，也要多注意自身跟家人的健康。

吉 **二月運勢：**本月運勢佳，工作和投資方面，因為有貴人相助，加上財運佳，應可帶來不錯的收穫。也可趁此旺運，善用人脈，抓住機會，為事業打下基礎。

平 **三月運勢：**本月運勢平穩，可專注於日常的工作和學習，穩穩地照當前的狀態進行，不宜做出重大的變動。盡量避免喪事與探病的場合，就能平安度過。

吉 **四月運勢：**本月運勢佳，貴人運持續發威，財運表現也很不錯。在合作方面能夠得到他人的支持，適合推出開展事業計劃。可多參與社交活動，有獲得好消息的可能。

吉 **五月運勢：**本月運勢相當旺，貴人運極佳，各方面都能夠得到他人的支持和幫助。財運不俗，適合進行合理的投資。如有健康方面的問題，這個月有望獲得改善。

凶 **六月運勢：**本月運勢不佳，面對上司或長輩的壓力，需特別小心，工作上會有不順的狀況發生。建議避免情緒化的反應，也要注意健康問題，保持良好的作息面對挑戰。

吉 **七月運勢：**本月運勢佳，貴人運不錯，不僅工作上能夠得到他人的協助。健康或者感情方面，都可能因為貴人的助力，而獲得不錯的進展，宜好好把握。

凶 **八月運勢：**本月運勢不佳，尤其感情方面須特別注意，宜多關心自己的情緒，及時與伴侶溝通，避免誤解。健康方面可能會出現小病痛，宜保持健康生活，以度過挑戰。

凶 **九月運勢：**本月運勢走低，工作或生活上特別容易與人發生爭執，建議應保持冷靜和理智。在工作上注意與同事的溝通，盡量減少摩擦，以免誤事、漏財。

吉 **十月運勢：**本月運勢回升，貴人相助，財運表現佳，不論是投資或擴展業務都很適合，有機會獲得不錯的收益。保持積極的態度，善用人脈，努力衝一波。

凶 **十一月運勢：**本月運勢不佳，財運上要注意金錢的運用，可能會面臨突發的支出，建議合理控制財務，避免衝動消費。另外感情方面，與伴侶理性溝通，以免產生矛盾衝突。

凶 **十二月運勢：**本月運勢不佳，適逢年底各項事務容易造成煩躁，建議勿與人爭執，提防血光之災，出外、行車時要多加小心，保持警覺，為新的一年做好準備。

## 肖猴者運勢（22、34、46、58、70歲）

### 本年整體運勢

整體表現不錯，由於太陰星入宮的關係，女性朋友尤其在事業、工作及財運上會因貴人的幫助而有所提升。男性朋友的運勢較為平穩，財務和人際關係上可能稍有壓力和挑戰，建議調整步伐，穩定中求發展。也可以到廟裡面點光明燈，增強運勢。

**一九五六（45年）丙申猴　70歲**

運勢相當不錯，特別是女性朋友，無論是在享受退休生活或是日常起居中，保持平常心，照顧好身體，都能帶來愉快的生活。整體來說，將是相對快樂的一年。

**一九六八（57年）戊申猴　58歲**

今年雖然貴人運強，但摩擦也多，壓力較大，尤其是男性朋友更為明顯。而無論男女，感情和人際關係方面要小心，避免產生感情或與異性相關的金錢問題，因此要謹慎處理。

## 一九八〇（69年）庚申猴 46歲

整體表現非常不錯，尤其是女性朋友更為亮眼。雖然貴人運強，但摩擦和爭執的機會也較多，建議保持低調謙遜，避免不必要的衝突。無論是男性或女性，都要注意處理好人際關係和感情問題，特別是在與異性相處時要保持分寸。

## 一九九二（81年）壬申猴 34歲

今年在工作和人際關係上表現不錯，但在投資和金錢運用上需特別謹慎，避免漏財的情況。女性朋友在各方面表現更有發展機會，但產生摩擦和人際紛爭的機會也增加。謹記多留意，特別是避免涉及金錢的糾紛，這樣才能在各方面取得更好的成績。

## 二〇〇四（93年）甲申猴 22歲

各方面表現相對持平，女性朋友的運勢會略優於男性。整體而言，今年是一個在穩定中尋求發展的年份。建議保持低調行事，避免與他人發生不愉快的爭執或摩擦，這樣更有利於實現進一步的突破和成功。

## 每月運勢

凶 **一月運勢：**本月運勢不佳，尤其在人際關係上要特別注意控制情緒，勿與人發生衝突，以免血光之災。外出時也要多加留心交通安全，避免不必要的冒險與衝動行為。

平 **二月運勢：**本月運勢平順，女性朋友因吉星入宮，工作及感情上都有不錯的表現。男性要多留意爛桃花的干擾，人際交往保持適度的距離，避免無謂的情感糾紛。

吉 **三月運勢：**本月運勢佳，因貴人相助，財運可望提升。無論工作上還是投資理財方面，都有機會取得不錯的回報。本月是開拓新機會的好時機。

吉 **四月運勢：**本月運勢佳，貴人運、財運依然維持高檔。但需要特別小心工作或合作夥伴間，可能產生問題或意見不合。保持冷靜和理性，避免情緒化，才能維持好運。

凶 **五月運勢：**本月運勢不佳，感受到來自上司或長輩的壓力，工作進展不如預期，心情上較為壓抑。尤其男性朋友，應避免與人正面衝突，方能化險為夷。

凶 **六月運勢：**本月運勢不佳，上司和長輩的壓力依然存在，工作運勢延續上月的低迷。應調整心態，避免情緒低落影響工作表現。專注於自身的職責，自然能平順度過。

吉

**七月運勢：**本月運勢佳，貴人運勢再度提升，工作與財運上都有明顯改善。身邊的貴人可能會帶來新的機會。保持謙虛和開放態度，成功的機會大增。

吉

**八月運勢：**本月運勢持續上揚，貴人運與財運俱佳。工作方面也能順利進展，適合計劃長期目標與擴展業務。但感情方面要多留意，尤其男性朋友要注意爛桃花。

吉

**九月運勢：**本月運勢佳，貴人運與財運依然強勁。無論在職場還是生活上，都有望取得突破性的進展，適合全力以赴。唯獨金錢使用上仍需保守，以免漏財。

凶

**十月運勢：**本月運勢不佳，有破財的風險，理財投資要特別小心。感情方面也容易出現問題，已有伴侶者，應該注意彼此之間的溝通，避免因小事而引發大爭執。

吉

**十一月運勢：**本月運勢佳，貴人、財運再度回升，工作上也能順利展開。無論是人脈關係還是職場表現，都有望取得不錯的成果，宜好好把握，衝刺一波。

平

**十二月運勢：**本月運勢平穩，女性朋友在感情與工作均表現不錯。男性朋友則要留意人際關係中的摩擦，應避免因小事而發生爭執，保持和諧迎接新年。

# 肖雞者運勢（21、33、45、57、69歲）

## 本年整體運勢

是充滿機會與挑戰的一年。事業和工作雖有貴人的幫助，表現會有所提升，但也需提防小人的影響。尤其貴人和小人同時出現，因五鬼星的關係可能會在處理問題時帶來困擾。建議在做出任何判斷之前，保持冷靜並仔細分析，將不利影響降到最低，才能應對各種挑戰。

**一九五七（46年）丁酉雞 69歲**

整體運勢表現不錯，在貴人的輔助下，會有一定的成績。不過周圍仍會有一些小人出沒，要學習不要讓這些影響到自己。保持平常心，掌握好步調，凡事多加留意，運勢會更加順利。

**一九六九（58年）己酉雞 57歲**

今年需要特別謹慎，在訊息的判斷還是分析上，都要三思而後行。雖然貴人運較強，但小人也隨之而來。如果不仔細，可能會遇到一些困難或麻煩。要特別留意，避免走冤枉路。

**一九八一（70年）辛酉雞 45歲**

今年的運勢整體上升，特別是貴人運方面，能為帶來不少好運和財運。然而，在日常生活中仍有一些小人和負面訊息的干擾，建議冷靜面對，避免受到影響。保持仔細應對的態度，可以讓事業和財運的表現更好。

**一九九三（82年）癸酉雞 33歲**

運勢總體來說良好，貴人的幫助會帶來財運，但也需警惕小人的干擾。建議避免衝動型的投資和任意消費，謹慎處理金錢問題，這樣可以大幅度減少漏財的風險。今年小人和貴人同時存在的狀況，需要細心應對。

**二〇〇五（94年）乙酉雞 21歲**

今年整體表現還算不錯，正值青春活力的年紀，發展機會多，但也要注意辨別貴人和小人，保持良好的判斷力。若能踏實努力，把握機會，將可以在事業和財運上取得不錯的成績。維持穩定中求發展的態度，表現會更好。

## 每月運勢

平 **一月運勢：**本月運勢平平，受到年度凶星影響，雖貴人運不錯，但小人也不少，可趁著農曆正月十五日之前到廟裡制五鬼、點光明燈，保持一年平安。

凶 **二月運勢：**本月運勢不佳，容易因為與人爭執和口角而陷入困境，更可能因小人挑撥而導致的人際糾紛。建議保持冷靜和理性，才能化解不必要的衝突。

吉 **三月運勢：**本月運勢佳，貴人運大開，財運也跟著提升。無論是工作還是投資方面，都可能獲得不錯的回報。仔細辨別貴人、小人，才能讓整體運勢達到新的高峰。

吉 **四月運勢：**本月運勢持續上揚，貴人助力不減，財運也相當穩定。工作和生活中都會感受到正向能量的加持，有利於長遠發展。

凶 **五月運勢：**本月運勢不佳，容易感受到來自上司的壓力，工作進展不順。同時，要小心小人的搬弄是非，此時需要耐心應對，不宜與人正面衝突，避免造成更大麻煩。

凶 **六月運勢：**本月運勢依然不佳，來自上司和長輩的壓力延續，加上犯小人，工作運持續低迷。此時應謹言慎行，避免與人發生衝突，才能降低挫折與不順。

吉

**七月運勢：**本月運勢佳，無論是在職場還是生活中，都能獲得貴人的支持，進展順利。適合拓展人脈與加強合作的好時機，善加把握貴人相助，迎來更多發展。

凶

**八月運勢：**本月運勢不佳，感情上容易出現問題，可能受到小人搬弄而意見不合。應仔細判別消息真偽，保持理性，冷靜溝通，避免激烈的情緒反應，就能平穩度過。

凶

**九月運勢：**本月運勢不佳，要特別注意財務方面的消息，以免誤信小人訊息，導致金錢上的麻煩或損失。投資理財需格外謹慎，維持保守策略，才能避免破財風險。

平

**十月運勢：**本月運勢平穩，沒有明顯的波動或挑戰。雖然貴人運勢一般，但小人也沒有特別活躍，保持現狀即可。適合整理過去的工作與生活，為未來做長遠規劃。

凶

**十一月運勢：**本月運勢不佳，容易因口角或人際摩擦而陷入困境。注意防範突發事件，尤其要避免血光之災。無論是在家中還是工作場合，都要保持謹慎。

吉

**十二月運勢：**本月運勢佳，年終貴人運與財運雙雙提升，前期的努力終於得到肯定，可望在年底迎來豐厚的回報。各方面皆順利，為來年打下良好基礎。

# 肖狗者運勢（20、32、44、56、68、80歲）

## 本年整體運勢

今年機會多，挑戰也多。整體表現比起去年來看會有上升的趨勢，尤其是在下半年，運勢會更加明顯地改善。然而，健康方面需要特別留意，因為死符星的影響，可能會使壓力增大。賺錢固然重要，但也要照顧好自己的健康，適當休息，以達到事業和身體的平衡。

**一九四六（35年）丙戌狗 80歲**

整體運勢良好。雖然年紀較大，但只要注意健康保養，及時處理異常狀況，保持良好的運動和生活習慣，會使身心得到保障，這樣可以避免健康問題產生對整體運勢的影響。

**一九五八（47年）戊戌狗 68歲**

今年需要特別關注健康問題。由於受到死符星的影響，健康方面的壓力會比較大。建議多加留意飲食和生活習慣，保持良好的運動習慣，以維持最佳的健康狀態。

**一九七〇（59年）庚戌狗 56歲**

運勢表現非常好，有不錯的機會和進步空間，尤其是在事業、工作等方面，只要按部就班，取得成績可說是指日可待。然而，努力工作之餘，健康方面也是需要注意，記得適當休息、充電，才能讓事業發展的更加持久。

**一九八二（71年）壬戌狗 44歲**

整體表現良好，但需警惕投資和健康方面的影響，有可能因此導致漏財。因此，在面對投資機會時要謹慎，也要保持身體健康，以避免相關的損失。

**一九九四（83年）甲戌狗 32歲**

今年的運勢中上，下半年的財運和機會尤其增多。儘管如此，除了工作，還是要注意健康。如果能夠在努力工作的同時保持良好的健康狀況，將會有更好的發展機會。

**二〇〇六（95年）丙戌狗 20歲**

運勢非常旺盛，正值青春活力的年紀，整體比去年有所上升。雖然壓力會增加，但只要能夠把握機會，積極面對挑戰，注意身心平衡，就會有很好的發展前景。

## 每月運勢

吉 **一月運勢：**本月運勢佳，貴人運強盛，財運也非常理想。無論在工作或投資方面，都能獲得貴人助力，推動事情順利進行。新春就有好的開始，令人神清氣爽。

吉 **二月運勢：**本月運勢佳，財運和貴人運延續上月的高檔，工作進展順利，收入穩定提升。好好把握這段時間的機會，努力打拚，為未來奠定更好的基礎。

凶 **三月運勢：**本月運勢不佳，需要特別小心口角和健康問題，尤其容易因情緒失控導致的爭執與意外。建議適度放慢腳步，減少因壓力帶來的各種問題。

平 **四月運勢：**本月運勢平穩，可以把關注點放在保持身心靈的健康。調整步調，放鬆心情，適合進行自我修養與充電的時刻，以迎接未來的挑戰。

平 **五月運勢：**本月運勢平平，財運和貴人運雖不錯，但可能會感受到上司或長輩的壓力，導致工作上有些不順。謹慎應對職場人際問題，加上貴人相助，可平穩度過。

凶 **六月運勢：**本月運勢不佳，面臨上司和長輩的持續壓力，可能會控制不住自己的脾氣，而與人產生口角衝突，甚至導致事情破局。宜調整心態，避免事態惡化。

吉 **七月運勢：**本月運勢佳，貴人運再度轉強，工作與生活都能得到貴人相助，無論是人際關係還是事業發展，皆有望取得不錯的進展，宜好好把握。

吉 **八月運勢：**本月運勢佳，財運和貴人運在再次走高，投資和工作方面都有機會取得良好回報。發展前景相當可觀。保持積極心態，勇於抓住機遇。

凶 **九月運勢：**本月運勢不佳，特別注意可能的金錢損失或意外破財。投資和理財上採取保守策略，避免風險過高的決策。同時，要謹防感情問題，好好溝通是上策。

平 **十月運勢：**本月運勢平穩，這是一個適合調整步伐、穩步前進的月份。雖然沒有特別的好運或壞運，但保持穩定的工作態度和心態，一切都會順利推進，無需過度擔憂。

平 **十一月運勢：**本月運勢平穩，可特別關注身體健康狀況，適當調整生活節奏，避免過度操勞。適合進行一些生活規劃，為健康打下基礎。

凶 **十二月運勢：**本月運勢不佳，易因為意見不合或與人爭執而導致不必要的麻煩。需保持謙和態度，避免因小事與他人發生衝突，以求平安度過年末，迎來值得期待的一年。

# 肖豬者運勢（31、43、55、67、79歲）

## 本年整體運勢

由於歲破的影響，運勢會面臨較大的挑戰，可能會出現更多狀況。健康方面需特別留意，要減少重大變動和冒險。不過，只要保持冷靜和穩定，避免衝動行事，將能有效減少問題。也可以廟裡安太歲、點光明燈，增加運勢，降低負面的影響。

**一九四七（36年）丁亥豬 79歲**

運勢表現還算不錯，雖逢歲破，但只要保持平常心，冷靜面對，健康和運勢都會得到保障。即使遇到挑戰，心態的穩定可以協助渡過難關。

**一九五九（48年）己亥豬 67歲**

今年需要特別留意健康問題。由於歲破的影響，健康和生活中的壓力會較大。建議保持冷靜，不要讓壓力影響到生活。透過適量的飲食和運動，確保健康，可以維持最佳狀態。

**一九七一（60年）辛亥豬 55歲**

運勢還算不錯，即便是在歲破的年份，整體表現仍然可圈可點。建議平時做好準備，面對挑戰時保持冷靜和穩定，謹慎行事，也要懂得善加利用身邊的資源與人脈，尋求支持與建議後再做決定，這樣自然能在各方面取得好成績，達到預期的目標。

**一九八三（72年）癸亥豬 43歲**

今年的運勢屬於持平，雖然因為歲破的關係可能會讓人感到壓力增加，但只要避免衝動投資和大型支出，財務狀況還是可以維持穩定。花時間做好風險管理，採取穩中求進的方式，不僅能幫助減少可能的損失，還能逐步提升整體表現。

**一九九五（84年）乙亥豬 31歲**

整體表現看來還算是平穩。儘管受到大環境的影響，許多事情可能不如預期，但只要保持正確的心態，冷靜判斷和分析，壓力就能控制在掌握之中。面對問題時要保持靈活應對的態度，進行有效的調整，就能一一解決各種狀況。

## 每月運勢

凶 **一月運勢：**本月運勢不佳，雖財運與貴人運都有不錯的表現，但需要特別注意與人之間的爭執，容易因言語不慎而惹來不必要的麻煩。尤其逢歲破，低調為宜。

吉 **二月運勢：**本月運勢佳，財運與貴人運大開，工作和生活中能得到不少助力，財務方面，有望取得不錯的收益。本月適合積極行動，抓住機會。

平 **三月運勢：**本月運勢平平，盡量保持低調，歲破的影響可能導致一些小麻煩或阻礙，但只要不強求或過度表現，不良影響就能降到最低。

凶 **四月運勢：**本月運勢不佳，容易因小事與人口角爭執，需特別留意溝通方式，避免情緒化反應，尤其在人際互動上，要多加注意保持冷靜與謙遜。

凶 **五月運勢：**本月運勢不佳，在工作場合中，可能會因為高壓而感到不適應。應保持穩定心態，減少不必要的爭辯，盡量與上司保持良好關係，避免直接對抗。

吉 **六月運勢：**本月運勢佳，財運與貴人運在本月重回高峰，工作與投資方面都能得到貴人的指導與幫助，財務狀況也有望改善。因逢歲破，行事仍須低調為佳。

凶 **七月運勢：**本月運勢不佳，要特別注意可能的財務損失情況。避免衝動投資或冒險行為，謹慎處理金錢相關事務。做好資金規劃與管理，以防止不必要的損失。

平 **八月運勢：**本月運勢平平，感情上可能出現一些小摩擦，需多包容和理解對方，避免不必要的爭執。健康方面則應注意飲食規律，保持良好的作息，以免影響身體狀況。

平 **九月運勢：**本月運勢平平，雖然運勢平穩，但受歲破影響，仍需警惕潛在的麻煩。可專注在自己的目標與工作上，避免涉入他人的糾紛或引起不必要的矛盾。

凶 **十月運勢：**本月運勢不佳，容易因意見不合而與人發生爭執，應盡量冷靜，避免情緒化的回應。保持理性與謙遜，低調保守是本月的關鍵。

吉 **十一月運勢：**本月運勢佳，貴人運與財運雙雙提升，無論是在職場上還是投資理財方面，都能得到貴人的支持與幫助，適合進行長期規劃與重要決策。

吉 **十二月運勢：**本月運勢佳，年末運勢非常不錯，財運與貴人運同時高漲，年終獎金或投資回報有望讓人滿意。抓住機會，結束這一年，迎接嶄新的發展。

二

# 開運農民曆

# 如何看懂農民曆

「農民曆」是台灣民間流通最普及的曆書，過去人們依照農民曆的時序原則進行農事，也以農民曆中的「行事宜忌」、「每日吉凶」作為日常行事的準則。

農民曆的由來已久，早期為了配合農業社會的行事，中國歷代都會由官方根據觀測天文運行的結果，統一頒訂曆法，作為農事作息的主要依據，稱做「官曆」。而各朝的曆法編制有所不同，現今使用的陰曆最早可以追溯到夏朝時期，經過了不同朝代天文官員的修訂後，才成了現今我們所使用的陰曆。

民國之後頒行陽曆，現今台灣所行的曆法每年由中央氣象局統一頒布，由於民間仍然根據陰曆行事，所以中央氣象局所編的日曆資料表是採取新舊曆對照的方式。而現今流通的農民曆，也是陽曆與陰曆並立，是陰陽合曆的形式。

以配合農事而訂立的農民曆，到了今日由於機具與栽種技術的進步，作為農事依據的功能已不再那麼重要了。但是其中的每日吉凶、行事忌宜等傳統風水命理的內容，仍然是人們行事的重要依據。現今的農民曆經常結合了民俗、傳統知識與曆法，是每個家庭必備的生活小百科。

農民曆是古代制訂來讓農民在農耕時有所依循的曆法，所以稱之為農曆。漸漸演變到後來，又加上了傳統陰陽五行、天干地支、易經等等的思想，幾千年來已經成為人們日常行事的重要依據了。不過，也就因為融入了許多命理上的專業知識，讓現在的農民曆看起來十分的艱深難懂，因此要了解農民曆，就要先了解每個欄位代表的意義，接著就能輕鬆使用農民曆了。

## 農民曆「每日宜忌」各欄說明

- 西曆年份 國曆月份
- 農曆月份 甲子 月令 月煞方
- 占十二月節候豐稔歌
- 每日胎神占方
- 每日沖煞年齡

- 國曆日期
- 星期
- 節日 佛神誕辰 吉凶神 附註
- 農曆日期
- 干支
- 五行
- 十二值位
- 宜忌
- 宜忌事項
  - 節前：指逢節氣時，指節氣時間之前的宜忌
  - 節後：指逢節氣時，指節氣時間之後的宜忌
- 每日胎神占方
- 每日沖煞年齡

- 節氣
- 交節氣時間
- 節氣說明

## 農民曆「每日宜忌」實例

- 二〇二五年 國曆二月小
- 農曆正月 戊寅 端月 煞北方
- 立春最喜晴一日，元旦景雲光齊天
- 雨水連綿是豐年，農夫不用力耕田
- 每日胎神占方
- 每日沖煞年齡

- 18
- 星期二
- 廿一
- 戊午
- 火
- 定
- 宜
- 宜 祭祀、祈福、出行、納采、問名、嫁娶、移徙、修造動土、豎柱上樑、開市、立券、交易、納財、入宅
- 忌 解除
- 房床碓 外正東
- 沖鼠 54歲 煞北

- 雨水
- 酉時 18時07分
- 斗指壬為雨水，時東風解凍，冰雪皆散而為水，化而為雨，故名雨水。
- 節氣諺語：雨水，海水卡冷鬼。
- 雨水時節雖已入春，但溫度仍低，海水摸起來還是非常冷冽。

## 各欄位所代表的意義解釋

### ❖干支：

「**天干地支**」是自商朝開始即有的記年、記日方式，以「十天干」（甲乙丙丁戊己庚辛壬癸）與「**十二地支**」（子丑寅卯辰巳午未申酉戌亥）相配，每六十年為一個循環。

### ❖五行：

「**五行**」指「**金木水火土**」，傳統命理認為宇宙中的萬物都可以被區分為這五個屬性。農民曆中所表示的五行，背後代表的其實是較為複雜的「**六十甲子納音**」，各種天干地支的組合代表了各種屬性的「**五行**」，對論命者而言具有參考作用，但對一般人而言用途則不大。

### ❖十二值位：

代表的是十二個「吉凶神」（**一建**、**二除**、**三滿**、**四平**、**五定**、**六執**、**七破**、**八危**、**九成**、**十收**、**十一開**、**十二閉**），每日的值神不同，適合做跟不適合做的事情也不同。

### ❖用事批註宜忌：

這欄裡面，主要是根據**干支日**、**五行**、**十二值位**，再加上其他比較複雜的命理概念，歸納出來在這一天裡面可以做的事情跟不宜做的事情，整體標註出來，這是目前人們從事重要活動時最方便參照的資料，是最實用的欄位。

### ❖胎神占方：

指每日**胎神**所在的地方。在民間信仰中，**胎神**是掌管胎兒生長的神明。每日胎神所在的位置都不相同，原則上多在屋子裡外，孕婦活動的範圍內。民間認為每日胎神所在的地方，所有的人都不可冒犯，否則會影響胎兒的生長，嚴重時甚至會造成流產。

### ❖沖煞生肖、年齡、方位：

指每天會沖犯到的生肖、年齡與方位。被沖煞到的人最好不要出現在任何重要的場合，像是嫁娶、出殯等，不僅本身可能會遭到無妄之災，也可能讓正在進行的事情，沒有辦法順利舉行。「**煞方**」則指當日凶神所在的地方，不管今天要做什麼事，都要盡量避免往該方向活動，以免沾染不好的氣場，影響事情的順利進行。

### ❖每日財喜方位：

指每日**財神**跟**喜神**所在的方位，如果想要沾喜氣或是獲得財運，可以在每日出門時先往財喜方位走，比較容易獲得好運。詳細用法請參照本書**擇日擇時**單元。

### ❖每日吉凶時：

這是指這一天裡面由**吉神**所掌管的時間。在傳統的命理觀念中，好日子裡也有**吉時**與**凶時**的區分，若希望事情能進行順利，除了挑選好日子，最好也要選在吉時來進行。

# 重要名詞解釋

農民曆自古以來就是人們用來參照**日常行事**、**斷定吉凶**的重要根據。農民曆的編著由來已久，加上後世不斷的增補，因此在**用事名詞**上面也出現許多不同的版本。

目前流傳下來的農民曆，主要都是根據舊時社會的環境與情況所寫，不管是哪一個版本，裡頭使用的部分名詞，與我們今日所慣用之用語大不相同（**例如「經絡」代表「織布」、「鼓鑄」代表「冶煉金屬」**）。大多數的人看不懂這些名詞所代表的事件，使用農民曆時就會遭遇困難。

為了讓讀者了解農民曆之用語，底下將根據**清朝**時期曾由朝廷統一列舉的「**通書六十事**」，進行每個用語的解說，並且根據性質加以分類，加上現代行事的附註，方便了解與使用。

## 本書對農民曆用語的篩選

農民曆上面所列舉的行事對古人而言，都是需要慎重處理，甚至在舉行前要進行儀式的事情。但就目前社會發展來看，有許多已經是**不合時宜**。因此底下雖然針對大部分的用語做解釋，但在本書的「用事宜忌」中，**將僅列舉在現代社會中仍須擇吉進行的重要事項，以方便讀者使用。**

## ❖祭祀類

**祭祀**：祭祀祖先（或好兄弟），或祭拜神明等儀式。這裡的祭祀指的是節日或例祭之外的祭祀活動，例如建醮、大船下水等等祭祀活動，或擺放制煞物品也可以選擇宜祭祀的日子。

**祈福**：祈求神明保佑平安或者許願還願的事宜。

**求嗣**：向神明祈求子嗣的祭拜儀式。

**冠帶**：這是指傳統上年輕男女的成年儀式。

## ❖政事類

**上冊受封**：接受皇帝的賞賜。

**上表章**：古代臣子將奏章上呈君主。

**襲爵受封**：中國古代是封建社會，早在西周時期就有爵位的分封，雖然之後各朝代的規制不同，但一般來說，爵位都是由長子繼承原有的爵位，而其他的孩子則分封為低三階的爵位。此處的襲爵受封，就是指嫡長子繼承爵位與其他子嗣受封爵位的受封儀式。

祈福。

**上官赴任**：新官上任，就職典禮。

**臨政親民**：皇帝或官員聽取政事、下鄉視察。

## ❖日常行事類

**會親友**：探訪友人、親戚，或者聚會。

**入學**：拜師學藝、求取手藝。

**進人口**：收養子女或聘納員工等。

**出行：**指遠行、出國觀光及旅行等。

**移徙：**搬家，遷移住所。

**遠迴：**指長距離的往返，例如歸寧。

**解除：**進行解災厄、除穢的儀式，或者將制煞物品由懸掛擺放處取下。

**安床：**包括安新床與安舊床。

**安新床：**像是結婚或者新屋在入宅時，都要選擇時辰安置床鋪。

**安舊床：**是指可能因運勢不佳想改換方位，而重新安放床鋪的事宜。

**沐浴：**清洗身體，特指為重要事件而齋戒沐浴。例如主持重要儀式，或是跟隨神明遶境。

**剃頭：**初生嬰兒剃除胎毛，或削髮為尼。

**整手足甲：**初生嬰兒首次剪手足甲。

**求醫療病：**看醫生、治病，或者開刀。

**療目：**治療眼睛的疾病。

**針刺：**針灸之類的醫療行為。

**乘船渡水：**搭船過河、過江、遊湖等等。

安床。

## ❖婚姻類

**結婚姻：**議定婚事，兩家人締結婚姻之事。

**納采問名：**指受授聘金，俗稱完聘。

**嫁娶：**指舉行結婚迎親儀式的吉日。

**裁衣：**分為兩種，一為裁製新娘禮服，另一個是為病重的老人做壽衣。

## ❖建築類

**築堤防：**修建河堤邊的護欄或防水的堤防。

**修造動土：**房屋整修、內部裝潢等。

**動土：**指興建陽宅之第一次動工挖土（陰宅為「破土」）。

**豎柱上樑：**豎立柱子，安屋頂中樑。傳統上進行「上樑」儀式前，一定要選擇吉日吉時。

**修倉庫：**建築倉庫或儲藏室。

**苫（唸「山」）蓋：**以草編物品來覆蓋屋頂。

**修置產室：**修理或建築廠房、產室。

**開渠穿井：**開築下水道、水溝及開鑿水井等。

**安碓（唸「對」）磑（唸「位」）：**安裝舂物臼磨粉器。傳統上進行這項活動前要先舉行儀式。

**補垣塞穴：**補修牆壁或堵塞蟻穴及其他洞穴。

**掃舍宇：**打掃屋宅，指大型的大掃除。

**修飾垣牆：**裝修、粉刷、整理牆壁。

**平治道塗：**指鋪平道路等工程。

**破屋壞垣：**拆除舊屋圍牆之事。

修造動土。

### ❖工商類

**鼓鑄：**冶煉金屬以製錢幣或器物。

**開市：**公司行號商店開張或開幕，或指休完年假後首日營業或工廠開工等。

**立券：**訂立契約書等事。

**交易：**交易買賣等事。

**納財：**購置產業、進貨、收帳、五穀入倉等。

**開倉庫：**打開穀倉或囤貨的倉庫。在古代，倉庫不會隨便開啟，以免裡頭的貨物或穀物敗壞。

**出貨財：**出貨、送貨。

### ❖喪事類

**破土：**建墳墓、埋葬等（**陽宅為「動土」**）。

**安葬：**埋葬屍體，或撿骨後「進金」（將先人遺骨放入金斗甕）。

**啟攢：**指洗骨之事。撿死人的骨骸簡稱拾金。

### ❖農林漁牧類

**伐木：**砍伐樹木。古時候人們認為樹木有靈，因此在伐木前必須要舉行儀式，安撫樹靈，祭拜完畢之後才會進行。

鼓鑄。

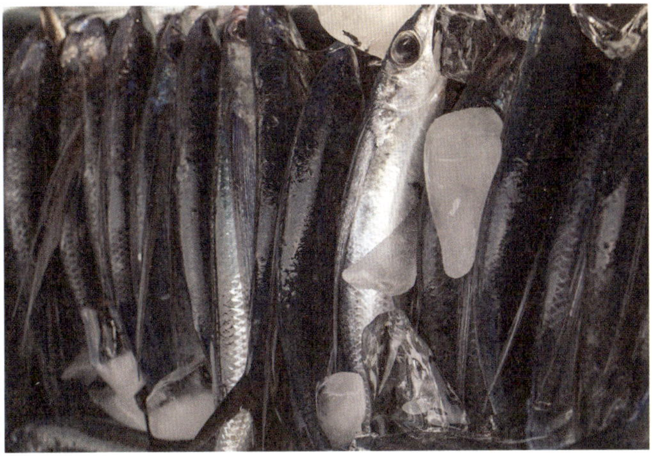

取魚。

**捕捉：**撲滅害蟲或生物。

**畋（唸「田」）獵：**打獵或捕捉野獸等工作。

**取魚：**結網撈魚，捕取魚類。

**栽種：**種植樹木、接枝、種稻等農事。

**牧養：**畜牧牛馬等家畜。

**納畜：**買入雞鴨、牛羊等來飼養。

**經絡：**織布、安裝織機或蠶桑之事。因為其中有安裝織機這個部分，後人也衍生為適合安裝各式機械設備的日子。

**醞釀：**指做醬菜、釀酒、做醋、醬油等等需要發酵的事物，由於發酵的狀況會影響事件的成敗，因此傳統上認為製作時，也要挑選吉日，以期順利釀造出好的成品。

# 六十甲子納音

六十甲子納音是結合了五行、天干、地支與古代音律（五音），所推算出來的術數，用途非常廣泛，可以用來論命、推算年運、擇吉，甚至是造葬等。這個術數的基礎是五行，十天干、十二地支以及五音都有各自的五行屬性，相互結合之後，與單純的五行相生相剋就不同了。同樣納音屬金的，就有海中金、劍鋒金、白蠟金、砂中金、金箔金、釵釧金等，每一種代表的涵義都不同。

以砂中金為例，為何稱為砂中金？古書云：「之氣已成，物質自堅實，混于沙而別于沙，居於火而煉於火，乃曰砂中金也。」

甲午砂中金，是沙汰之金，古書云：「甲午天符祿，乃沙汰之金，志大而有節操，或零火蓋之而嚴，或旺金集之而剛，不遇丁壬，始可陶熔之寶。祿神敗而食子欲妻剛而子旺。」乙未砂中金，則是強悍剛礦之金，古書云：「乙未祿印綬，乃強悍剛礦之金，欲金相用在火盛處，父子相乘，皆為珍寶。德神當位，喜見印官。」不同屬性的金，需要用來助旺或要避開的的五行也不同。像是甲午砂中金，含砂量大的砂金，一樣要用火來鍛鍊，但要避開丁、壬才能有所成。乙未砂中金，則是礦砂類的砂金，含金量高，以大火來鍛鍊，可以成為珍寶，因此要加強的是火的部分。古人便根據這些不同屬性的組合變化，來論斷吉凶，推算一個人命運的貧富貴賤。

# 六十甲子納音

| | | |
|---|---|---|
| 甲子乙丑海中金 | 丙寅丁卯爐中火 | 戊辰己巳大林木 |
| 庚午辛未路傍土 | 壬申癸酉劍鋒金 | 甲戌乙亥山頭火 |
| 丙子丁丑澗下水 | 戊寅己卯城頭土 | 庚辰辛巳白蠟金 |
| 壬午癸未楊柳木 | 甲申乙酉井泉水 | 丙戌丁亥屋上土 |
| 戊子己丑霹靂火 | 庚寅辛卯松柏木 | 壬辰癸巳長流水 |
| 甲午乙未砂中金 | 丙申丁酉山下火 | 戊戌己亥平地木 |
| 庚子辛丑壁上土 | 壬寅癸卯金箔金 | 甲辰乙巳覆燈火 |
| 丙午丁未天河水 | 戊申己酉大驛土 | 庚戌辛亥釵釧金 |
| 壬子癸丑桑柘木 | 甲寅乙卯大溪水 | 丙辰丁巳沙中土 |
| 戊午己未天上火 | 庚申辛酉石榴木 | 壬戌癸亥大海水 |

# 正月開運三吉時——初一、開工、迎財神

## 乙巳年初一開門吉時與祭拜

大年初一是一年的開始，傳統上認為大年初一能迎到的財氣、喜氣與貴氣都最強。所以初一起個大早往吉祥的方位走，將能為自己帶來無與倫比的財氣與貴氣。因此這一天開門的時間與出門的方位就顯得十分重要。以時間點來說，**今年最佳開門時間為子時（晚上十一點至晚上十一點四十分）**、**丑時（上午一點至一點四十分）**、**寅時（上午三點至四點二十分）**、**卯時（上午五點至六點二十分）**、**巳時（上午九點至十一點）**、**午時（上午十一點至十二點二十分）**、**未時（下午一點至兩點二十分）**。可以根據平常作息或行業別工作時間，挑選最適合的時辰來開門。

吉時一到，便可以開門，準備清茶、糖果、吉祥的水果像是橘子，以及飯、發糕與年糕等供品祭祖。米飯與糕類要插上紅色紙剪的春字，就是俗稱的「飯春花」。「春」和台語「剩」同音，象徵「年年有餘」。祭拜完後要燃放爆竹。

拜拜之後，可以出門往好的方位走，以迎接好的氣場。**初一這天的喜神在東南方，貴方為東北方。**出門時先往這幾個好方位，走上五十到一百步，再往自己原本的目的地前進，民間認為這樣便能夠討得好采頭。另外，**正財在東南方，除此之外若想要求財者也可以選擇往東南方的財神位。今年的**

**煞方在正北，要盡量避免往這個方向走，以免受到不好氣場的影響。**

傳統上也認為大年初一有如一天的早晨，是全新的開始，若能在年初一起得早（最遲不睡過中午），便象徵一整年都會很有活力精神。如果在大年初一的白天睡覺，就象徵在一年的開始精神萎靡、懶散、沒有活力。民俗上甚至認為這將導致種田的田會塌，養雞的會生不出雞蛋。因此，大年初一應該要盡量早起出門活動，無論是全家出外踏青遊玩，或是到附近親朋好友家拜年，到廟裡拜拜等，都能為自己跟家人求得一整年的好運與平安。

大年初一可與家人至廟裡拜拜，為接下來的一年祈求好運、平安。

## 乙巳年年初開工吉時與祭拜

初五又稱為「隔開」，意思就是新年的歡樂氣氛就到今天為止。新年期間放在家中神桌上的供品也都要撤收，自這天開始，一般民家就開始恢復正常的生活作息了。許多店家公司也都從這天開始上班做生意。不過並不是每一年的初五都是最好的開市、開工日。今年最佳的開工、開市日期與時間請參照下表。

店家或公司可以在門口準備各種牲禮、酒水、線香、紙錢，特別還需準備「疏文」。由於開工祭拜的對象是財神與行業的守護神，準備疏文是讓誠心的祈願可以完整傳達給神明，祭拜者將有機會獲得更為有力的保佑，在自己專長的行業中，創造更好的成績。所以在祭拜前也要搞懂行業祖師爺或守護神是誰，以免不小心拜錯了，既鬧笑話又難以受到保佑！

## 各行業守護神例

| 行業別 | 守護神明 |
|---|---|
| 醫療業 | 保生大帝、華陀、神農大帝 |
| 製藥業 | 神農大帝 |
| 屠宰業 | 玄天上帝 |
| 美髮業 | 孚佑帝君 |
| 航海業 | 天上聖母、水仙尊王 |
| 木匠業 | 巧聖仙師 |
| 泥水業 | 荷葉仙師 |
| 商賈業 | 福德正神、關聖帝君、財神 |
| 軍警業 | 關聖帝君 |
| 命理業 | 鬼谷子 |
| 戲曲業 | 西秦王爺、田都將軍 |
| 運輸業 | 中壇元帥 |
| 教職業 | 文昌帝君、魁星 |
| 特種業 | 豬八戒 |

# 二〇二五年乙巳年年初開工開市吉時

| | | |
|---|---|---|
| 正月初四 | 卯時 | 上午五點至六點二十分 |
| | 巳時 | 上午九點至十點二十分 |
| | 午時 | 上午十一點至下午一點 |
| | 申時 | 下午三點到四點二十分 |
| | 酉時 | 下午五點到七點 |
| 正月初六 | 卯時 | 上午五點至七點 |
| | 辰時 | 上午七點至八點二十分 |
| | 巳時 | 上午九點至十點二十分 |
| | 未時 | 下午一點至三點 |

| | | |
|---|---|---|
| 正月初九 | 卯時 | 上午五點至七點 |
| | 巳時 | 上午九點至十點二十分 |
| | 午時 | 上午十一點至下午一點 |
| | 未時 | 下午一點至兩點二十分 |
| | 申時 | 下午三點到四點二十分 |
| | 酉時 | 下午五點到七點 |
| 正月初十 | 巳時 | 上午九點四十分至十一點 |
| | 午時 | 上午十一點至十二點二十分 |
| | 未時 | 下午一點至兩點二十分 |
| | 申時 | 下午三點到四點二十分 |
| | 酉時 | 下午五點到七點 |

## 乙巳年初五迎財神

大年初五是傳統上「**迎財神**」的日子，在這天上午須要準備供品朝門口祭拜來**迎財神**，迎的則是「五路財神」，有兩種說法，比較常見的說法是「**東西南北中**」五路，分別是：

**中路財神「玄壇真君—趙公明」**

**東路財神「進寶天尊—蕭升」**

**西路財神「納珍天尊—曹寶」**

**南路財神「招財使者—陳九公」**

**北路財神「利市仙官—姚少司」**

拜「**五路財神**」的目的就是要收盡東南西北中「**五方之財**」。與「**五路財神**」類似的說法還有「**八路財神**」，**八路**指的就是一般常見的八個方位，不過民俗上對於八路財神究竟是哪幾位神明，並沒有明確的記載。

而「**文、武、義、富、偏**」五路財神的說法，除了上述的「**武財神—趙公明**」以外，還有：

**忠貞事暴君的商朝忠臣「文財神—比干」**

**義薄雲天的三國武將「義財神—關公」**

**富可敵國的明朝富商「富財神—沈萬三」**

**生性好賭的漢朝名將「偏財神—韓信」**

偏財神的「偏」，是指「正財」以外的財富，如兼職、自由業、買彩券、特種行業……等皆屬之。

# 黃帝地母經看流年

黃帝地母經共有六十首，是傳統上用來預測一年整體運勢的經文。今年為乙巳年，可以對照黃帝地母經裡的「乙巳」這一首詩，來看今年的整體預測。

以今年的經文來看，詩曰：

**太歲乙巳年，高下禾苗翠。**
**春夏多漂流，秋冬五穀豐。**
**豆麥美燕齊，桑柘益吳楚。**
**天蟲筐內走，蠶娘哭葉空。**
**絲綿不上秤，疋帛價更高。**

卜詞：

**蛇頭值歲初，穀食盈有餘。**
**早禾莫令晚，蠶亦莫令遲。**
**夏季麥苗秀，三冬成實肥。**

本年度的詩歌與卜詞，預言了今年整體而言：相較於過去數年，今年農作物的收成可說是稍微恢復穩定，但是仍要留意氣候異常所帶來的問題，像是部分民生用品可能會欠缺，甚至導致物價高騰，不可不防。

以今天的角度來看，相同干支年的氣候都相同，似無科學根據，也不符合邏輯。另外預測的區域與台灣的氣候差異甚大，就台灣地區而言並不適用。儘管如此，從這些詩歌還是可以一窺過去人們的生活狀況，可視為一種十分有趣的民俗資料。

# 乙巳年年度吉時

## ❖正月初一開門吉時

**正月初一**

子時 晚上 十一點至晚上十一點四十分
丑時 上午 一點至一點四十分
寅時 上午 三點至四點二十分
卯時 上午 五點至六點二十分
巳時 上午 九點至十一點
午時 上午 十一點至十二點二十分
未時 下午 一點至兩點二十分

## ❖正月開工、開市吉日時

**正月初四**

卯時 上午 五點至六點二十分
巳時 上午 九點至十點二十分
午時 上午 十一點至下午一點
申時 下午 三點到四點二十分
酉時 下午 五點到七點

**正月初六**

卯時 上午 五點至七點
辰時 上午 七點至八點二十分
巳時 上午 九點至十點二十分
未時 下午 一點至三點

**正月初九**

卯時 上午 五點至七點
巳時 上午 九點至十點二十分
午時 上午 十一點至下午一點
未時 下午 一點至兩點二十分
申時 下午 三點到四點二十分
酉時 下午 五點到七點

**正月初十**

巳時 上午 九點四十分至十一點
午時 上午 十一點至十二點二十分
未時 下午 一點至兩點二十分
申時 下午 三點到四點二十分
酉時 下午 五點到七點

### 天赦吉日

二月十一日戊寅日
四月廿八日甲午日
六月三十日甲午日
閏六月十四日戊申日
八月十五日戊申日
十一月初二日甲子日

### 社日

春社日：二月廿一日戊子日
秋社日：七月廿五日戊子日

### 三伏天

初伏：六月廿六日庚寅日
中伏：閏六月初六日庚子日
末伏：閏六月十六日庚戌日

## 乙巳年大利方位表

### 大利南北，不利東方

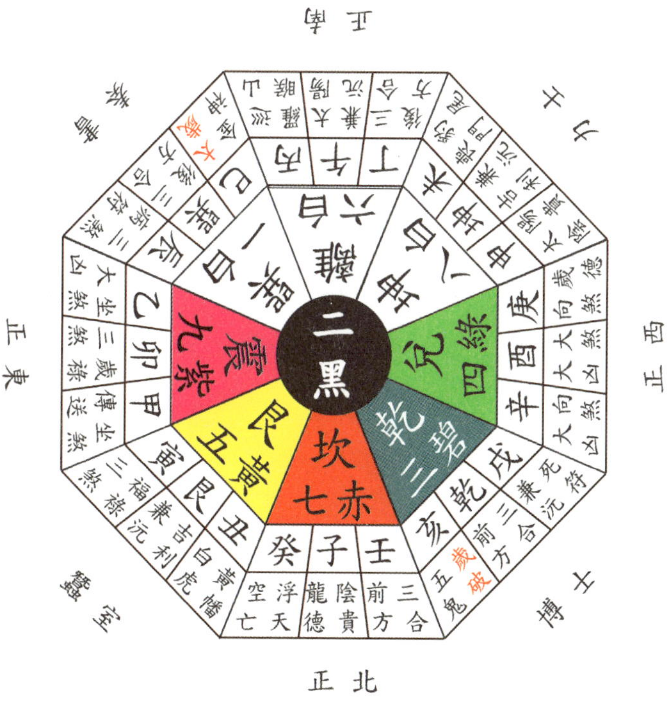

# 乙巳年安神煞方與安神法

由於傳統信仰與中國人慎終追遠的關係，大部分的人家裡都會有神桌，用來祭拜祖先與神明。而神桌或神龕的裝置有許多的學問，如果沒有小心注意，任意擺放的話，嚴重的時候，有可能會導致家裡不平靜，甚至是家運衰敗。

安神位的日子挑選，要注意避開與「**家人生肖**」相沖的日子，可挑選農民曆上標明適合「**祭祀**」的日子來進行。

## 安神與流年煞方

「**安神位**」要特別注意「**流年煞方**」。如果準備安神位的位置正巧碰上該年的流年煞方，除了延後安神之外，可以先安「**浮爐**」來化解，也就是在香爐下墊上「**桌墊**」。

一般可以使用**金紙**，先抽掉綑綁金紙的物品，再將第一張金箔抽掉（或是福金的第一張全部抽起），再將其用紅紙包住，將其墊在香爐下面即可，另外也可以使用**盤子**。**今年為蛇年，流年煞方為「東方」，所以這方位不宜安神或修造。**

「安爐」換爐可挑選農民曆上適合的日子進行。

## 安神的方法

若搬新家，或只是神桌在家中換位置而需要「**安神位**」，要先挑選適當的日子，將神明與祖先按順序自原本位置請出，神明（雕像或畫像）要用雙手捧。如果要離開室內，祖先牌位要裝在「**謝籃**」裡，下鋪刈金，撐黑色洋傘。

到新位置安神之前，牆壁先用「**刈金**」清淨，方法是將刈金點火以後，在將要安神位置的牆壁上「**擦**」一遍，安神的順序與請出時一樣，先安神位，後安祖先牌位。

祖先牌位不可高過神像，也不能置於神爐前，因祖先牌位屬「陰」，宜低宜退。擺好神位再將燭台、薦盒、香爐等擺放上去。**神像的位置要比祖先牌位略後，但神明香爐與杯子的位置，則要比祖先的略前**。

安好之後，準備**五果**、**三牲**、**湯圓**、**發粿**、**清茶**、**鮮花**等拜拜。並準備**大壽金**、壽金、刈金、土地公金，香燃過後燒化。安好的神位不可以再隨便移動，若要清潔則必須等到每年農曆十二月二十四日「**送神**」後，才可以進行。

安神安座，淨化開光。

## 安神之後拜地基主

安神位當天的黃昏時，要拜「**地基主**」。一般多在廚房擺一張小桌子祭拜，如果空間不夠，也可以把流理台當供桌，如果連接著流理台上剛好有窗，則可以朝窗外拜。如果沒有窗戶，則朝後門，或是廚房後方祭拜即可。

拜拜的供品使用日常家裡的飯菜即可。一般可以準備六道菜碗、一鍋飯、三杯酒、兩副碗筷及紙錢。簡單一點的，可以用一個**有菜有肉**的便當，加上三杯酒、兩副碗筷跟紙錢就可以了。

## 神桌擺放的注意事項

- 神桌應擺放在前方視野遼闊的地方，代表「**明堂寬闊**」，家運才會步步高升。神桌不可以朝屋後，否則會導致「**家運衰退**」。
- 神桌的後方不能是樓梯或是電梯，因為向下的樓梯或電梯，都暗示「**家運衰退**」，特別是電梯上上下下，氣場混亂，影響更為嚴重。
- 神桌後方與正上方不能是廚房或者瓦斯爐，因為若是瓦斯爐則暗示「**火燒神明**」，而廁所門對神桌則形同將神明祖先置於穢物旁，特別是神桌後方就是馬桶時，這樣的情形都會導致「**家運衰退**」。
- 如果神桌的後方是房間，夫妻或是十二歲到六十歲之間的單身或已婚者，都要避免睡在這裡，以免影響夫妻感情，或不利姻緣。
- 如果神桌樓上的位置作為臥室，床要小心避開神桌所在的地方，否則因為壓住神明的關係，對於睡在這裡的人，會有不好的影響。

⊙ 神桌的上方不可以有橫樑通過，象徵挑著「重擔」，暗示一家人做事辛苦。另外這樣的狀況也容易暗示家人有頭部方面的毛病。

⊙ 神桌上方要避免擺放不相干的物品，特別是**人形雕塑**或**玩具公仔**，因為神桌經常會受到**燒香膜拜**的關係，容易會有**不明的靈體**藉機進入這些人形物接受膜拜，會使家中出現怪事。

⊙ 神桌的前方及左右，包括神桌底下，都要避免堆放物品，神桌正上方的樓上空間則要避免設置櫃子或是床鋪之類的大型家具，因為神桌若是被雜物擋住、壓住，家運容易受到影響。

⊙ 神桌前面如果有安裝長形的日光燈，要特別注意一定要與神桌**平行懸掛**，如果燈管的方向與神桌垂直，就如同一枝利箭直接射向神明與祖先，形成「**弓箭煞**」，除了對家人運勢有不好的影響外，也直接暗示了容易有意外血光的情形發生。

⊙ 神桌的高度或與牆壁的距離，都要盡量合於「**魯班尺**」的吉字，如果場地有限制，至少高度需符合吉字。

⊙ 神桌的左右也要特別注意，虎邊不可以太迫近牆邊，所謂「**迫虎傷人**」，神桌太靠近虎邊對於主人來說會有不良影響。神桌安置要穩固不搖晃，避免碰撞或地震時造成東西摔落。

⊙ 民俗上認為「**龍怕臭，虎怕吵**」，因此神桌的左邊不能是廁所正沖，而右邊則不能擺放會發出聲音的家電，例如電視、音響、冰箱等。

## 乙巳年每日宜忌

| 二〇二五年 國曆一月大 | 1 | 2 | 3 | 4 | 5 |
|---|---|---|---|---|---|
| | 星期三 | 星期四 | 星期五 | 星期六 | 星期日 |
| | 勿探病 | | 月德 刀砧日 | 刀砧日 | |
| 農曆十二月丁丑臘月煞東方 | 初二 | 初三 | 初四 | 初五 | 初六 |
| | 庚午 | 辛未 | 壬申 | 癸酉 | 甲戌 |
| | 土 | 土 | 金 | 金 | 火 |
| | 破 | 危 | 成 | 收 | 收開 |
| | ★ | ★ | 宜 | ★ | 宜 |
| 朔日西風六畜災，綿絲五穀德成堆 最喜大寒無雨雪，太平冬盡賀春來 | 諸事不宜 | 忌 祈福、出行、納采、問名、嫁娶、移徙、安床、解除、修造動土、豎柱上樑、開市、立券、交易、納財、破土、安葬、啟攢 | 宜 祭祀、祈福、出行、納采、問名、嫁娶、移徙、解除、豎柱上樑、開市、立券、交易、納財、安葬、入宅 忌 安床、修造動土、破土 | 忌 祈福、出行、納采、問名、嫁娶、移徙、安床、解除、修造動土、豎柱上樑、開市、立券、交易、納財、破土、安葬、啟攢 | 宜 祭祀 忌 祈福、出行、納采、問名、嫁娶、移徙、安床、解除、修造動土、豎柱上樑、開市、立券、交易、納財、破土、安葬、啟攢 |
| 每日胎神占方 | 占碓磨 外正南 | 廚灶廁 外西南 | 倉庫爐 外西南 | 房床門 外西南 | 門碓栖 外西南 |
| 每日沖煞年齡 | 沖鼠 41歲 煞北 | 沖牛 40歲 煞西 | 沖虎 39歲 煞南 | 沖兔 38歲 煞東 | 沖龍 37歲 煞北 |

## 乙巳年每日宜忌

**小寒**

巳時 10時33分

**斗指戊為小寒，時天氣漸寒，尚未大冷，故名小寒。**

**節氣諺語：小寒大冷，人馬安。**

小寒時天氣應寒冷，人畜才會平安。

| | | | | |
|---|---|---|---|---|
| 6 | 7 | 8 | 9 | 10 |
| 一期星 | 二期星 | 三期星 | 四期星 | 五期星 |
| 天德合 月德合 | | | | 勿探病 |
| 初七 | 初八 | 初九 | 初十 | 十一 |
| 乙亥 | 丙子 | 丁丑 | 戊寅 | 己卯 |
| 火 | 水 | 水 | 土 | 土 |
| 開 | 閉 | 建 | 除 | 滿 |
| 宜 | 宜 | ★ | 宜 | 宜 |
| **宜** 祭祀、祈福、解除、修造動土、豎柱上樑、開市、納財、入宅 **忌** 出行、納采、問名、嫁娶、移徙 | **宜** 祭祀、安葬、啟攢 **忌** 祈福、出行、納采、問名、嫁娶、移徙、安床、解除、修造動土、豎柱上樑、開市、立券、交易、納財、破土 | **忌** 祈福、出行、納采、問名、嫁娶、移徙、安床、解除、修造動土、豎柱上樑、破土、安葬、啟攢 | **宜** 入宅 **忌** 祭祀、出行、破土、安葬、啟攢 | **宜** 祭祀 **忌** 祈福、出行、納采、問名、嫁娶、移徙、安床、解除、修造動土、豎柱上樑、開市、立券、交易、納財、破土、安葬、啟攢 |
| 碓磨床 外西南 | 廚灶碓 外西南 | 倉庫廁 外正西 | 房床爐 外正西 | 占大門 外正西 |
| 沖蛇 36歲 煞西 | 沖馬 35歲 煞南 | 沖羊 34歲 煞東 | 沖猴 33歲 煞北 | 沖雞 32歲 煞西 |

## 乙巳年每日宜忌

| | | | | | |
|---|---|---|---|---|---|
| 11 | 12 | 13 | 14 | 15 | 16 |
| 六期星 | 日期星 | 一期星 | 二期星 | 三期星 | 四期星 |
| 天德、月德 | | 勿探病 | | 刀砧日 | 天德合、月德合、刀砧日 |
| 十二 | 十三 | 十四 | 十五 | 十六 | 十七 |
| 庚辰 | 辛巳 | 壬午 | 癸未 | 甲申 | 乙酉 |
| 金 | 金 | 木 | 木 | 水 | 水 |
| 平 | 定 | 執 | 破 | 危 | 成 |
| 宜 | 宜 | 宜 | 宜 | 宜 | ★ |
| **宜**祭祀 **忌**祈福、出行、納采、問名、嫁娶、移徙、安床、解除、修造動土、豎柱上樑、開市、立券、交易、納財、破土、安葬、啟攢 | **宜**祭祀、祈福、納采、問名、移徙、修造動土、豎柱上樑、立券、交易、納財 **忌**出行、嫁娶、解除、破土、安葬、啟攢 | **宜**入宅 **忌**祈福、出行、納采、問名、嫁娶、移徙、安床、解除、修造動土、豎柱上樑、開市、立券、交易、納財、破土、安葬、啟攢 | **宜**祭祀 **忌**祈福、出行、納采、問名、嫁娶、移徙、安床、解除、修造動土、豎柱上樑、開市、立券、交易、納財、破土、安葬、啟攢 | **宜**祭祀、出行、移徙、修造動土、豎柱上樑、開市、納財、破土、安葬、入宅 **忌**祈福、納采、問名、安床、解除、立券、交易 | **日逢受死日，不宜諸吉事** |
| 碓磨栖 外正西 | 廚灶床 外正西 | 倉庫碓 外西北 | 房床廁 外西北 | 占門爐 外西北 | 碓磨門 外西北 |
| 沖狗 31歲 煞南 | 沖豬 30歲 煞東 | 沖鼠 29歲 煞北 | 沖牛 28歲 煞西 | 沖虎 27歲 煞南 | 沖兔 26歲 煞東 |

# 乙巳年每日宜忌

| | | | |
|---|---|---|---|
| 17 | 18 | 19 | 20 |
| 星期五 | 星期六 | 星期日 | 星期一 |
| | | | |
| 十八 | 十九 | 二十 | 廿一 |
| 丙戌 | 丁亥 | 戊子 | 己丑 |
| 土 | 土 | 火 | 火 |
| 收 | 開 | 閉 | 建 |
| 宜 | 宜 | 宜 | ★ |
| **宜** 祭祀<br>**忌** 祈福、出行、納采、問名、嫁娶、移徙、安床、解除、修造動土、豎柱上樑、開市、立券、交易、納財、破土、安葬、啟攢 | **宜** 祭祀、入宅<br>**忌** 祈福、出行、納采、問名、嫁娶、移徙、安床、解除、修造動土、豎柱上樑、開市、立券、交易、納財、破土、安葬、啟攢 | **宜** 祭祀<br>**忌** 祈福、出行、納采、問名、嫁娶、移徙、安床、解除、修造動土、豎柱上樑、開市、立券、交易、納財、破土 | **忌** 祈福、出行、納采、問名、嫁娶、移徙、解除、修造動土、豎柱上樑、開市、立券、交易、納財、破土、安葬、啟攢 |
| 廚灶栖 外西北 | 倉庫床 外西北 | 房床碓 外正北 | 占門廁 外正北 |
| 沖龍 25歲 煞北 | 沖蛇 24歲 煞西 | 沖馬 23歲 煞南 | 沖羊 22歲 煞東 |

## 大寒

寅時 04時00分

**斗指癸為大寒，時大寒粟烈已極，故名大寒。**

**節氣諺語：大寒不寒，春分不暖。**

大寒若天氣溫暖，表氣候不順，隔年春分仍會寒冷。

| 21 | 22 | 23 | 24 | 25 |
|---|---|---|---|---|
| 二期星 | 三期星 | 四期星 | 五期星 | 六期星 |
| 天德 月德 | | 送神日 | 天神下降日 | |
| 廿二 | 廿三 | 廿四 | 廿五 | 廿六 |
| 庚寅 | 辛卯 | 壬辰 | 癸巳 | 甲午 |
| 木 | 木 | 水 | 水 | 金 |
| 除 | 滿 | 平 | 定 | 執 |
| 宜 | 宜 | ★ | 宜 | 宜 |
| **宜** 納采、問名、嫁娶、移徙、解除、修造動土、豎柱上樑、立券、交易、納財、破土、安葬、啟攢<br>**忌** 祭祀、出行 | **宜** 祭祀<br>**忌** 祈福、出行、納采、問名、嫁娶、移徙、安床、解除、修造動土、豎柱上樑、開市、立券、交易、納財、破土、安葬、啟攢 | **諸事不宜** | **宜** 納采、問名、修造動土、豎柱上樑、立券、交易、納財、入宅<br>**忌** 出行、嫁娶、解除、破土、安葬、啟攢 | **宜** 祭祀、入宅<br>**忌** 祈福、納采、問名、安床、解除、立券、交易、納財、破土、安葬、啟攢 |
| 碓磨爐 外正北 | 廚灶門 外正北 | 倉庫栖 外正北 | 占房床 房內北 | 占門碓 房內北 |
| 沖猴 21歲 煞北 | 沖雞 20歲 煞西 | 沖狗 19歲 煞南 | 沖豬 18歲 煞東 | 沖鼠 17歲 煞北 |

# 乙巳年每日宜忌

| 26 | 27 | 28 | 29 | 30 | 31 |
|---|---|---|---|---|---|
| 日期星 | 一期星 | 二期星 | 三期星 | 四期星 | 五期星 |
| 天德合 月德合 | 刀砧日 | 除夕 刀砧日 | 春節 | | 天德 月德 |
| 廿七 | 廿八 | 廿九 | 正月 | 初二 | 初三 |
| 乙未 | 丙申 | 丁酉 | 戊戌 | 己亥 | 庚子 |
| 金 | 火 | 火 | 木 | 木 | 土 |
| 破 | 危 | 成 | 收 | 開 | 閉 |
| 宜 | 宜 | ★ | 宜 | 宜 | 宜 |
| **宜**祭祀、解除 **忌**祈福、出行、納采、問名、嫁娶、移徙、安床、修造動土、豎柱上樑、開市、立券、交易、納財、破土、安葬、啟攢 | **宜**祭祀、開市、納財、破土、安葬、入宅 **忌**祈福、納采、問名、安床、解除、立券、交易 | **日逢受死日，不宜諸吉事** | **宜**祭祀 **忌**祈福、出行、納采、問名、嫁娶、移徙、安床、解除、修造動土、豎柱上樑、開市、立券、交易、納財、破土、安葬、啟攢 | **宜**祭祀 **忌**祈福、出行、納采、問名、嫁娶、移徙、安床、解除、修造動土、豎柱上樑、開市、立券、交易、納財、破土、安葬、啟攢 | **宜**祭祀、安葬、啟攢 **忌**移徙、修造動土、破土 |
| 碓磨廁 房內北 | 廚灶爐 房內北 | 倉庫門 房內北 | 房床栖 房內南 | 占門床 房內南 | 占碓磨 房內南 |
| 沖牛 16歲 煞西 | 沖虎 15歲 煞南 | 沖兔 14歲 煞東 | 沖龍 14歲 煞北 | 沖蛇 13歲 煞西 | 沖馬 12歲 煞南 |

| 二〇二五年 國曆二月小 | 1 | 2 | 3 | 立春 | 4 |
| --- | --- | --- | --- | --- | --- |
| | 星期六 | 星期日 | 星期一 | | 星期二 |
| | 孫真人聖誕 | 勿探病 | 清水祖師聖誕 | | |
| 農曆正月 戊寅 端月 煞北方<br>立春最喜晴一日，元旦景雲光齊天<br>雨水連綿是豐年，農夫不用力耕田 | 初四 | 初五 | 初六 | 亥時 22時10分 | 初七 |
| | 辛丑 | 壬寅 | 癸卯 | | 甲辰 |
| | 土 | 金 | 金 | | 火 |
| | 建 | 除 | 除滿 | | 滿 |
| | 宜 | 宜 | 宜 | | 宜 |
| | **宜** 祭祀、祈福、納采、問名、解除、豎柱上樑、納財<br>**忌** 出行、嫁娶、移徙、修造動土、破土 | **宜** 入宅<br>**忌** 祭祀、出行 | **宜** 出行、解除、立券、交易、破土、啟攢、入宅 | **斗指東北維為立春，時春氣始至，四時之卒始，故名立春也。**<br>**節氣諺語：立春打雷，十處豬欄九處空。**<br>立春這天如果打雷，會六畜不安；雷不打春，今年一定好年冬。 | **宜** 祭祀、祈福<br>**忌** 納采、問名、嫁娶、開市、立券、交易、納財、破土、安葬、啟攢 |
| 每日胎神占方 | 廚灶廁 房內南 | 倉庫爐 房內南 | 房床門 房內南 | | 門雞栖 房內東 |
| 每日沖煞年齡 | 沖羊 11歲 煞東 | 沖猴 10歲 煞北 | 沖雞 9歲 煞西 | | 沖狗 8歲 煞南 |

## 乙巳年每日宜忌

| 9 | 8 | 7 | 6 | 5 |
|---|---|---|---|---|
| 星期日 | 星期六 | 星期五 | 星期四 | 星期三 |
| | | 天德 | 玉皇大帝聖誕 月德 | |
| 十二 | 十一 | 初十 | 初九 | 初八 |
| 己酉 | 戊申 | 丁未 | 丙午 | 乙巳 |
| 土 | 土 | 水 | 水 | 火 |
| 危 | 破 | 執 | 定 | 平 |
| 宜 | 宜 | 宜 | 宜 | ★ |
| **宜** 祭祀、破土、安葬、入宅 **忌** 祈福、出行、納采、問名、嫁娶、移徙、安床、解除、修造動土、豎柱上樑、開市、立券、交易、納財 | **宜** 祭祀、解除 **忌** 祈福、出行、納采、問名、嫁娶、移徙、安床、修造動土、豎柱上樑、開市、立券、交易、納財、破土、安葬、啟攢 | **宜** 祭祀、祈福、出行、移徙、解除、修造動土、豎柱上樑、納財、破土、安葬、入宅 **忌** 納采、問名、嫁娶 | **宜** 祭祀、祈福、出行、納采、問名、嫁娶、移徙、解除、修造動土、豎柱上樑、開市、立券、交易、納財、破土、安葬、入宅 | **忌** 祈福、出行、納采、問名、嫁娶、移徙、安床、解除、修造動土、豎柱上樑、開市、立券、交易、納財、破土、安葬、啟攢 |
| 占大門 外東北 | 房床爐 房內東 | 倉庫廁 房內東 | 廚灶碓 房內東 | 碓磨床 房內東 |
| 沖兔 3歲 煞東 | 沖虎 4歲 煞南 | 沖牛 5歲 煞西 | 沖鼠 6歲 煞北 | 沖豬 7歲 煞東 |

## 乙巳年每日宜忌

| 10 | 11 | 12 | 13 | 14 |
|---|---|---|---|---|
| 星期一 | 星期二 | 星期三 | 星期四 | 星期五 |
| 關聖帝君飛昇日 | 月德合<br>刀砧日 | 元宵節<br>天官聖誕<br>天德合<br>刀砧日 | | 勿探病 |
| 十三 | 十四 | 十五 | 十六 | 十七 |
| 庚戌 | 辛亥 | 壬子 | 癸丑 | 甲寅 |
| 金 | 金 | 木 | 木 | 水 |
| 成 | 收 | 開 | 閉 | 建 |
| ★ | 宜 | 宜 | ★ | 宜 |
| **日逢受死日，不宜諸吉事** | **宜** 祭祀、祈福、出行、納采、問名、移徙、解除、修造動土、豎柱上樑、開市、立券、交易、納財<br>**忌** 嫁娶 | **宜** 祭祀、祈福、出行、納采、問名、嫁娶、移徙、解除、修造動土、豎柱上樑、開市、納財 | **諸事不宜** | **宜** 立券、交易、納財<br>**忌** 祭祀、祈福、出行、納采、問名、嫁娶、移徙、解除、修造動土、豎柱上樑、破土、安葬、啟攢 |
| 碓磨栖<br>外東北 | 廚灶床<br>外東北 | 倉庫碓<br>外東北 | 房床廁<br>外東北 | 占門爐<br>外東北 |
| 沖龍<br>2歲<br>煞北 | 沖蛇<br>1歲<br>煞西 | 沖馬<br>60歲<br>煞南 | 沖羊<br>59歲<br>煞東 | 沖猴<br>58歲<br>煞北 |

## 乙巳年每日宜忌

| | 15 | 16 | 17 | 18 |
|---|---|---|---|---|
| | 六期星 | 日期星 | 一期星 | 二期星 |
| | 勿探病 | 月德 | 天德 | |
| | 十八 | 十九 | 二十 | 廿一 |
| | 乙卯 | 丙辰 | 丁巳 | 戊午 |
| | 水 | 土 | 土 | 火 |
| | 除 | 滿 | 平 | 定 |
| | 宜 | 宜 | 宜 | 宜 |
| | **宜** 出行、解除、立券、交易、破土、啟攢、入宅 | **宜** 祭祀、祈福、出行、納采、問名、移徙、解除、修造動土、豎柱上樑、開市、立券、交易、納財、安葬 | **宜** 祭祀 **忌** 祈福、出行、解除 | **宜** 祭祀、祈福、出行、納采、問名、嫁娶、移徙、修造動土、豎柱上樑、開市、立券、交易、納財、入宅 **忌** 解除 |
| | 碓磨門 外正東 | 廚灶栖 外正東 | 倉庫床 外正東 | 房床碓 外正東 |
| | 沖雞57歲煞西 | 沖狗56歲煞南 | 沖豬55歲煞東 | 沖鼠54歲煞北 |

# 雨水

酉時 18時07分

**斗指壬為雨水，時東風解凍，冰雪皆散而為水，化而為雨，故名雨水。**

**節氣諺語：雨水，海水卡冷鬼。**

雨水時節雖已入春，但溫度仍低，海水摸起來還是非常冷冽。

## 乙巳年每日宜忌

| 19 | 20 | 21 | 22 | 23 |
|---|---|---|---|---|
| 星期三 | 星期四 | 星期五 | 星期六 | 星期日 |
| | | 月德合 | 天德合 | 刀砧日 |
| 廿二 | 廿三 | 廿四 | 廿五 | 廿六 |
| 己未 | 庚申 | 辛酉 | 壬戌 | 癸亥 |
| 火 | 木 | 木 | 水 | 水 |
| 執 | 破 | 危 | 成 | 收 |
| ★ | ★ | ★ | ★ | 宜 |
| **忌** 納采、問名、嫁娶、開市、立券、交易、納財 | **諸事不宜** | **諸事不宜** | **日逢受死日，不宜諸吉事** | **宜** 祭祀<br>**忌** 嫁娶、破土、安葬、啟攢 |
| 占門廁外正東 | 碓磨爐外東南 | 廚灶門外東南 | 倉庫栖外東南 | 占房床外東南 |
| 沖牛53歲煞西 | 沖虎52歲煞南 | 沖兔51歲煞東 | 沖龍50歲煞北 | 沖蛇49歲煞西 |

# 乙巳年每日宜忌

| 28 | 27 | 26 | 25 | 24 |
|---|---|---|---|---|
| 星期五 | 星期四 | 星期三 | 星期二 | 星期一 |
| | 天德 | 月德 | | 刀砧日 |
| 二月 | 三十 | 廿九 | 廿八 | 廿七 |
| 戊辰 | 丁卯 | 丙寅 | 乙丑 | 甲子 |
| 木 | 火 | 火 | 金 | 金 |
| 滿 | 除 | 建 | 閉 | 開 |
| 宜 | 宜 | 宜 | ★ | 宜 |
| **宜** 祭祀、祈福 **忌** 納采、問名、嫁娶、開市、立券、交易、納財 | **宜** 祭祀、祈福、出行、納采、問名、嫁娶、移徙、解除、修造動土、豎柱上樑、立券、交易、納財、破土、安葬、啟攢 | **宜** 納采、問名、解除、豎柱上樑、立券、交易、納財、安葬、啟攢 **忌** 祭祀、出行、嫁娶、移徙、修造動土、破土 | **諸事不宜** | **宜** 祭祀 **忌** 納采、問名、嫁娶、破土、安葬、啟攢 |
| 房床栖 外正南 | 倉庫門 外正南 | 廚灶爐 外正南 | 碓磨廁 外東南 | 占門碓 外東南 |
| 沖狗 44歲 煞南 | 沖雞 45歲 煞西 | 沖猴 46歲 煞北 | 沖羊 47歲 煞東 | 沖馬 48歲 煞南 |

| 二〇二五年 國曆三月大 | 1 | 2 | 3 | 4 | 5 |
|---|---|---|---|---|---|
| | 星期六 | 星期日 | 星期一 | 星期二 | 星期三 |
| | 福德正神千秋 | 文昌帝君聖誕 勿探病 | 月德合 | 天德合 | |
| 農曆二月 己卯 花月 煞西方<br>驚蟄聞雷米似泥，春分有雨病人稀，月中但得逢三卯，處處棉花豆麥宜 | 初二 | 初三 | 初四 | 初五 | 初六 |
| | 己巳 | 庚午 | 辛未 | 壬申 | 癸酉 |
| | 木 | 土 | 土 | 金 | 金 |
| | 平 | 定 | 執 | 破 | 破危 |
| | ★ | 宜 | 宜 | 宜 | ★ |
| | **忌**祈福、出行、納采、問名、嫁娶、移徙、安床、解除、修造動土、豎柱上樑、開市、立券、交易、納財、破土、安葬、啟攢 | **宜**祭祀、祈福、出行、納采、問名、嫁娶、移徙、豎柱上樑、開市、立券、交易、納財、安葬、入宅<br>**忌**解除、修造動土、破土 | **宜**祭祀、祈福、出行、納采、問名、嫁娶、移徙、解除、修造動土、豎柱上樑、安葬、入宅 | **宜**祭祀、解除<br>**忌**祈福、出行、納采、問名、嫁娶、移徙、安床、修造動土、豎柱上樑、開市、立券、交易、納財、破土、安葬、啟攢 | **諸事不宜** |
| 每日胎神占方 | 占門床 外正南 | 占碓磨 外正南 | 廚灶廁 外西南 | 倉庫爐 外西南 | 房床門 外西南 |
| 每日沖煞年齡 | 沖豬 43歲 煞東 | 沖鼠 42歲 煞北 | 沖牛 41歲 煞西 | 沖虎 40歲 煞南 | 沖兔 39歲 煞東 |

## 驚蟄

申時 16時07分

斗指丁為驚蟄，雷鳴動，蟄蟲皆震起而出，故名驚蟄。

節氣諺語：未驚蟄打雷，會四十九日烏。

如果驚蟄之前就打雷，會連續下四十九天雨。

# 乙巳年每日宜忌

| | | | | | |
|---|---|---|---|---|---|
| 11 | 10 | 9 | 8 | 7 | 6 |
| 二期星 | 一期星 | 日期星 | 六期星 | 五期星 | 四期星 |
| 月德合 勿探病 | 天赦日 | | 刀砧日 | 刀砧日 | 月德 |
| 十二 | 十一 | 初十 | 初九 | 初八 | 初七 |
| 己卯 | 戊寅 | 丁丑 | 丙子 | 乙亥 | 甲戌 |
| 土 | 土 | 水 | 水 | 火 | 火 |
| 建 | 閉 | 開 | 收 | 成 | 危 |
| ★ | 宜 | 宜 | ★ | 宜 | 宜 |
| **諸事不宜** | **宜** 立券、交易、納財、安葬 **忌** 祭祀、祈福、移徙、解除 | **宜** 祭祀、祈福、出行、納采、問名、嫁娶、移徙、解除、修造動土、豎柱上樑、入宅 **忌** 開市、立券、交易、納財 | **諸事不宜** | **宜** 出行、移徙、修造動土、豎柱上樑、入宅 **忌** 納采、問名、嫁娶、開市、立券、交易、納財、破土、安葬、啟攢 | **宜** 祭祀、祈福、出行、納采、問名、嫁娶、移徙、安床、解除、修造動土、豎柱上樑、開市、立券、交易、納財、安葬、入宅 |
| 占大門 外正西 | 房床爐 外正西 | 倉庫廁 外正西 | 廚灶碓 外西南 | 碓磨床 外西南 | 門碓栖 外西南 |
| 沖雞 33歲 煞西 | 沖猴 34歲 煞北 | 沖羊 35歲 煞東 | 沖馬 36歲 煞南 | 沖蛇 37歲 煞西 | 沖龍 38歲 煞北 |

| 12 | 13 | 14 | 15 | 16 |
|---|---|---|---|---|
| 星期三 | 星期四 | 星期五 | 星期六 | 星期日 |
|  |  | 三山國王千秋<br>勿探病 | 開漳聖王千秋 | 月德 |
| 十三 | 十四 | 十五 | 十六 | 十七 |
| 庚辰 | 辛巳 | 壬午 | 癸未 | 甲申 |
| 金 | 金 | 木 | 木 | 水 |
| 除 | 滿 | 平 | 定 | 執 |
| ★ | 宜 | 宜 | 宜 | 宜 |
| **日逢受死日，不宜諸吉事** | **宜** 祭祀、祈福、開市、立券、交易、納財<br>**忌** 出行、納采、問名、嫁娶、移徙、修造動土、破土、安葬、啟攢 | **宜** 祭祀<br>**忌** 祈福、出行、納采、問名、嫁娶、移徙、安床、解除、修造動土、豎柱上樑、開市、立券、交易、納財、破土、安葬、啟攢 | **宜** 祭祀、祈福、納采、問名、嫁娶、修造動土、豎柱上樑、立券、交易、納財、入宅<br>**忌** 解除 | **宜** 祭祀、入宅<br>**忌** 安床、開市、立券、交易、納財 |
| 碓磨栖<br>外正西 | 廚灶床<br>外正西 | 倉庫碓<br>外西北 | 房床廁<br>外西北 | 占門爐<br>外西北 |
| 沖狗<br>32歲<br>煞南 | 沖豬<br>31歲<br>煞東 | 沖鼠<br>30歲<br>煞北 | 沖牛<br>29歲<br>煞西 | 沖虎<br>28歲<br>煞南 |

# 乙巳年每日宜忌

| 日期 | 17 | 18 | 19 | 20 |
|---|---|---|---|---|
| 星期 | 星期一 | 星期二 | 星期三 | 星期四 |
| 節日 | | 觀世音菩薩聖誕 | 刀砧日 | 普賢菩薩聖誕<br>刀砧日<br>春社日 |
| 農曆 | 十八 | 十九 | 二十 | 廿一 |
| 干支 | 乙酉 | 丙戌 | 丁亥 | 戊子 |
| 五行 | 水 | 土 | 土 | 火 |
| 建除 | 破 | 危 | 成 | 收 |
| | ★ | 宜 | 宜 | ★ |
| 宜忌 | 諸事不宜 | 宜 祭祀 | 宜 祭祀、祈福、出行、納采、問名、移徙、解除、修造動土、豎柱上樑、開市、立券、交易、納財、入宅<br>忌 嫁娶、破土、安葬、啟攢 | 諸事不宜 |
| 胎神 | 碓磨門 外西北 | 廚灶棲 外西北 | 倉庫床 外西北 | 房床碓 外正北 |
| 沖煞 | 沖兔 27歲 煞東 | 沖龍 26歲 煞北 | 沖蛇 25歲 煞西 | 沖馬 24歲 煞南 |

## 春分

酉時 17時01分

斗指壬為春分，日行周天，南北兩半球晝夜均分，又當春之半，故名。

節氣諺語：春分，日暝對分。

春分到，晝夜各半，平均為十二小時。

# 乙巳年每日宜忌

| 21 | 22 | 23 | 24 | 25 | 26 |
|---|---|---|---|---|---|
| 星期五 | 星期六 | 星期日 | 星期一 | 星期二 | 星期三 |
| 月德合 | | | | | 月德 |
| 廿二 | 廿三 | 廿四 | 廿五 | 廿六 | 廿七 |
| 己丑 | 庚寅 | 辛卯 | 壬辰 | 癸巳 | 甲午 |
| 火 | 木 | 木 | 水 | 水 | 金 |
| 開 | 閉 | 建 | 除 | 滿 | 平 |
| 宜 | 宜 | 宜 | ★ | 宜 | 宜 |
| **宜**祭祀、祈福、出行、納采、問名、嫁娶、移徙、解除、修造動土、豎柱上樑、開市、納財、入宅 | **宜**立券、交易、納財、破土、啟攢<br>**忌**祭祀、祈福、出行、納采、問名、嫁娶、移徙、安床、解除、修造動土、豎柱上樑、開市 | **宜**祭祀、出行、立券、交易<br>**忌**祈福、納采、問名、嫁娶、解除、修造動土、豎柱上樑、破土、安葬、啟攢 | **日逢受死日，不宜諸吉事** | **宜**祭祀、祈福、開市、立券、交易、納財<br>**忌**出行、納采、問名、嫁娶、移徙、修造動土、破土、安葬、啟攢 | **宜**祭祀 |
| 占門廁外正北 | 碓磨爐外正北 | 廚灶門外正北 | 倉庫栖外正北 | 占房床房內北 | 占門碓房內北 |
| 沖羊23歲煞東 | 沖猴22歲煞北 | 沖雞21歲煞西 | 沖狗20歲煞南 | 沖豬19歲煞東 | 沖鼠18歲煞北 |

## 乙巳年每日宜忌

| | | | | |
|---|---|---|---|---|
| 27 | 28 | 29 | 30 | 31 |
| 星期四 | 星期五 | 星期六 | 星期日 | 星期一 |
| | | | | 月德合 刀砧日 |
| 廿八 | 廿九 | 三月 | 初二 | 初三 |
| 乙未 | 丙申 | 丁酉 | 戊戌 | 己亥 |
| 金 | 火 | 火 | 木 | 木 |
| 定 | 執 | 破 | 危 | 成 |
| 宜 | 宜 | ★ | ★ | 宜 |
| **宜** 祭祀、祈福、納財、入宅 **忌** 出行、納采、問名、嫁娶、移徙、安床、解除、修造動土、豎柱上樑、開市、立券、交易、破土、安葬、啟攢 | **宜** 祭祀、入宅 **忌** 祈福、出行、納采、問名、嫁娶、移徙、安床、解除、修造動土、豎柱上樑、開市、立券、交易、納財、破土、安葬、啟攢 | **諸事不宜** | **忌** 祈福、出行、解除、修造動土、豎柱上樑 | **宜** 祭祀、祈福、出行、納采、問名、移徙、解除、修造動土、豎柱上樑、開市、立券、交易、納財、入宅 **忌** 嫁娶 |
| 碓磨廁 房內北 | 廚灶爐 房內北 | 倉庫門 房內北 | 房床栖 房內南 | 占門床 房內南 |
| 沖牛 17歲 煞西 | 沖虎 16歲 煞南 | 沖兔 15歲 煞東 | 沖龍 14歲 煞北 | 沖蛇 13歲 煞西 |

| 二〇二五年 國曆四月小 | 1 | 2 | 3 | 4 |
| --- | --- | --- | --- | --- |
| 星期 | 星期二 | 星期三 | 星期四 | 星期五 |
| | 刀砧日 | | 濟公活佛成道日 勿探病 | |
| 農曆三月 庚辰 桐月 煞南方 | 初四 | 初五 | 初六 | 初七 |
| | 庚子 | 辛丑 | 壬寅 | 癸卯 |
| | 土 | 土 | 金 | 金 |
| | 收 | 開 | 閉 | 閉建 |
| | ★ | 宜 | 宜 | ★ |
| 風雨相逢初一頭，沿村瘟疫萬人憂<br>清明風若從南至，定是農家有大收 | 諸事不宜 | 宜 祭祀、祈福、出行、移徙、解除、修造動土、豎柱上樑、入宅<br>忌 開市、立券、交易、納財 | 宜 立券、交易、納財、破土、啟攢<br>忌 祭祀、祈福、出行、納采、問名、嫁娶、移徙、安床、解除、修造動土、豎柱上樑、開市 | 忌 祈福、出行、納采、問名、嫁娶、移徙、安床、解除、修造動土、豎柱上樑、開市、立券、交易、納財、破土、安葬、啟攢 |
| 每日胎神占方 | 占碓磨 房內南 | 廚灶廁 房內南 | 倉庫爐 房內南 | 房床門 房內南 |
| 每日沖煞年齡 | 沖馬 12歲 煞南 | 沖羊 11歲 煞東 | 沖猴 10歲 煞北 | 沖雞 9歲 煞西 |

## 清明

戌時 20時48分

**斗指丁為清明，時萬物潔顯而清明，時當氣清景明，故名。**

**節氣諺語：清明芋，穀雨薑。**

清明時節是為適合種植芋頭、而接下來的穀雨則是可以種生薑的時候。

## 乙巳年每日宜忌

| 10 | 9 | 8 | 7 | 6 | 5 |
|---|---|---|---|---|---|
| 星期四 | 星期三 | 星期二 | 星期一 | 星期日 | 星期六 |
| | | 天德合 月德合 | | | |
| 十三 | 十二 | 十一 | 初十 | 初九 | 初八 |
| 己酉 | 戊申 | 丁未 | 丙午 | 乙巳 | 甲辰 |
| 土 | 土 | 水 | 水 | 火 | 火 |
| 執 | 定 | 平 | 滿 | 除 | 建 |
| 宜 | ★ | 宜 | 宜 | 宜 | ★ |
| **宜** 祭祀、祈福、嫁娶、解除、安葬 **忌** 修造動土、開市、立券、交易、納財、破土 | **忌** 祈福、出行、納采、問名、嫁娶、移徙、安床、解除、修造動土、豎柱上樑、開市、立券、交易、納財、破土、安葬、啟攢 | **宜** 祭祀 **忌** 祈福、出行、納采、問名、嫁娶、移徙、安床、解除、修造動土、豎柱上樑、開市、立券、交易、納財、破土、安葬、啟攢 | **宜** 祭祀 **忌** 祈福、出行、納采、問名、嫁娶、移徙、安床、解除、修造動土、豎柱上樑、開市、立券、交易、納財、破土、安葬、啟攢 | **宜** 入宅 **忌** 祈福、出行、納采、問名、嫁娶、移徙、安床、修造動土、豎柱上樑、破土、安葬、啟攢 | **忌** 祈福、出行、納采、問名、嫁娶、移徙、安床、解除、修造動土、豎柱上樑、開市、立券、交易、納財、破土、安葬、啟攢 |
| 占大門 外東北 | 房床爐 房內東 | 倉庫廁 房內東 | 廚灶碓 房內東 | 碓磨床 房內東 | 門雞栖 房內東 |
| 沖兔 3歲 煞東 | 沖虎 4歲 煞南 | 沖牛 5歲 煞西 | 沖鼠 6歲 煞北 | 沖豬 7歲 煞東 | 沖狗 8歲 煞南 |

| 16 | 15 | 14 | 13 | 12 | 11 |
|---|---|---|---|---|---|
| 星期三 | 星期二 | 星期一 | 星期日 | 星期六 | 星期五 |
| 太陽星君聖誕<br>勿探病 | 勿探病 | | 準提菩薩聖誕<br>天德<br>月德<br>刀砧日 | 保生大帝聖誕<br>刀砧日 | |
| 十九 | 十八 | 十七 | 十六 | 十五 | 十四 |
| 乙卯 | 甲寅 | 癸丑 | 壬子 | 辛亥 | 庚戌 |
| 水 | 水 | 木 | 木 | 金 | 金 |
| 閉 | 開 | 收 | 成 | 危 | 破 |
| ★ | 宜 | 宜 | 宜 | ★ | 宜 |
| **忌**祈福、出行、納采、問名、嫁娶、移徙、安床、解除、修造動土、豎柱上樑、開市、立券、交易、納財、破土、安葬、啟攢 | **宜**出行、移徙、解除、修造動土、豎柱上樑、開市、立券、交易、入宅<br>**忌**祭祀、納采、問名、嫁娶 | **宜**祭祀、納財<br>**忌**祈福、出行、納采、問名、嫁娶、移徙、安床、解除、修造動土、豎柱上樑、開市、立券、交易、破土、安葬、啟攢 | **宜**祭祀、祈福、出行、納采、問名、嫁娶、解除、修造動土、豎柱上樑、開市、立券、交易、納財、破土、安葬、啟攢<br>**忌**移徙 | **日逢受死日，不宜諸吉事** | **宜**祭祀、解除<br>**忌**祈福、出行、納采、問名、嫁娶、移徙、安床、修造動土、豎柱上樑、開市、立券、交易、納財、破土、安葬、啟攢 |
| 碓磨門<br>外正東 | 占門爐<br>外東北 | 房床廁<br>外東北 | 倉庫碓<br>外東北 | 廚灶床<br>外東北 | 碓磨栖<br>外東北 |
| 沖雞<br>57歲<br>煞西 | 沖猴<br>58歲<br>煞北 | 沖羊<br>59歲<br>煞東 | 沖馬<br>60歲<br>煞南 | 沖蛇<br>1歲<br>煞西 | 沖龍<br>2歲<br>煞北 |

# 乙巳年每日宜忌

| 17 | 18 | 19 | 20 | 穀雨 |
|---|---|---|---|---|
| 星期四 | 星期五 | 星期六 | 星期日 | |
| 註生娘娘千秋 | 天德合 月德合 | | 天上聖母聖誕 | |
| 二十 | 廿一 | 廿二 | 廿三 | 寅時 03時56分 |
| 丙辰 | 丁巳 | 戊午 | 己未 | |
| 土 | 土 | 火 | 火 | |
| 建 | 除 | 滿 | 平 | |
| 宜 | 宜 | 宜 | ★ | |
| **宜** 祭祀 **忌** 祈福、出行、納采、問名、嫁娶、移徙、安床、解除、修造動土、豎柱上樑、開市、立券、交易、納財、破土、安葬、啟攢 | **宜** 祭祀、祈福、納采、問名、嫁娶、移徙、解除、修造動土、豎柱上樑、開市、立券、交易、納財 **忌** 出行 | **宜** 祭祀 **忌** 祈福、出行、納采、問名、嫁娶、移徙、安床、解除、修造動土、豎柱上樑、開市、立券、交易、納財、破土、安葬、啟攢 | **諸事不宜** | **斗指癸為穀雨，言雨生百穀也。時必雨下降，百穀滋長之意。** **節氣諺語：穀雨前三日無茶挽，穀雨後三日挽不及。** 這是指穀雨左右要開始摘採春茶、製春茶，這段期間茶農最為忙碌。 |
| 廚灶栖 外正東 | 倉庫床 外正東 | 房床碓 外正東 | 占門廁 外正東 | |
| 沖狗 56歲 煞南 | 沖豬 55歲 煞東 | 沖鼠 54歲 煞北 | 沖牛 53歲 煞西 | |

| 21 | 22 | 23 | 24 | 25 |
|---|---|---|---|---|
| 星期一 | 星期二 | 星期三 | 星期四 | 星期五 |
| | | 鬼谷先師千秋<br>天德<br>月德 | 刀砧日 | 東嶽大帝聖誕<br>刀砧日 |
| 廿四 | 廿五 | 廿六 | 廿七 | 廿八 |
| 庚申 | 辛酉 | 壬戌 | 癸亥 | 甲子 |
| 木 | 木 | 水 | 水 | 金 |
| 定 | 執 | 破 | 危 | 成 |
| 宜 | 宜 | 宜 | ★ | 宜 |
| **宜**祭祀<br>**忌**祈福、出行、納采、問名、嫁娶、移徙、安床、解除、修造動土、豎柱上樑、開市、立券、交易、納財、破土、安葬、啟攢 | **宜**祭祀<br>**忌**祈福、出行、納采、問名、嫁娶、移徙、安床、解除、修造動土、豎柱上樑、開市、立券、交易、納財、破土、安葬、啟攢 | **宜**祭祀、解除<br>**忌**祈福、出行、納采、問名、嫁娶、移徙、安床、修造動土、豎柱上樑、開市、立券、交易、納財、破土、安葬、啟攢 | **日逢受死日，不宜諸吉事** | **宜**祭祀、祈福、出行、豎柱上樑、開市、立券、交易、納財<br>**忌**納采、問名、嫁娶、移徙、修造動土、破土、安葬 |
| 碓磨爐<br>外東南 | 廚灶門<br>外東南 | 倉庫栖<br>外東南 | 占房床<br>外東南 | 占門碓<br>外東南 |
| 沖虎52歲煞南 | 沖兔51歲煞東 | 沖龍50歲煞北 | 沖蛇49歲煞西 | 沖馬48歲煞南 |

## 乙巳年每日宜忌

| 26 | 27 | 28 | 29 | 30 |
|---|---|---|---|---|
| 星期六 | 星期日 | 星期一 | 星期二 | 星期三 |
| | | 天德合 月德合 | | |
| 廿九 | 三十 | 四月 | 初二 | 初三 |
| 乙丑 | 丙寅 | 丁卯 | 戊辰 | 己巳 |
| 金 | 火 | 火 | 木 | 木 |
| 收 | 開 | 閉 | 建 | 除 |
| 宜 | 宜 | 宜 | ★ | 宜 |
| **宜** 祭祀、納財<br>**忌** 祈福、出行、納采、問名、嫁娶、移徙、安床、解除、修造動土、豎柱上樑、開市、立券、交易、破土、安葬、啟攢 | **宜** 出行、納采、問名、移徙、解除、修造動土、豎柱上樑、開市、立券、交易、納財、入宅<br>**忌** 祭祀、嫁娶 | **宜** 祭祀 | **諸事不宜** | **宜** 入宅<br>**忌** 祈福、出行、納采、問名、嫁娶、移徙、安床、修造動土、豎柱上樑、破土、安葬、啟攢 |
| 碓磨廁 外東南 | 廚灶爐 外正南 | 倉庫門 外正南 | 房床栖 外正南 | 占門床 外正南 |
| 沖羊 47歲 煞東 | 沖猴 46歲 煞北 | 沖雞 45歲 煞西 | 沖狗 44歲 煞南 | 沖豬 43歲 煞東 |

| 二〇二五年 國曆五月大 | 1 | 2 | 3 | 4 | 5 | 立夏 |
|---|---|---|---|---|---|---|
| | 四期星 | 五期星 | 六期星 | 日期星 | 一期星 | |
| | 文殊菩薩聖誕 勿探病 | | 天德 月德 | | 佛陀誕辰 紀念日 | |
| 農曆四月 辛巳 梅月 煞東方 | 初四 | 初五 | 初六 | 初七 | 初八 | 未時 13時57分 |
| | 庚午 | 辛未 | 壬申 | 癸酉 | 甲戌 | |
| | 土 | 土 | 金 | 金 | 火 | |
| | 滿 | 平 | 定 | 執 | 執破 | |
| | 宜 | ★ | 宜 | 宜 | 宜 | |
| 立夏東風少病痾，晴逢初八果生多 雷鳴甲子庚辰日，定主蝗蟲侵損禾 | 宜 祭祀 忌 祈福、出行、納采、問名、嫁娶、移徙、安床、解除、修造動土、豎柱上樑、開市、立券、交易、納財、破土、安葬、啟攢 | 諸事不宜 | 宜 祭祀 忌 出行、納采、問名、嫁娶、移徙、安床 | 宜 祭祀、祈福、嫁娶、解除、安葬 忌 修造動土、開市、立券、交易、納財、破土 | 宜 嫁娶、解除 忌 出行、開市、立券、交易、納財 | 斗指東南維為立夏，萬物至此皆已長大，故名立夏。 節氣諺語：立夏，補老父。 民俗上，立夏日要為父親進補。 |
| 每日胎神占方 | 占碓磨 外正南 | 廚灶廁 外西南 | 倉庫爐 外西南 | 房床門 外西南 | 門碓栖 外西南 | |
| 每日沖煞年齡 | 沖鼠 42歲 煞北 | 沖牛 41歲 煞西 | 沖虎 40歲 煞南 | 沖兔 39歲 煞東 | 沖龍 38歲 煞北 | |

## 乙巳年每日宜忌

| 10 | 9 | 8 | 7 | 6 |
|---|---|---|---|---|
| 星期六 | 星期五 | 星期四 | 星期三 | 星期二 |
| 刀砧日 勿探病 | 刀砧日 | | 天德合 | 月德合 |
| 十三 | 十二 | 十一 | 初十 | 初九 |
| 己卯 | 戊寅 | 丁丑 | 丙子 | 乙亥 |
| 土 | 土 | 水 | 水 | 火 |
| 開 | 收 | 成 | 危 | 破 |
| 宜 | ★ | 宜 | 宜 | 宜 |
| **宜** 祭祀 **忌** 修造動土、破土、安葬、啟攢 | **忌** 祭祀、祈福、出行、納采、問名、嫁娶、移徙、安床、解除、修造動土、豎柱上樑、開市、立券、交易、納財、破土、安葬、啟攢 | **宜** 出行、納采、問名、修造動土、豎柱上樑、開市、立券、交易、納財 **忌** 嫁娶、移徙 | **宜** 祭祀、祈福、出行、移徙、安床、解除、修造動土、豎柱上樑、入宅 **忌** 納采、問名、嫁娶、安葬 | **宜** 祭祀、解除 **忌** 祈福、出行、納采、問名、嫁娶、移徙、安床、修造動土、豎柱上樑、開市、立券、交易、納財、破土、安葬、啟攢 |
| 占大門 外正西 | 房床爐 外正西 | 倉庫廁 外正西 | 廚灶碓 外西南 | 碓磨床 外西南 |
| 沖雞 33歲 煞西 | 沖猴 34歲 煞北 | 沖羊 35歲 煞東 | 沖馬 36歲 煞南 | 沖蛇 37歲 煞西 |

| 16 | 15 | 14 | 13 | 12 | 11 |
|---|---|---|---|---|---|
| 五期星 | 四期星 | 三期星 | 二期星 | 一期星 | 日期星 |
| 月德合 | | | 勿探病 | 衛塞節 天德 | 純陽祖師聖誕 月德 |
| 十九 | 十八 | 十七 | 十六 | 十五 | 十四 |
| 乙酉 | 甲申 | 癸未 | 壬午 | 辛巳 | 庚辰 |
| 水 | 水 | 木 | 木 | 金 | 金 |
| 定 | 平 | 滿 | 除 | 建 | 閉 |
| 宜 | 宜 | 宜 | 宜 | ★ | 宜 |
| **宜** 祭祀、祈福、出行、納采、問名、嫁娶、移徙、解除、修造動土、豎柱上樑、開市、立券、交易、納財、破土、安葬、入宅 | **宜** 祭祀 **忌** 祈福、出行、安床、解除、修造動土、豎柱上樑 | **宜** 祭祀 **忌** 祈福、出行、納采、問名、嫁娶、移徙、安床、解除、修造動土、豎柱上樑、開市、立券、交易、納財、破土、安葬、啟攢 | **宜** 祭祀、祈福、出行、解除、破土、安葬、入宅 | **日逢受死日，不宜諸吉事** | **宜** 祭祀、入宅 **忌** 祈福、出行、納采、問名、嫁娶、移徙、安床、解除、修造動土、豎柱上樑、開市、立券、交易、納財、破土、安葬、啟攢 |
| 碓磨門 外西北 | 占門爐 外西北 | 房床廁 外西北 | 倉庫碓 外西北 | 廚灶床 外正西 | 碓磨栖 外正西 |
| 沖兔 27歲 煞東 | 沖虎 28歲 煞南 | 沖牛 29歲 煞西 | 沖鼠 30歲 煞北 | 沖豬 31歲 煞東 | 沖狗 32歲 煞南 |

# 乙巳年每日宜忌

| 小滿 | 17 | 18 | 19 | 20 | 21 |
|---|---|---|---|---|---|
| | 星期六 | 星期日 | 星期一 | 星期二 | 星期三 |
| | 天德合 | 托塔天王聖誕 | | | 月德 刀砧日 |
| 丑時 02時55分 | 二十 | 廿一 | 廿二 | 廿三 | 廿四 |
| | 丙戌 | 丁亥 | 戊子 | 己丑 | 庚寅 |
| | 土 | 土 | 火 | 火 | 木 |
| | 執 | 破 | 危 | 成 | 收 |
| | 宜 | ★ | 宜 | 宜 | 宜 |
| 斗指甲為小滿，萬物長於此少得盈滿，麥至此方，小滿而未全熟，故名。<br>節氣諺語：小滿櫃，芒種穗。<br>水稻在小滿前後開始含苞，到芒種左右會吐穗開花。 | **宜** 祭祀、祈福、入宅<br>**忌** 出行、納采、問名、嫁娶、移徙、安床、解除、修造動土、豎柱上樑、開市、立券、交易、破土、安葬、啟攢 | **忌** 祈福、出行、納采、問名、嫁娶、移徙、安床、修造動土、豎柱上樑、開市、立券、交易、納財、破土、安葬、啟攢 | **宜** 祭祀、入宅<br>**忌** 祈福、出行、納采、問名、嫁娶、移徙、安床、解除、修造動土、豎柱上樑、開市、立券、交易、納財 | **宜** 祭祀、祈福、出行、納采、問名、解除、修造動土、豎柱上樑、開市、立券、交易、納財<br>**忌** 嫁娶、移徙 | **宜** 出行、納采、問名、嫁娶、移徙、解除、豎柱上樑、立券、交易、納財、安葬、啟攢<br>**忌** 祭祀、修造動土、破土 |
| | 廚灶栖 外西北 | 倉庫床 外西北 | 房床碓 外正北 | 占門廁 外正北 | 碓磨爐 外正北 |
| | 沖龍 26歲 煞北 | 沖蛇 25歲 煞西 | 沖馬 24歲 煞南 | 沖羊 23歲 煞東 | 沖猴 22歲 煞北 |

| 26 | 25 | 24 | 23 | 22 |
|---|---|---|---|---|
| 星期一 | 星期日 | 星期六 | 星期五 | 星期四 |
| 月德合 | 天赦日 | 范五王爺千秋 | 神農大帝聖誕 | 天德刀砧日 |
| 廿九 | 廿八 | 廿七 | 廿六 | 廿五 |
| 乙未 | 甲午 | 癸巳 | 壬辰 | 辛卯 |
| 金 | 金 | 水 | 水 | 木 |
| 滿 | 除 | 建 | 閉 | 開 |
| 宜 | 宜 | ★ | ★ | 宜 |
| **宜**祭祀<br>**忌**出行、納采、問名、嫁娶、移徙 | **宜**祭祀、祈福、出行、納采、問名、嫁娶、移徙、解除、修造動土、豎柱上樑、破土、安葬、入宅 | **日逢受死日，不宜諸吉事** | **諸事不宜** | **宜**祭祀、祈福、出行、納采、問名、嫁娶、移徙、解除、修造動土、豎柱上樑、開市、立券、交易、納財 |
| 碓磨廁房內北 | 占門碓房內北 | 占房床房內北 | 倉庫栖外正北 | 廚灶門外正北 |
| 沖牛17歲煞西 | 沖鼠18歲煞北 | 沖豬19歲煞東 | 沖狗20歲煞南 | 沖雞21歲煞西 |

# 乙巳年每日宜忌

| 31 | 30 | 29 | 28 | 27 |
|---|---|---|---|---|
| 星期六 | 星期五 | 星期四 | 星期三 | 星期二 |
| 端午節 月德 | | | | 天德合 |
| 初五 | 初四 | 初三 | 初二 | 五月 |
| 庚子 | 己亥 | 戊戌 | 丁酉 | 丙申 |
| 土 | 木 | 木 | 火 | 火 |
| 危 | 破 | 執 | 定 | 平 |
| 宜 | 宜 | 宜 | 宜 | 宜 |
| **宜** 祭祀、祈福、出行、納采、問名、嫁娶、移徙、安床、解除、修造動土、豎柱上樑、破土、安葬、啟攢、入宅 | **宜** 祭祀、解除 **忌** 祈福、出行、納采、問名、嫁娶、移徙、安床、修造動土、豎柱上樑、開市、立券、交易、納財、破土、安葬、啟攢 | **宜** 祭祀、祈福、納采、問名、嫁娶、移徙、解除、修造動土、豎柱上樑、入宅 **忌** 出行、開市、立券、交易、納財 | **宜** 出行、納采、問名、嫁娶、移徙、修造動土、豎柱上樑、開市、立券、交易、納財、破土、安葬、入宅 **忌** 解除 | **宜** 祭祀、出行、納采、問名、嫁娶、移徙、修造動土、豎柱上樑、開市、立券、交易、納財 |
| 占碓磨 房內南 | 占門床 房內南 | 房床栖 房內南 | 倉庫門 房內北 | 廚灶爐 房內北 |
| 沖馬 12歲 煞南 | 沖蛇 13歲 煞西 | 沖龍 14歲 煞北 | 沖兔 15歲 煞東 | 沖虎 16歲 煞南 |

# 乙巳年每日宜忌

| 二〇二五年 國曆六月小 | 1 | 2 | 3 | 4 | 5 |
|---|---|---|---|---|---|
| | 日期星 | 一期星 | 二期星 | 三期星 | 四期星 |
| | 清水祖師成道日 天德 | 巧聖先師聖誕 刀砧日 勿探病 | 刀砧日 | | |
| 農曆五月 壬午 蒲月 煞北方 | 初六 | 初七 | 初八 | 初九 | 初十 |
| | 辛丑 | 壬寅 | 癸卯 | 甲辰 | 乙巳 |
| | 土 | 金 | 金 | 火 | 火 |
| | 成 | 收 | 開 | 閉 | 閉建 |
| | 宜 | ★ | 宜 | ★ | ★ |
| 端陽有雨是豐年，芒種聞雷美亦然 夏至風從西北起，瓜蔬園內受熬煎 | **宜** 祭祀、祈福、出行、納采、問名、嫁娶、解除、修造動土、豎柱上樑、開市、立券、交易、納財、安葬 **忌** 移徙 | **忌** 祭祀、祈福、出行、納采、問名、嫁娶、移徙、安床、解除、修造動土、豎柱上樑、開市、立券、交易、納財、破土、安葬、啟攢 | **宜** 祭祀 | **諸事不宜** | **忌** 祈福、出行、納采、問名、嫁娶、移徙、安床、解除、修造動土、豎柱上樑、開市、破土、安葬、啟攢 |
| 每日胎神占方 | 廚灶廁 房內南 | 倉庫爐 房內南 | 房床門 房內南 | 門雞栖 房內東 | 碓磨床 房內東 |
| 每日沖煞年齡 | 沖羊 11歲 煞東 | 沖猴 10歲 煞北 | 沖雞 9歲 煞西 | 沖狗 8歲 煞南 | 沖豬 7歲 煞東 |

## 芒種

酉時 17時56分

**斗指巳為芒種，此時可有種芒之穀，過此即失效，故名芒種。**

**節氣諺語：芒種蝶仔討無食。**

指芒種前後，百花花期已過，蝴蝶無花粉可採。

| 6 | 7 | 8 | 9 | 10 |
|---|---|---|---|---|
| 星期五 | 星期六 | 星期日 | 星期一 | 星期二 |
| 天下都城隍千秋 月德 | | 霞海城隍千秋 | | |
| 十一 | 十二 | 十三 | 十四 | 十五 |
| 丙午 | 丁未 | 戊申 | 己酉 | 庚戌 |
| 水 | 水 | 土 | 土 | 金 |
| 建 | 除 | 滿 | 平 | 定 |
| ★ | 宜 | 宜 | 宜 | 宜 |
| **諸事不宜** | **宜** 祭祀、祈福、出行、納采、問名、嫁娶、移徙、安床、解除、修造動土、豎柱上樑、開市、立券、交易、納財、入宅 | **宜** 祭祀、祈福、出行、嫁娶、移徙、解除、修造動土、豎柱上樑、開市、納財、入宅 **忌** 納采、問名、安床、立券、交易 | **宜** 祭祀 **忌** 祈福、出行、納采、問名、嫁娶、移徙、安床、解除、修造動土、豎柱上樑、開市、立券、交易、納財、破土、安葬、啟攢 | **宜** 祭祀、祈福、出行、納采、問名、嫁娶、修造動土、豎柱上樑、立券、交易、納財、入宅 **忌** 解除 |
| 廚灶碓 房內東 | 倉庫廁 房內東 | 房床爐 房內東 | 占大門 外東北 | 碓磨栖 外東北 |
| 沖鼠 6歲 煞北 | 沖牛 5歲 煞西 | 沖虎 4歲 煞南 | 沖兔 3歲 煞東 | 沖龍 2歲 煞北 |

| 11 | 12 | 13 | 14 | 15 | 16 |
|---|---|---|---|---|---|
| 星期三 | 星期四 | 星期五 | 星期六 | 星期日 | 星期一 |
| 月德合 | 蕭府王爺千秋 | 張天師聖誕 | 刀砧日 勿探病 | 刀砧日 勿探病 | 月德 |
| 十六 | 十七 | 十八 | 十九 | 二十 | 廿一 |
| 辛亥 | 壬子 | 癸丑 | 甲寅 | 乙卯 | 丙辰 |
| 金 | 木 | 木 | 水 | 水 | 土 |
| 執 | 破 | 危 | 成 | 收 | 開 |
| 宜 | ★ | 宜 | 宜 | 宜 | 宜 |
| **宜**祭祀、入宅 **忌**嫁娶、開市、立券、交易、納財 | **日逢受死日，不宜諸吉事** | **宜**祭祀 **忌**祈福、出行、納采、問名、嫁娶、移徙、安床、解除、修造動土、豎柱上樑、開市、立券、交易、納財、破土、安葬、啟攢 | **宜**出行、修造動土、豎柱上樑、開市、立券、交易、納財、破土、安葬、啟攢 **忌**祭祀、納采、問名、嫁娶、移徙 | **宜**祭祀 **忌**祈福、出行、納采、問名、嫁娶、移徙、安床、解除、修造動土、豎柱上樑、開市、立券、交易、納財、破土、安葬、啟攢 | **宜**祭祀、祈福、出行、納采、問名、嫁娶、移徙、解除、修造動土、豎柱上樑、開市、納財、入宅 |
| 廚灶床 外東北 | 倉庫碓 外東北 | 房床廁 外東北 | 占門爐 外東北 | 碓磨門 外正東 | 廚灶栖 外正東 |
| 沖蛇 1歲 煞西 | 沖馬 60歲 煞南 | 沖羊 59歲 煞東 | 沖猴 58歲 煞北 | 沖雞 57歲 煞西 | 沖狗 56歲 煞南 |

## 乙巳年每日宜忌

| | 17 | 18 | 19 | 20 | 21 |
|---|---|---|---|---|---|
| 期星 | 二期星 | 三期星 | 四期星 | 五期星 | 六期星 |
| | | | | | 月德合 |
| 農曆 | 廿二 | 廿三 | 廿四 | 廿五 | 廿六 |
| 干支 | 丁巳 | 戊午 | 己未 | 庚申 | 辛酉 |
| 五行 | 土 | 火 | 火 | 木 | 木 |
| 建除 | 閉 | 建 | 除 | 滿 | 平 |
| | ★ | ★ | 宜 | 宜 | 宜 |
| 宜忌 | 忌祈福、出行、納采、問名、嫁娶、移徙、安床、解除、修造動土、豎柱上樑、開市、破土、安葬、啟攢 | 諸事不宜 | 宜祭祀、祈福、出行、移徙、解除、修造動土、豎柱上樑、立券、交易、納財、安葬、入宅<br>忌納采、問名、嫁娶 | 宜祭祀、祈福、出行、移徙、解除、開市、納財、破土、安葬、入宅<br>忌納采、問名、嫁娶、安床、立券、交易 | 宜祭祀<br>忌出行 |
| 胎神 | 倉庫床<br>外正東 | 房床碓<br>外正東 | 占門廁<br>外正東 | 碓磨爐<br>外東南 | 廚灶門<br>外東南 |
| 沖煞 | 沖豬<br>55歲<br>煞東 | 沖鼠<br>54歲<br>煞北 | 沖牛<br>53歲<br>煞西 | 沖虎<br>52歲<br>煞南 | 沖兔<br>51歲<br>煞東 |

**夏至**

巳時 10時42分

**斗指乙為夏至，萬物於此皆長大而極至，時夏將至，故名。**

節氣諺語：夏至，風颱就出世。

指夏至後，台灣就開始進入颱風季節。

| 22 | 23 | 24 | 25 | 26 |
|---|---|---|---|---|
| 星期日 | 星期一 | 星期二 | 星期三 | 星期四 |
| | | | | 月德 刀砧日 |
| 廿七 | 廿八 | 廿九 | 六月 | 初二 |
| 壬戌 | 癸亥 | 甲子 | 乙丑 | 丙寅 |
| 水 | 水 | 金 | 金 | 火 |
| 定 | 執 | 破 | 危 | 成 |
| 宜 | 宜 | ★ | 宜 | 宜 |
| **宜** 祭祀、祈福、納采、問名、嫁娶、豎柱上樑、立券、交易、納財、入宅 **忌** 解除、修造動土、破土 | **宜** 祭祀 **忌** 祈福、出行、納采、問名、嫁娶、移徙、安床、解除、修造動土、豎柱上樑、開市、立券、交易、納財、破土、安葬、啟攢 | **日逢受死日，不宜諸吉事** | **宜** 祭祀 **忌** 祈福、出行、納采、問名、嫁娶、移徙、安床、解除、修造動土、豎柱上樑、開市、立券、交易、納財、破土、安葬、啟攢 | **宜** 出行、納采、問名、嫁娶、解除、修造動土、豎柱上樑、開市、立券、交易、納財、破土、安葬、啟攢 **忌** 祭祀、移徙 |
| 倉庫栖 外東南 | 占房床 外東南 | 占門碓 外東南 | 碓磨廁 外東南 | 廚灶爐 外正南 |
| 沖龍 50歲 煞北 | 沖蛇 49歲 煞西 | 沖馬 48歲 煞南 | 沖羊 47歲 煞東 | 沖猴 46歲 煞北 |

# 乙巳年每日宜忌

| 27 | 28 | 29 | 30 |
|---|---|---|---|
| 星期五 | 星期六 | 星期日 | 星期一 |
| 韋陀尊者聖誕<br>刀砧日 | | | 勿探病 |
| 初三 | 初四 | 初五 | 初六 |
| 丁卯 | 戊辰 | 己巳 | 庚午 |
| 火 | 木 | 木 | 土 |
| 收 | 開 | 閉 | 建 |
| 宜 | 宜 | 宜 | ★ |
| **宜** 祭祀<br>**忌** 祈福、出行、納采、問名、嫁娶、移徙、安床、解除、修造動土、豎柱上樑、開市、立券、交易、納財、破土、安葬、啟攢 | **宜** 祭祀、祈福、出行、納采、問名、移徙、解除、修造動土、豎柱上樑、入宅<br>**忌** 開市、立券、交易、納財 | **宜** 祭祀、納財<br>**忌** 祈福、出行、納采、問名、嫁娶、移徙、安床、解除、修造動土、豎柱上樑、開市、破土、安葬、啟攢 | **諸事不宜** |
| 倉庫門<br>外正南 | 房床栖<br>外正南 | 占門床<br>外正南 | 占碓磨<br>外正南 |
| 沖雞<br>45歲<br>煞西 | 沖狗<br>44歲<br>煞南 | 沖豬<br>43歲<br>煞東 | 沖鼠<br>42歲<br>煞北 |

## 乙巳年每日宜忌

| 二〇二五年國曆七月大 | 1 | 2 | 3 | 4 | 5 |
|---|---|---|---|---|---|
| 農曆六月 癸未 荔月 煞西方<br>小暑之中逢酷熱，五穀田中多不結<br>大暑若不見災厄，定主三冬多雨雪 | 星期二 | 星期三 | 星期四 | 星期五 | 星期六 |
| | 月德合 | | | | 田都元帥 千秋 |
| | 初七 | 初八 | 初九 | 初十 | 十一 |
| | 辛未 | 壬申 | 癸酉 | 甲戌 | 乙亥 |
| | 土 | 金 | 金 | 火 | 火 |
| | 除 | 滿 | 平 | 定 | 執 |
| | 宜 | 宜 | ★ | 宜 | 宜 |
| | **宜**祭祀、祈福、出行、納采、問名、嫁娶、移徙、解除、修造動土、豎柱上樑、立券、交易、納財、安葬、入宅 | **宜**祭祀、祈福、出行、移徙、解除、開市、納財、破土、安葬、入宅<br>**忌**納采、問名、安床、立券、交易 | **忌**祈福、出行、納采、問名、嫁娶、移徙、安床、解除、修造動土、豎柱上樑、開市、立券、交易、納財、破土、安葬、啟攢 | **宜**祭祀、祈福、納采、問名、嫁娶、修造動土、豎柱上樑、立券、交易、納財、入宅<br>**忌**解除 | **宜**祭祀、入宅<br>**忌**祈福、出行、納采、問名、嫁娶、移徙、安床、解除、修造動土、豎柱上樑、開市、立券、交易、納財、破土、安葬、啟攢 |
| 每日胎神占方 | 廚灶廁 外西南 | 倉庫爐 外西南 | 房床門 外西南 | 門碓棲 外西南 | 碓磨床 外西南 |
| 每日沖煞年齡 | 沖牛 41歲 煞西 | 沖虎 40歲 煞南 | 沖兔 39歲 煞東 | 沖龍 38歲 煞北 | 沖蛇 37歲 煞西 |

## 乙巳年每日宜忌

| 6 | 7 | 小暑 | 8 | 9 |
|---|---|---|---|---|
| 日期星 | 一期星 | | 二期星 | 三期星 |
| 月德 | | | 刀砧日 | 先天王靈官聖誕<br>天德合<br>月德合<br>刀砧日<br>勿探病 |
| 十二 | 十三 | 寅時 04時05分 | 十四 | 十五 |
| 丙子 | 丁丑 | | 戊寅 | 己卯 |
| 水 | 水 | | 土 | 土 |
| 破 | 破危 | | 危 | 成 |
| 宜 | ★ | | 宜 | 宜 |
| **宜** 祭祀<br>**忌** 祈福、出行、納采、問名、嫁娶、移徙、安床、解除、修造動土、豎柱上樑、開市、立券、交易、納財、破土、安葬、啟攢 | **諸事不宜** | **斗指辛為小暑，斯時天氣已熱，尚未達於極點，故名小暑。**<br>**節氣諺語：小暑過，一日熱三分。**<br>指小暑過後，天氣會一天比一天熱。 | **宜** 出行、納采、問名、移徙、安床、修造動土、豎柱上樑、開市、立券、交易、納財、入宅<br>**忌** 祭祀、祈福、解除 | **宜** 祭祀、祈福、出行、納采、問名、嫁娶、移徙、安床、解除、修造動土、豎柱上樑、開市、立券、交易、納財、入宅 |
| 廚灶碓<br>外西南 | 倉庫廁<br>外正西 | | 房床爐<br>外正西 | 占大門<br>外正西 |
| 沖馬<br>36歲<br>煞南 | 沖羊<br>35歲<br>煞東 | | 沖猴<br>34歲<br>煞北 | 沖雞<br>33歲<br>煞西 |

| | | | | | |
|---|---|---|---|---|---|
| 10 | 11 | 12 | 13 | 14 | 15 |
| 星期四 | 星期五 | 星期六 | 星期日 | 星期一 | 星期二 |
| | | 勿探病 | 觀世音菩薩成道日 | 天德 月德 | |
| 十六 | 十七 | 十八 | 十九 | 二十 | 廿一 |
| 庚辰 | 辛巳 | 壬午 | 癸未 | 甲申 | 乙酉 |
| 金 | 金 | 木 | 木 | 水 | 水 |
| 收 | 開 | 閉 | 建 | 除 | 滿 |
| 宜 | 宜 | ★ | 宜 | 宜 | 宜 |
| **宜** 祭祀、納財<br>**忌** 祈福、出行、納采、問名、嫁娶、移徙、安床、解除、修造動土、豎柱上樑、開市、立券、交易、破土、安葬、啟攢 | **宜** 祭祀<br>**忌** 祈福、出行、納采、問名、嫁娶、移徙、安床、解除、修造動土、豎柱上樑、開市、立券、交易、納財、破土、安葬、啟攢 | **日逢受死日，不宜諸吉事** | **宜** 祭祀、出行、嫁娶<br>**忌** 祈福、納采、問名、解除、修造動土、豎柱上樑、破土、安葬、啟攢 | **宜** 祭祀、祈福、納采、問名、嫁娶、移徙、解除、修造動土、豎柱上樑、破土、安葬、入宅<br>**忌** 出行、安床 | **宜** 祭祀<br>**忌** 祈福、出行、納采、問名、嫁娶、移徙、安床、解除、修造動土、豎柱上樑、開市、立券、交易、納財、破土、安葬、啟攢 |
| 碓磨栖 外正西 | 廚灶床 外正西 | 倉庫碓 外西北 | 房床廁 外西北 | 占門爐 外西北 | 碓磨門 外西北 |
| 沖狗 32歲 煞南 | 沖豬 31歲 煞東 | 沖鼠 30歲 煞北 | 沖牛 29歲 煞西 | 沖虎 28歲 煞南 | 沖兔 27歲 煞東 |

## 乙巳年每日宜忌

| 21 | 20 | 19 | 18 | 17 | 16 |
|---|---|---|---|---|---|
| 星期一 | 星期日 | 星期六 | 星期五 | 星期四 | 星期三 |
| 刀砧日 | 刀砧日 初伏 | 天德合 月德合 | 關聖帝君 聖誕 | | |
| 廿七 | 廿六 | 廿五 | 廿四 | 廿三 | 廿二 |
| 辛卯 | 庚寅 | 己丑 | 戊子 | 丁亥 | 丙戌 |
| 木 | 木 | 火 | 火 | 土 | 土 |
| 成 | 危 | 破 | 執 | 定 | 平 |
| 宜 | 宜 | 宜 | 宜 | 宜 | ★ |
| **宜** 祭祀、祈福、出行、納采、問名、嫁娶、移徙、安床、解除、修造動土、豎柱上樑、開市、立券、交易、納財、破土、啟攢、入宅 | **宜** 安床、開市、立券、交易、納財、破土、啟攢 **忌** 祭祀、祈福、解除 | **宜** 祭祀 **忌** 祈福、出行、納采、問名、嫁娶、移徙、安床、解除、修造動土、豎柱上樑、開市、立券、交易、納財、破土、安葬、啟攢 | **宜** 祭祀 **忌** 祈福、出行、納采、問名、嫁娶、移徙、安床、解除、修造動土、豎柱上樑、開市、立券、交易、納財、破土、安葬、啟攢 | **宜** 修造動土、豎柱上樑、入宅 **忌** 納采、問名、嫁娶、解除、開市、立券、交易、納財、破土、安葬、啟攢 | **諸事不宜** |
| 廚灶門 外正北 | 碓磨爐 外正北 | 占門廁 外正北 | 房床碓 外正北 | 倉庫床 外西北 | 廚灶棲 外西北 |
| 沖雞 21歲 煞西 | 沖猴 22歲 煞北 | 沖羊 23歲 煞東 | 沖馬 24歲 煞南 | 沖蛇 25歲 煞西 | 沖龍 26歲 煞北 |

| 22 | 大暑 | 23 | 24 | 25 |
|---|---|---|---|---|
| 二期星 | | 三期星 | 四期星 | 五期星 |
| | | | 天德 月德 天赦日 | |
| 廿八 | 亥時 21時29分 | 廿九 | 三十 | 閏六月 |
| 壬辰 | | 癸巳 | 甲午 | 乙未 |
| 水 | | 水 | 金 | 金 |
| 收 | | 開 | 閉 | 建 |
| 宜 | | 宜 | ★ | 宜 |
| **宜** 祭祀<br>**忌** 祈福、出行、納采、問名、嫁娶、移徙、安床、解除、修造動土、豎柱上樑、開市、立券、交易、安葬、啟攢 | **斗指丙為大暑，斯時天氣甚熱於小暑，故名大暑。**<br>**節氣諺語：大暑熱不透，大水風颱到。**<br>大暑這天如果天氣不熱，表氣候不順，容易有水災、颱風等災害。 | **宜** 祭祀<br>**忌** 祈福、出行、納采、問名、嫁娶、移徙、安床、解除、修造動土、豎柱上樑、開市、立券、交易、納財、破土、安葬、啟攢 | **日逢受死日，不宜諸吉事** | **宜** 祭祀、出行、嫁娶<br>**忌** 祈福、納采、問名、解除、修造動土、豎柱上樑、破土、安葬、啟攢 |
| 倉庫栖 外正北 | | 占房床 房內北 | 占門碓 房內北 | 碓磨廁 房內北 |
| 沖狗 20歲 煞南 | | 沖豬 19歲 煞東 | 沖鼠 18歲 煞北 | 沖牛 17歲 煞西 |

# 乙巳年每日宜忌

| 26 | 27 | 28 | 29 | 30 | 31 |
|---|---|---|---|---|---|
| 六期星 | 日期星 | 一期星 | 二期星 | 三期星 | 四期星 |
| | | | 天德合 月德合 | 中伏 | |
| 初二 | 初三 | 初四 | 初五 | 初六 | 初七 |
| 申丙 | 酉丁 | 戌戊 | 亥己 | 子庚 | 丑辛 |
| 火 | 火 | 木 | 木 | 土 | 土 |
| 除 | 滿 | 平 | 定 | 執 | 破 |
| 宜 | 宜 | ★ | 宜 | ★ | ★ |
| **宜** 祭祀、入宅<br>**忌** 出行、納采、問名、嫁娶、移徙、安床、修造動土、豎柱上樑、開市、立券、交易、納財 | **宜** 祭祀<br>**忌** 祈福、出行、納采、問名、嫁娶、移徙、安床、解除、修造動土、豎柱上樑、開市、立券、交易、納財、破土、安葬、啟攢 | **諸事不宜** | **宜** 祭祀、祈福、出行、納采、問名、移徙、解除、修造動土、豎柱上樑、開市、立券、交易、納財<br>**忌** 嫁娶 | **忌** 祈福、出行、納采、問名、嫁娶、移徙、安床、解除、修造動土、豎柱上樑、開市、立券、交易、納財、破土、安葬、啟攢 | **諸事不宜** |
| 廚灶爐 房內北 | 倉庫門 房內北 | 房床栖 房內南 | 占門床 房內南 | 占碓磨 房內南 | 廚灶廁 房內南 |
| 沖虎 16歲 煞南 | 沖兔 15歲 煞東 | 沖龍 14歲 煞北 | 沖蛇 13歲 煞西 | 沖馬 12歲 煞南 | 沖羊 11歲 煞東 |

| 二〇二五年 國曆八月大 | 1 | 2 | 3 | 4 | 5 |
|---|---|---|---|---|---|
| | 五期星 | 六期星 | 日期星 | 一期星 | 二期星 |
| | 刀砧日 勿探病 | 刀砧日 | 天德 月德 | | |
| 農曆閏六月 癸未 茘月 煞西方 | 初八 | 初九 | 初十 | 十一 | 十二 |
| | 壬寅 | 癸卯 | 甲辰 | 乙巳 | 丙午 |
| | 金 | 金 | 火 | 火 | 水 |
| | 危 | 成 | 收 | 開 | 閉 |
| | 宜 | 宜 | 宜 | 宜 | ★ |
| 立秋無雨是堪憂，萬物從來只半收 處暑若逢天下雨，縱然結實也難留 | **宜** 安床、開市、立券、交易、納財、破土、啟攢、入宅 **忌** 祭祀、祈福、解除 | **宜** 出行、納采、問名、嫁娶、移徙、修造動土、豎柱上樑、開市、立券、交易、納財、破土、安葬、啟攢、入宅 | **宜** 祭祀、祈福、出行、納采、問名、嫁娶、移徙、解除、修造動土、豎柱上樑、納財、安葬、入宅 | **宜** 祭祀 **忌** 祈福、出行、納采、問名、嫁娶、移徙、安床、解除、修造動土、豎柱上樑、開市、立券、交易、納財、破土、安葬、啟攢 | **日逢受死日，不宜諸吉事** |
| 每日胎神占方 | 倉庫爐 房內南 | 房床門 房內南 | 門雞栖 房內東 | 碓磨床 房內東 | 廚灶碓 房內東 |
| 每日沖煞年齡 | 沖猴 10歲 煞北 | 沖雞 9歲 煞西 | 沖狗 8歲 煞南 | 沖豬 7歲 煞東 | 沖鼠 6歲 煞北 |

# 乙巳年每日宜忌

| 6 | 7 | 立秋 | 8 | 9 | 10 |
|---|---|---|---|---|---|
| 星期三 | 星期四 | | 星期五 | 星期六 | 星期日 |
| | 天德合 天赦日 | | | 末伏 | |
| 十三 | 十四 | 未時 13時52分 | 十五 | 十六 | 十七 |
| 丁未 | 戊申 | | 己酉 | 庚戌 | 辛亥 |
| 水 | 土 | | 土 | 金 | 金 |
| 建 | 建 除 | | 除 | 滿 | 平 |
| 宜 | 宜 | | 宜 | ★ | 宜 |
| **宜** 祭祀、出行 **忌** 祈福、納采、問名、嫁娶、解除、修造動土、豎柱上樑、破土、安葬、啟攢 | **宜** 祭祀、祈福、出行、納采、問名、嫁娶、移徙、解除、豎柱上樑、納財、安葬 | | **宜** 解除、破土、安葬 **忌** 出行、納采、問名、嫁娶、移徙、立券、交易 | **忌** 祭祀、納采、問名、嫁娶、開市、立券、交易、納財、破土、安葬、啟攢 | **宜** 祭祀 **忌** 祈福、出行、納采、問名、嫁娶、移徙、安床、解除、修造動土、豎柱上樑、開市、立券、交易、納財、破土、安葬、啟攢 |
| 倉庫廁 房內東 | 房床爐 房內東 | | 占大門 外東北 | 碓磨栖 外東北 | 廚灶床 外東北 |
| 沖牛 5歲 煞西 | 沖虎 4歲 煞南 | | 沖兔 3歲 煞東 | 沖龍 2歲 煞北 | 沖蛇 1歲 煞西 |

**立秋**

**斗指西南維為立秋，陰意出地始殺萬物，按秋訓禾，穀熟。**

**節氣諺語：六月秋，快溜溜，七月秋，秋後油。**

指如果立秋在農曆六月，漁汛期會提早結束，如果落在七月，表示天氣穩定，漁汛會較晚結束。

| 11 | 12 | 13 | 14 | 15 | 16 |
|---|---|---|---|---|---|
| 星期一 | 星期二 | 星期三 | 星期四 | 星期五 | 星期六 |
| 月德 | 天德 | 勿探病 | 勿探病 | | 月德合 刀砧日 |
| 十八 | 十九 | 二十 | 廿一 | 廿二 | 廿三 |
| 壬子 | 癸丑 | 甲寅 | 乙卯 | 丙辰 | 丁巳 |
| 木 | 木 | 水 | 水 | 土 | 土 |
| 定 | 執 | 破 | 危 | 成 | 收 |
| 宜 | ★ | ★ | ★ | 宜 | 宜 |
| **宜** 祭祀、祈福、出行、納采、問名、嫁娶、移徙、解除、修造動土、豎柱上樑、開市、立券、交易、納財、破土、安葬、啟攢、入宅 | **日逢受死日，不宜諸吉事** | **諸事不宜** | **諸事不宜** | **宜** 祭祀、入宅 **忌** 祈福、出行、納采、問名、嫁娶、移徙、安床、解除、修造動土、豎柱上樑、開市、立券、交易、納財、破土、安葬、啟攢 | **宜** 祭祀、祈福、納采、問名、嫁娶、移徙、解除 **忌** 出行、修造動土、破土 |
| 倉庫碓 外東北 | 房床廁 外東北 | 占門爐 外東北 | 碓磨門 外正東 | 廚灶棲 外正東 | 倉庫床 外正東 |
| 沖馬 60歲 煞南 | 沖羊 59歲 煞東 | 沖猴 58歲 煞北 | 沖雞 57歲 煞西 | 沖狗 56歲 煞南 | 沖豬 55歲 煞東 |

# 乙巳年每日宜忌

| 17 | 18 | 19 | 20 | 21 | 22 |
|---|---|---|---|---|---|
| 星期日 | 星期一 | 星期二 | 星期三 | 星期四 | 星期五 |
| 天德合 刀砧日 | | | | 月德 | 天德 |
| 廿四 | 廿五 | 廿六 | 廿七 | 廿八 | 廿九 |
| 戊午 | 己未 | 庚申 | 辛酉 | 壬戌 | 癸亥 |
| 火 | 火 | 木 | 木 | 水 | 水 |
| 開 | 閉 | 建 | 除 | 滿 | 平 |
| 宜 | ★ | 宜 | 宜 | 宜 | 宜 |
| **宜** 祭祀、祈福、出行、納采、問名、嫁娶、移徙、解除、修造動土、豎柱上樑、開市 | **諸事不宜** | **宜** 出行、納財 **忌** 祈福、納采、問名、嫁娶、安床、解除、修造動土、豎柱上樑、立券、交易、破土、安葬、啟攢 | **宜** 解除、破土、安葬 **忌** 出行、納采、問名、嫁娶、移徙、立券、交易 | **宜** 出行、納采、問名、嫁娶、移徙、修造動土、豎柱上樑、開市、立券、交易、納財、安葬、入宅 **忌** 祭祀 | **宜** 祭祀 **忌** 祈福、嫁娶、解除 |
| 房床碓 外正東 | 占門廁 外正東 | 碓磨爐 外東南 | 廚灶門 外東南 | 倉庫栖 外東南 | 占房床 外東南 |
| 沖鼠 54歲 煞北 | 沖牛 53歲 煞西 | 沖虎 52歲 煞南 | 沖兔 51歲 煞東 | 沖龍 50歲 煞北 | 沖蛇 49歲 煞西 |

| 23 | 處暑 | 24 | 25 | 26 |
|---|---|---|---|---|
| 星期六 | | 星期日 | 星期一 | 星期二 |
| | | | | 月德合 |
| 七月 | 寅時 04時34分 | 初二 | 初三 | 初四 |
| 甲子 | | 乙丑 | 丙寅 | 丁卯 |
| 金 | | 金 | 火 | 火 |
| 定 | | 執 | 破 | 危 |
| 宜 | | ★ | ★ | 宜 |
| **宜**祭祀、祈福、出行、納采、問名、嫁娶、移徙、安床、修造動土、豎柱上樑、開市、立券、交易、納財、入宅<br>**忌**解除 | **斗指戊為處暑，暑將退，伏而潛處，故名。**<br>**節氣諺語：處暑，會曝死老鼠。**<br>指雖然已經進入秋天，但此時天氣還是會酷熱。 | **日逢受死日，不宜諸吉事** | **諸事不宜** | **宜**祭祀、祈福、出行、納采、問名、嫁娶、移徙、安床、解除、豎柱上樑、立券、交易、安葬、啟攢、入宅<br>**忌**修造動土、破土 |
| 占門碓外東南 | | 碓磨廁外東南 | 廚灶爐外正南 | 倉庫門外正南 |
| 沖馬48歲煞南 | | 沖羊47歲煞東 | 沖猴46歲煞北 | 沖雞45歲煞西 |

# 乙巳年每日宜忌

| 31 | 30 | 29 | 28 | 27 |
|---|---|---|---|---|
| 日期星 | 六期星 | 五期星 | 四期星 | 三期星 |
| 月德 | | 七星娘娘千秋 刀砧日 勿探病 | 刀砧日 | 天德合 |
| 初九 | 初八 | 初七 | 初六 | 初五 |
| 壬申 | 辛未 | 庚午 | 己巳 | 戊辰 |
| 金 | 土 | 土 | 木 | 木 |
| 建 | 閉 | 開 | 收 | 成 |
| 宜 | ★ | 宜 | 宜 | 宜 |
| **宜** 祭祀、祈福、出行、納采、問名、嫁娶、移徙、解除、豎柱上樑、納財、安葬、入宅 **忌** 安床、修造動土、破土 | **諸事不宜** | **宜** 祭祀 **忌** 納采、問名、嫁娶、破土、安葬、啟攢 | **宜** 祭祀、祈福、納采、問名、嫁娶、移徙、修造動土、豎柱上樑、開市、立券、交易、納財 **忌** 出行 | **宜** 祭祀、祈福、解除、修造動土、豎柱上樑、開市、立券、交易、納財、安葬、入宅 **忌** 出行、納采、問名、嫁娶、移徙 |
| 倉庫爐 外西南 | 廚灶廁 外西南 | 占碓磨 外正南 | 占門床 外正南 | 房床栖 外正南 |
| 沖虎 40歲 煞南 | 沖牛 41歲 煞西 | 沖鼠 42歲 煞北 | 沖豬 43歲 煞東 | 沖狗 44歲 煞南 |

# 乙巳年每日宜忌

| 二〇二五年 國曆九月小 | 1 | 2 | 3 | 4 | 5 |
|---|---|---|---|---|---|
| | 一期星 | 二期星 | 三期星 | 四期星 | 五期星 |
| | 天德 | | | 大勢至菩薩聖誕 | 月德合 |
| 農曆七月 甲申 巧月 煞南方 | 初十 | 十一 | 十二 | 十三 | 十四 |
| | 癸酉 | 甲戌 | 乙亥 | 丙子 | 丁丑 |
| | 金 | 火 | 火 | 水 | 水 |
| | 除 | 滿 | 平 | 定 | 執 |
| | 宜 | ★ | 宜 | 宜 | ★ |
| 秋分天氣白雲多，處處歡歌好晚禾<br>只怕此時雷電閃，冬來米價貴如何 | **宜** 祭祀、祈福、納采、問名、解除、修造動土、豎柱上樑、納財、破土、安葬<br>**忌** 出行、嫁娶、移徙 | **忌** 祭祀、納采、問名、嫁娶、開市、立券、交易、納財 | **宜** 祭祀<br>**忌** 祈福、出行、納采、問名、嫁娶、移徙、安床、解除、修造動土、豎柱上樑、開市、立券、交易、納財、破土、安葬、啟攢 | **宜** 祭祀、祈福、出行、納采、問名、嫁娶、移徙、修造動土、豎柱上樑、開市、立券、交易、納財、破土、啟攢、入宅<br>**忌** 解除 | **日逢受死日，不宜諸吉事** |
| 每日胎神占方 | 房床門 外西南 | 門碓棲 外西南 | 碓磨床 外西南 | 廚灶碓 外西南 | 倉庫廁 外正西 |
| 每日沖煞年齡 | 沖兔 39歲 煞東 | 沖龍 38歲 煞北 | 沖蛇 37歲 煞西 | 沖馬 36歲 煞南 | 沖羊 35歲 煞東 |

| 6 | 7 | 白露 | 8 | 9 |
|---|---|---|---|---|
| 星期六 | 星期日 | | 星期一 | 星期二 |
| 地官聖誕 天德合 | 勿探病 | | 月德 | 瑤池金母聖誕 刀砧日 |
| 十五 | 十六 | 申時 16時52分 | 十七 | 十八 |
| 戊寅 | 己卯 | | 庚辰 | 辛巳 |
| 土 | 土 | | 金 | 金 |
| 破 | 破危 | | 危 | 成 |
| ★ | ★ | | 宜 | 宜 |
| 忌祭祀、祈福、出行、納采、問名、嫁娶、移徙、安床、解除、修造動土、豎柱上樑、開市、立券、交易、納財、破土、安葬、啟攢 | 諸事不宜 | 斗指癸為白露，陰氣漸重，露凝而白，故名白露。節氣諺語：白露水，卡毒鬼。白露雨水性毒，一方面也指天氣變冷，露水冷冽，不利作物生長。 | 宜祭祀、祈福、出行、納采、問名、嫁娶、移徙、安床、解除、修造動土、豎柱上樑、開市、立券、交易、納財、安葬、入宅 | 宜祭祀、祈福、納采、問名、嫁娶、移徙、修造動土、豎柱上樑、開市、立券、交易、納財、入宅 忌出行、破土、安葬、啟攢 |
| 房床爐 外正西 | 占大門 外正西 | | 碓磨栖 外正西 | 廚灶床 外正西 |
| 沖猴 34歲 煞北 | 沖雞 33歲 煞西 | | 沖狗 32歲 煞南 | 沖豬 31歲 煞東 |

## 乙巳年每日宜忌

| 10 | 11 | 12 | 13 | 14 | 15 |
|---|---|---|---|---|---|
| 三期星 | 四期星 | 五期星 | 六期星 | 日期星 | 一期星 |
| 值年太歲星君千秋<br>刀砧日<br>勿探病 | | | 月德合 | 諸葛武侯千秋 | 延平郡王千秋 |
| 十九 | 二十 | 廿一 | 廿二 | 廿三 | 廿四 |
| 壬午 | 癸未 | 甲申 | 乙酉 | 丙戌 | 丁亥 |
| 木 | 木 | 水 | 水 | 土 | 土 |
| 收 | 開 | 閉 | 建 | 除 | 滿 |
| 宜 | ★ | 宜 | 宜 | 宜 | 宜 |
| **宜** 祭祀<br>**忌** 祈福、出行、納采、問名、嫁娶、移徙、安床、解除、修造動土、豎柱上樑、開市、立券、交易、納財、破土、安葬、啟攢 | **日逢受死日，不宜諸吉事** | **宜** 祭祀、納財、破土、安葬<br>**忌** 祈福、出行、納采、問名、嫁娶、移徙、安床、解除、修造動土、豎柱上樑、開市、立券、交易 | **宜** 祭祀<br>**忌** 修造動土、破土 | **宜** 祭祀、出行、解除<br>**忌** 祈福、納采、問名、嫁娶、開市、立券、交易、納財、破土、安葬、啟攢 | **宜** 祭祀、祈福、出行、移徙、開市、立券、交易、納財<br>**忌** 納采、問名、嫁娶、破土、安葬、啟攢 |
| 倉庫碓<br>外西北 | 房床廁<br>外西北 | 占門爐<br>外西北 | 碓磨門<br>外西北 | 廚灶棲<br>外西北 | 倉庫床<br>外西北 |
| 沖鼠30歲煞北 | 沖牛29歲煞西 | 沖虎28歲煞南 | 沖兔27歲煞東 | 沖龍26歲煞北 | 沖蛇25歲煞西 |

## 乙巳年每日宜忌

| 16 | 17 | 18 | 19 | 20 | 21 |
|---|---|---|---|---|---|
| 星期二 | 星期三 | 星期四 | 星期五 | 星期六 | 星期日 |
| 秋社日 | | 月德 | | | 地藏王菩薩聖誕、刀砧日 |
| 廿五 | 廿六 | 廿七 | 廿八 | 廿九 | 三十 |
| 戊子 | 己丑 | 庚寅 | 辛卯 | 壬辰 | 癸巳 |
| 火 | 火 | 木 | 木 | 水 | 水 |
| 平 | 定 | 執 | 破 | 危 | 成 |
| 宜 | 宜 | ★ | ★ | 宜 | 宜 |
| **宜** 祭祀 **忌** 祈福、出行、納采、問名、嫁娶、移徙、安床、解除、修造動土、豎柱上樑、開市、立券、交易、納財、破土、安葬、啟攢 | **宜** 納采、問名、嫁娶、修造動土、豎柱上樑、立券、交易、納財、入宅 **忌** 解除 | **忌** 祭祀、移徙、開市、立券、交易、納財 | **諸事不宜** | **宜** 祭祀、入宅 | **宜** 祭祀、祈福、納采、問名、嫁娶、移徙、解除、修造動土、豎柱上樑、開市、立券、交易、納財、入宅 **忌** 出行、破土、安葬、啟攢 |
| 房床碓外正北 | 占門廁外正北 | 碓磨爐外正北 | 廚灶門外正北 | 倉庫栖外正北 | 占房床房內北 |
| 沖馬24歲煞南 | 沖羊23歲煞東 | 沖猴22歲煞北 | 沖雞21歲煞西 | 沖狗20歲煞南 | 沖豬19歲煞東 |

| 22 | 23 | 秋分 | 24 | 25 |
|---|---|---|---|---|
| 一期星 | 二期星 | | 三期星 | 四期星 |
| 刀砧日 | 月德合 | | 北斗星君聖誕 | |
| 八月 | 初二 | 丑時 02時19分 | 初三 | 初四 |
| 甲午 | 乙未 | | 丙申 | 丁酉 |
| 金 | 金 | | 火 | 火 |
| 收 | 開 | | 閉 | 建 |
| 宜 | ★ | | 宜 | 宜 |
| **宜** 祭祀<br>**忌** 祈福、出行、納采、問名、嫁娶、移徙、安床、解除、修造動土、豎柱上樑、開市、立券、交易、納財、破土、安葬、啟攢 | **日逢受死日，不宜諸吉事** | **斗指己為秋分，南北兩半球晝夜均分，又適當秋之半，故名。**<br>**節氣諺語：月半看田頭。**<br>指這時期稻作生長的好壞已可以看見。 | **宜** 祭祀、納財、安葬<br>**忌** 祈福、出行、納采、問名、嫁娶、移徙、安床、解除、修造動土、豎柱上樑、開市、立券、交易、破土 | **宜** 祭祀<br>**忌** 祈福、出行、納采、問名、嫁娶、移徙、安床、解除、修造動土、豎柱上樑、開市、立券、交易、納財、破土、安葬、啟攢 |
| 占門碓 房內北 | 碓磨廁 房內北 | | 廚灶爐 房內北 | 倉庫門 房內北 |
| 沖鼠 18歲 煞北 | 沖牛 17歲 煞西 | | 沖虎 16歲 煞南 | 沖兔 15歲 煞東 |

# 乙巳年每日宜忌

| 30 | 29 | 28 | 27 | 26 |
|---|---|---|---|---|
| 星期二 | 星期一 | 星期日 | 星期六 | 星期五 |
| 勿探病 | | 月德 | | 雷聲普化天尊聖誕 |
| 初九 | 初八 | 初七 | 初六 | 初五 |
| 壬寅 | 辛丑 | 庚子 | 己亥 | 戊戌 |
| 金 | 土 | 土 | 木 | 木 |
| 執 | 定 | 平 | 滿 | 除 |
| ★ | 宜 | 宜 | 宜 | 宜 |
| **忌** 祭祀、祈福、出行、納采、問名、嫁娶、移徙、安床、解除、修造動土、豎柱上樑、開市、立券、交易、納財、破土、安葬、啟攢 | **宜** 納財<br>**忌** 出行、納采、問名、嫁娶、移徙、安床、解除、修造動土、豎柱上樑、開市、立券、交易、破土、安葬、啟攢 | **宜** 祭祀<br>**忌** 出行、納采、問名、嫁娶、移徙、安葬 | **宜** 祭祀、祈福、出行、移徙、開市、立券、交易、納財<br>**忌** 納采、問名、嫁娶、破土、安葬、啟攢 | **宜** 祭祀、出行、解除<br>**忌** 祈福、納采、問名、嫁娶、開市、立券、交易、納財、破土、安葬、啟攢 |
| 倉庫爐 房內南 | 廚灶廁 房內南 | 占碓磨 房內南 | 占門床 房內南 | 房床棲 房內南 |
| 沖猴 10歲 煞北 | 沖羊 11歲 煞東 | 沖馬 12歲 煞南 | 沖蛇 13歲 煞西 | 沖龍 14歲 煞北 |

## 乙巳年每日宜忌

| 二〇二五年 國曆十月大 | 1 | 2 | 3 | 4 | 5 | 6 |
|---|---|---|---|---|---|---|
| | 星期三 | 星期四 | 星期五 | 星期六 | 星期日 | 星期一 |
| | | | 月德合 刀砧日 | 刀砧日 | | 中秋節 臨水夫人千秋 天赦日 |
| 農曆八月乙酉 桂月 煞東方 | 初十 | 十一 | 十二 | 十三 | 十四 | 十五 |
| | 癸卯 | 甲辰 | 乙巳 | 丙午 | 丁未 | 戊申 |
| | 金 | 火 | 火 | 水 | 水 | 土 |
| | 破 | 危 | 成 | 收 | 開 | 閉 |
| | ★ | ★ | 宜 | 宜 | ★ | 宜 |
| 寒露飛霜侵損民，重陽無雨一冬晴 霜降火色人多病，更遇雷聲菜價增 | **諸事不宜** | **忌** 祈福、出行、解除、修造動土、豎柱上樑 | **宜** 祭祀、祈福、納采、問名、嫁娶、移徙、解除、修造動土、豎柱上樑、開市、立券、交易、納財、入宅 **忌** 出行 | **宜** 祭祀 **忌** 祈福、出行、納采、問名、嫁娶、移徙、安床、解除、修造動土、豎柱上樑、開市、立券、交易、納財、破土、安葬、啟攢 | **日逢受死日，不宜諸吉事** | **宜** 祭祀、立券、交易、納財、安葬、入宅 **忌** 祈福、安床、解除 |
| 每日胎神占方 | 房床門 房內南 | 門雞栖 房內東 | 碓磨床 房內東 | 廚灶碓 房內東 | 倉庫廁 房內東 | 房床爐 房內東 |
| 每日沖煞年齡 | 沖雞 9歲 煞西 | 沖狗 8歲 煞南 | 沖豬 7歲 煞東 | 沖鼠 6歲 煞北 | 沖牛 5歲 煞西 | 沖虎 4歲 煞南 |

## 乙巳年每日宜忌

| 7 | 8 | 寒露 | 9 | 10 |
|---|---|---|---|---|
| 二期星 | 三期星 | | 四期星 | 五期星 |
| | | | 九天玄女<br>千秋<br>天德合<br>月德合 | |
| 十六 | 十七 | 辰時 08時41分 | 十八 | 十九 |
| 己酉 | 庚戌 | | 辛亥 | 壬子 |
| 土 | 金 | | 金 | 木 |
| 建 | 建除 | | 除 | 滿 |
| ★ | 宜 | | 宜 | 宜 |
| 諸事不宜 | **宜** 祭祀、出行、移徙、納財<br>**忌** 祈福、納采、問名、解除、修造動土、豎柱上樑、破土、安葬、啟攢 | 斗指甲為寒露，斯時露寒冷而將欲凝結，故名寒露。<br>節氣諺語：白露水，寒露風。<br>指白露這天如果下雨，則寒露時節會容易有風災。 | **宜** 祭祀、祈福、出行、移徙、解除、豎柱上樑<br>**忌** 納采、問名、嫁娶、修造動土、開市、立券、交易、納財、破土、安葬 | **宜** 祭祀<br>**忌** 祈福、出行、納采、問名、嫁娶、移徙、安床、解除、修造動土、豎柱上樑、開市、立券、交易、納財、破土、安葬、啟攢 |
| 占大門<br>外東北 | 碓磨栖<br>外東北 | | 廚灶床<br>外東北 | 倉庫碓<br>外東北 |
| 沖兔<br>3歲<br>煞東 | 沖龍<br>2歲<br>煞北 | | 沖蛇<br>1歲<br>煞西 | 沖馬<br>60歲<br>煞南 |

## 乙巳年每日宜忌

| 16 | 15 | 14 | 13 | 12 | 11 |
| --- | --- | --- | --- | --- | --- |
| 四期星 | 三期星 | 二期星 | 一期星 | 日期星 | 六期星 |
| 刀砧日 | 刀砧日 | 天德 月德 | 廣澤尊王聖誕 勿探病 | 勿探病 | |
| 廿五 | 廿四 | 廿三 | 廿二 | 廿一 | 二十 |
| 戊午 | 丁巳 | 丙辰 | 乙卯 | 甲寅 | 癸丑 |
| 火 | 土 | 土 | 水 | 水 | 木 |
| 成 | 危 | 破 | 執 | 定 | 平 |
| 宜 | 宜 | 宜 | 宜 | ★ | ★ |
| **宜** 出行、納采、問名、嫁娶、移徙、修造動土、豎柱上樑、開市、立券、交易、納財、入宅 **忌** 破土、安葬、啟攢 | **宜** 祭祀、安床 **忌** 祈福、出行、解除、破土、安葬、啟攢 | **宜** 祭祀、解除 **忌** 祈福、出行、納采、問名、嫁娶、移徙、安床、修造動土、豎柱上樑、開市、立券、交易、納財、破土、安葬、啟攢 | **宜** 祭祀 **忌** 祈福、出行、納采、問名、嫁娶、移徙、安床、解除、修造動土、豎柱上樑、開市、立券、交易、納財、破土、安葬、啟攢 | **日逢受死日，不宜諸吉事** | **諸事不宜** |
| 房床碓 外正東 | 倉庫床 外正東 | 廚灶栖 外正東 | 碓磨門 外正東 | 占門爐 外東北 | 房床廁 外東北 |
| 沖鼠 54歲 煞北 | 沖豬 55歲 煞東 | 沖狗 56歲 煞南 | 沖雞 57歲 煞西 | 沖猴 58歲 煞北 | 沖羊 59歲 煞東 |

# 乙巳年每日宜忌

| 22 | 21 | 20 | 19 | 18 | 17 |
|---|---|---|---|---|---|
| 星期三 | 星期二 | 星期一 | 星期日 | 星期六 | 星期五 |
| | | | 天德合 月德合 | | |
| 初二 | 九月 | 廿九 | 廿八 | 廿七 | 廿六 |
| 甲子 | 癸亥 | 壬戌 | 辛酉 | 庚申 | 己未 |
| 金 | 水 | 水 | 木 | 木 | 火 |
| 滿 | 除 | 建 | 閉 | 開 | 收 |
| 宜 | 宜 | 宜 | 宜 | 宜 | ★ |
| **宜** 祭祀 **忌** 祈福、出行、納采、問名、嫁娶、移徙、安床、解除、修造動土、豎柱上樑、開市、立券、交易、納財、破土、安葬、啟攢 | **宜** 祭祀 **忌** 嫁娶、修造動土、破土、安葬、啟攢 | **宜** 祭祀、祈福、出行、納采、問名、移徙、解除、豎柱上樑、納財、入宅 **忌** 修造動土、破土 | **宜** 祭祀 | **宜** 祭祀、祈福、出行、移徙、解除、修造動土、豎柱上樑、開市、入宅 **忌** 納采、問名、嫁娶、安床、立券、交易 | **忌** 祈福、出行、納采、問名、嫁娶、移徙、安床、解除、修造動土、豎柱上樑、開市、立券、交易、納財、破土、安葬、啟攢 |
| 占門碓 外東南 | 占房床 外東南 | 倉庫栖 外東南 | 廚灶門 外東南 | 碓磨爐 外東南 | 占門廁 外正東 |
| 沖馬 48歲 煞南 | 沖蛇 49歲 煞西 | 沖龍 50歲 煞北 | 沖兔 51歲 煞東 | 沖虎 52歲 煞南 | 沖牛 53歲 煞西 |

| 23 | 霜降 | 24 | 25 | 26 |
|---|---|---|---|---|
| 星期四 | | 星期五 | 星期六 | 星期日 |
| | | 天德 月德 | | |
| 初三 | 午時 11時51分 | 初四 | 初五 | 初六 |
| 乙丑 | | 丙寅 | 丁卯 | 戊辰 |
| 金 | | 火 | 火 | 木 |
| 平 | | 定 | 執 | 破 |
| ★ | | ★ | ★ | 宜 |
| **諸事不宜** | **斗指巳為霜降，氣肅，露凝結為霜而下降，故名霜降。**<br>**節氣諺語：霜降，風颱走去藏。**<br>指霜降後，颱風季節也就結束了。 | **忌** 祭祀、出行、納采、問名、嫁娶、移徙 | **日逢受死日，不宜諸吉事** | **宜** 祭祀<br>**忌** 祈福、出行、納采、問名、嫁娶、移徙、安床、解除、修造動土、豎柱上樑、開市、立券、交易、納財、破土、安葬、啟攢 |
| 碓磨廁 外東南 | | 廚灶爐 外正南 | 倉庫門 外正南 | 房床栖 外正南 |
| 沖羊 47歲 煞東 | | 沖猴 46歲 煞北 | 沖雞 45歲 煞西 | 沖狗 44歲 煞南 |

## 乙巳年每日宜忌

| 27 | 28 | 29 | 30 | 31 |
|---|---|---|---|---|
| 一期星 | 二期星 | 三期星 | 四期星 | 五期星 |
| 刀砧日 | 刀砧日<br>勿探病 | 中壇元帥<br>千秋<br>天德合<br>月德合 | | |
| 初七 | 初八 | 初九 | 初十 | 十一 |
| 己巳 | 庚午 | 辛未 | 壬申 | 癸酉 |
| 木 | 土 | 土 | 金 | 金 |
| 危 | 成 | 收 | 開 | 閉 |
| 宜 | 宜 | 宜 | 宜 | 宜 |
| **宜** 祭祀、安床<br>**忌** 祈福、出行、解除、破土、安葬、啟攢 | **宜** 祭祀、祈福、出行、納采、問名、嫁娶、移徙、解除、修造動土、豎柱上樑、開市、立券、交易、納財、破土、安葬、入宅 | **宜** 祭祀<br>**忌** 修造動土、破土 | **宜** 祭祀、祈福、出行、移徙、解除、修造動土、豎柱上樑、開市、納財<br>**忌** 納采、問名、嫁娶、安床、立券、交易 | **宜** 祭祀<br>**忌** 祈福、出行、納采、問名、嫁娶、移徙、安床、解除、修造動土、豎柱上樑、開市、立券、交易、納財、破土、安葬、啟攢 |
| 占門床<br>外正南 | 占碓磨<br>外正南 | 廚灶廁<br>外西南 | 倉庫爐<br>外西南 | 房床門<br>外西南 |
| 沖豬<br>43歲<br>煞東 | 沖鼠<br>42歲<br>煞北 | 沖牛<br>41歲<br>煞西 | 沖虎<br>40歲<br>煞南 | 沖兔<br>39歲<br>煞東 |

| 二〇二五年 國曆十一月小 | 1 | 2 | 3 | 4 | 5 | 6 |
|---|---|---|---|---|---|---|
| | 星期六 | 星期日 | 星期一 | 星期二 | 星期三 | 星期四 |
| | | | 天德 月德 | 吳三王爺 千秋 | | 勿探病 |
| 農曆九月 丙戌 菊月 煞北方 | 十二 | 十三 | 十四 | 十五 | 十六 | 十七 |
| | 甲戌 | 乙亥 | 丙子 | 丁丑 | 戊寅 | 己卯 |
| | 火 | 火 | 水 | 水 | 土 | 土 |
| | 建 | 除 | 滿 | 平 | 定 | 執 |
| | ★ | ★ | 宜 | ★ | ★ | 宜 |
| 立冬之日怕逢壬，來歲高田枉費心<br>此日更逢壬子日，災情疾病損人民 | 諸事不宜 | 忌 祈福、納采、問名、嫁娶、移徙、安床、修造動土、豎柱上樑、破土、安葬、啟攢、入宅 | 宜 祭祀、祈福、出行、納采、問名、嫁娶、解除、修造動土、豎柱上樑、開市、立券、交易、納財、破土、安葬、啟攢<br>忌 移徙 | 諸事不宜 | 日逢受死日，不宜諸吉事 | 宜 祭祀、祈福、嫁娶、安葬、入宅<br>忌 開市、立券、交易、納財 |
| 每日胎神占方 | 門雞栖 外西南 | 碓磨床 外西南 | 廚灶碓 外西南 | 倉庫廁 外正西 | 房床爐 外正西 | 占大門 外正西 |
| 每日沖煞年齡 | 沖龍 38歲 煞北 | 沖蛇 37歲 煞西 | 沖馬 36歲 煞南 | 沖羊 35歲 煞東 | 沖猴 34歲 煞北 | 沖雞 33歲 煞西 |

## 乙巳年每日宜忌



| 7 | 立冬 | 8 | 9 | 10 | 11 |
|---|---|---|---|---|---|
| 星期五 | | 星期六 | 星期日 | 星期一 | 星期二 |
| 天德合 | | 觀世音菩薩出家日 | 勿探病 | | 月德<br>刀砧日 |
| 十八 | 午時<br>12時04分 | 十九 | 二十 | 廿一 | 廿二 |
| 庚辰 | | 辛巳 | 壬午 | 癸未 | 甲申 |
| 金 | | 金 | 木 | 木 | 水 |
| 執 破 | | 破 | 危 | 成 | 收 |
| 宜 | | ★ | 宜 | 宜 | ★ |
| **宜**祭祀、祈福、納采、問名、嫁娶、移徙、解除、豎柱上樑、安葬、入宅<br>**忌**出行、修造動土、破土 | **斗指西北維為立冬，冬者終也，立冬之時萬物終成，故名立冬。**<br>**節氣諺語：補冬補嘴空。**<br>民俗上，立冬日要吃麻油雞等進補，儲備過冬的體力。 | **忌**祈福、出行、納采、問名、嫁娶、移徙、安床、修造動土、豎柱上樑、開市、立券、交易、納財、破土、安葬、啟攢 | **宜**祭祀、入宅<br>**忌**祈福、出行、納采、問名、嫁娶、移徙、安床、解除、修造動土、豎柱上樑、開市、立券、交易、納財、破土、安葬、啟攢 | **宜**祭祀、祈福、納采、問名、修造動土、豎柱上樑、開市、立券、交易、納財<br>**忌**出行、嫁娶、移徙 | **日逢受死日，不宜諸吉事** |
| 碓磨栖<br>外正西 | | 廚灶床<br>外正西 | 倉庫碓<br>外西北 | 房床廁<br>外西北 | 占門爐<br>外西北 |
| 沖狗<br>32歲<br>煞南 | | 沖豬<br>31歲<br>煞東 | 沖鼠<br>30歲<br>煞北 | 沖牛<br>29歲<br>煞西 | 沖虎<br>28歲<br>煞南 |

| 12 | 13 | 14 | 15 | 16 |
|---|---|---|---|---|
| 星期三 | 星期四 | 星期五 | 星期六 | 星期日 |
| 天德<br>刀砧日 | | | | 月德合 |
| 廿三 | 廿四 | 廿五 | 廿六 | 廿七 |
| 乙酉 | 丙戌 | 丁亥 | 戊子 | 己丑 |
| 水 | 土 | 土 | 火 | 火 |
| 開 | 閉 | 建 | 除 | 滿 |
| 宜 | ★ | 宜 | 宜 | 宜 |
| **宜** 祭祀、祈福、出行、納采、問名、嫁娶、移徙、解除、修造動土、豎柱上樑、開市、納財 | **諸事不宜** | **宜** 祭祀<br>**忌** 祈福、出行、納采、問名、嫁娶、移徙、安床、解除、修造動土、豎柱上樑、開市、立券、交易、納財、破土、安葬、啟攢 | **宜** 入宅<br>**忌** 祈福、出行、納采、問名、嫁娶、移徙、安床、解除、修造動土、豎柱上樑、開市、立券、交易、納財 | **宜** 祭祀<br>**忌** 出行、納采、問名、嫁娶、移徙 |
| 碓磨門<br>外西北 | 廚灶栖<br>外西北 | 倉庫床<br>外西北 | 房床碓<br>外正北 | 占門廁<br>外正北 |
| 沖兔<br>27歲<br>煞東 | 沖龍<br>26歲<br>煞北 | 沖蛇<br>25歲<br>煞西 | 沖馬<br>24歲<br>煞南 | 沖羊<br>23歲<br>煞東 |

# 乙巳年每日宜忌

| 17 | 18 | 19 | 20 | 21 |
|---|---|---|---|---|
| 星期一 | 星期二 | 星期三 | 星期四 | 星期五 |
| 天德合 | | 藥師佛佛誕 | | 月德 |
| 廿八 | 廿九 | 三十 | 十月 | 初二 |
| 庚寅 | 辛卯 | 壬辰 | 癸巳 | 甲午 |
| 木 | 木 | 水 | 水 | 金 |
| 平 | 定 | 執 | 破 | 危 |
| 宜 | 宜 | ★ | ★ | 宜 |
| **宜** 出行、納采、問名、嫁娶、移徙、修造動土、豎柱上樑、開市、立券、交易、納財、破土、安葬、啟攢、入宅 **忌** 祭祀、祈福、解除 | **宜** 出行、納采、問名、嫁娶、移徙、修造動土、豎柱上樑、開市、立券、交易、納財、破土、啟攢、入宅 **忌** 解除 | **忌** 出行、納采、問名、嫁娶、移徙、安床、解除、修造動土、豎柱上樑、開市、立券、交易、納財、破土、安葬、啟攢 | **忌** 祈福、出行、納采、問名、嫁娶、移徙、安床、修造動土、豎柱上樑、開市、立券、交易、納財、破土、安葬、啟攢 | **宜** 祭祀、祈福、出行、納采、問名、嫁娶、移徙、安床、解除、修造動土、豎柱上樑、納財、破土、安葬、入宅 |
| 碓磨爐外正北 | 廚灶門外正北 | 倉庫栖外正北 | 占房床房內北 | 占門碓房內北 |
| 沖猴22歲煞北 | 沖雞21歲煞西 | 沖狗20歲煞南 | 沖豬19歲煞東 | 沖鼠18歲煞北 |

| 22 | 小雪 | 23 | 24 | 25 | 26 |
|---|---|---|---|---|---|
| 星期六 | | 星期日 | 星期一 | 星期二 | 星期三 |
| 天德 | | 刀砧日 | 達摩祖師聖誕<br>刀砧日 | | 月德合 |
| 初三 | 巳時 09時36分 | 初四 | 初五 | 初六 | 初七 |
| 乙未 | | 丙申 | 丁酉 | 戊戌 | 己亥 |
| 金 | | 火 | 火 | 木 | 木 |
| 成 | | 收 | 開 | 閉 | 建 |
| 宜 | | ★ | 宜 | ★ | ★ |
| **宜** 祭祀、祈福、納采、問名、解除、修造動土、豎柱上樑、開市、立券、交易、納財、安葬<br>**忌** 出行、嫁娶、移徙 | **斗指己，斯時天已積陰，寒未深而雪未大，故名小雪。**<br>**節氣諺語：小雪小到。**<br>指烏魚群在小雪前後剛到台灣海峽來，數量還不多。 | **日逢受死日，不宜諸吉事** | **宜** 祭祀<br>**忌** 納采、問名、嫁娶、立券、交易 | **諸事不宜** | **諸事不宜** |
| 碓磨廁<br>房內北 | | 廚灶爐<br>房內北 | 倉庫門<br>房內北 | 房床栖<br>房內南 | 占門床<br>房內南 |
| 沖牛17歲<br>煞西 | | 沖虎16歲<br>煞南 | 沖兔15歲<br>煞東 | 沖龍14歲<br>煞北 | 沖蛇13歲<br>煞西 |

# 乙巳年每日宜忌

| 30 | 29 | 28 | 27 |
|---|---|---|---|
| 星期日 | 星期六 | 星期五 | 星期四 |
| | 水仙尊王千秋<br>勿探病 | | 天德合 |
| 十一 | 初十 | 初九 | 初八 |
| 癸卯 | 壬寅 | 辛丑 | 庚子 |
| 金 | 金 | 土 | 土 |
| 定 | 平 | 滿 | 除 |
| 宜 | 宜 | 宜 | 宜 |
| **宜**出行、納采、問名、嫁娶、移徙、修造動土、豎柱上樑、開市、立券、交易、納財、破土、啟攢、入宅<br>**忌**解除 | **宜**出行、納采、問名、嫁娶、移徙、修造動土、豎柱上樑、開市、立券、交易、納財、入宅<br>**忌**祭祀、祈福、解除 | **宜**祭祀<br>**忌**祈福、出行、納采、問名、嫁娶、移徙、安床、解除、修造動土、豎柱上樑、開市、立券、交易、納財、破土、安葬、啟攢 | **宜**祭祀、祈福、出行、納采、問名、嫁娶、移徙、解除、修造動土、豎柱上樑、破土、安葬、啟攢、入宅 |
| 房床門<br>房內南 | 倉庫爐<br>房內南 | 廚灶廁<br>房內南 | 占碓磨<br>房內南 |
| 沖雞<br>9歲<br>煞西 | 沖猴<br>10歲<br>煞北 | 沖羊<br>11歲<br>煞東 | 沖馬<br>12歲<br>煞南 |

## 乙巳年每日宜忌

| 二〇二五年 國曆十二月大 | 1 | 2 | 3 | 4 | 5 |
|---|---|---|---|---|---|
| | 一期星 | 二期星 | 三期星 | 四期星 | 五期星 |
| | 月德 | 天德 | | 水官聖誕 | 刀砧日 |
| 農曆十月丁亥 陽月 煞西方 | 十二 | 十三 | 十四 | 十五 | 十六 |
| | 甲辰 | 乙巳 | 丙午 | 丁未 | 戊申 |
| | 火 | 火 | 水 | 水 | 土 |
| | 執 | 破 | 危 | 成 | 收 |
| | 宜 | 宜 | 宜 | 宜 | ★ |
| 初一西風盜賊多，更兼大雪有災魔<br>冬至天晴無日色，來年定唱太平歌 | **宜** 祭祀、祈福、納采、問名、嫁娶、移徙、解除、豎柱上樑、納財、安葬、入宅<br>**忌** 出行、修造動土、破土 | **宜** 祭祀、解除<br>**忌** 祈福、出行、納采、問名、嫁娶、移徙、安床、修造動土、豎柱上樑、開市、立券、交易、納財、破土、安葬、啟攢 | **宜** 祭祀<br>**忌** 祈福、出行、納采、問名、嫁娶、移徙、安床、解除、修造動土、豎柱上樑、開市、立券、交易、納財、破土、安葬、啟攢 | **宜** 祭祀、祈福、修造動土、豎柱上樑、開市、立券、交易、納財<br>**忌** 出行、納采、問名、嫁娶、移徙 | **日逢受死日，不宜諸吉事** |
| 每日胎神占方 | 門雞栖 房內東 | 碓磨床 房內東 | 廚灶碓 房內東 | 倉庫廁 房內東 | 房床爐 房內東 |
| 每日沖煞年齡 | 沖狗 8歲 煞南 | 沖豬 7歲 煞東 | 沖鼠 6歲 煞北 | 沖牛 5歲 煞西 | 沖虎 4歲 煞南 |

## 乙巳年每日宜忌

| 6 | 7 | 大雪 | 8 | 9 | 10 |
|---|---|---|---|---|---|
| 星期六 | 星期日 | | 星期一 | 星期二 | 星期三 |
| 月德合<br>刀砧日 | | | | 月德 | |
| 十七 | 十八 | 卯時<br>05時05分 | 十九 | 二十 | 廿一 |
| 己酉 | 庚戌 | | 辛亥 | 壬子 | 癸丑 |
| 土 | 金 | | 金 | 木 | 木 |
| 開 | 開閉 | | 閉 | 建 | 除 |
| 宜 | 宜 | | ★ | ★ | 宜 |
| 宜祭祀、祈福、出行、納采、問名、嫁娶、移徙、解除、修造動土、豎柱上樑、開市、納財 | 宜祭祀、祈福、解除、修造動土、豎柱上樑<br>忌出行、嫁娶、移徙、開市、立券、交易、納財 | 斗指甲，斯時積陰為雪，至此粟烈而大過於小雪，故名大雪。<br>節氣諺語：大雪大到。<br>指烏魚群到了大雪時，便大批湧進台灣海峽。 | 忌祈福、出行、納采、問名、嫁娶、移徙、安床、解除、修造動土、豎柱上樑、開市、破土、安葬、啟攢 | 諸事不宜 | 宜祭祀、祈福、出行、納采、問名、嫁娶、移徙、解除、修造動土、豎柱上樑、開市、立券、交易、納財、入宅 |
| 占大門<br>外東北 | 碓磨棲<br>外東北 | | 廚灶床<br>外東北 | 倉庫碓<br>外東北 | 房床廁<br>外東北 |
| 沖兔<br>3歲<br>煞東 | 沖龍<br>2歲<br>煞北 | | 沖蛇<br>1歲<br>煞西 | 沖馬<br>60歲<br>煞南 | 沖羊<br>59歲<br>煞東 |

## 乙巳年每日宜忌

| 11 | 12 | 13 | 14 | 15 | 16 |
|---|---|---|---|---|---|
| 四期星 | 五期星 | 六期星 | 日期星 | 一期星 | 二期星 |
| 勿探病 | 周倉將軍千秋<br>勿探病 | | 月德合 | | 紫微星君聖誕 |
| 廿二 | 廿三 | 廿四 | 廿五 | 廿六 | 廿七 |
| 甲寅 | 乙卯 | 丙辰 | 丁巳 | 戊午 | 己未 |
| 水 | 水 | 土 | 土 | 火 | 火 |
| 滿 | 平 | 定 | 執 | 破 | 危 |
| 宜 | ★ | 宜 | 宜 | ★ | ★ |
| **宜** 出行、解除、修造動土、豎柱上樑、開市、立券、交易、納財、破土、啟攢<br>**忌** 祭祀、納采、問名、嫁娶、移徙 | **日逢受死日，不宜諸吉事** | **宜** 祭祀、祈福、納采、問名、嫁娶、修造動土、豎柱上樑、立券、交易、納財、入宅<br>**忌** 解除 | **宜** 祭祀<br>**忌** 祈福、出行、納采、問名、嫁娶、移徙、安床、解除、修造動土、豎柱上樑、開市、立券、交易、納財、破土、安葬、啟攢 | **諸事不宜** | **忌** 祈福、出行、納采、問名、嫁娶、移徙、安床、解除、修造動土、豎柱上樑、開市、立券、交易、納財、破土、安葬、啟攢 |
| 占門爐<br>外東北 | 碓磨門<br>外正東 | 廚灶棲<br>外正東 | 倉庫床<br>外正東 | 房床碓<br>外正東 | 占門廁<br>外正東 |
| 沖猴<br>58歲<br>煞北 | 沖雞<br>57歲<br>煞西 | 沖狗<br>56歲<br>煞南 | 沖豬<br>55歲<br>煞東 | 沖鼠<br>54歲<br>煞北 | 沖牛<br>53歲<br>煞西 |

## 乙巳年每日宜忌

| 日期 | 17 | 18 | 19 | 20 | 21 |
|---|---|---|---|---|---|
| 星期 | 星期三 | 星期四 | 星期五 | 星期六 | 星期日 |
| | 刀砧日 | 刀砧日 | 月德 | | 天赦日 |
| 農曆 | 廿八 | 廿九 | 三十 | 十一月 | 初二 |
| 干支 | 庚申 | 辛酉 | 壬戌 | 癸亥 | 甲子 |
| 五行 | 木 | 木 | 水 | 水 | 金 |
| 建除 | 成 | 收 | 開 | 閉 | 建 |
| | 宜 | ★ | 宜 | ★ | 宜 |
| 宜忌 | **宜**出行、移徙、解除、豎柱上樑、開市、立券、交易、納財、安葬、入宅 **忌**納采、問名、嫁娶、安床、修造動土、破土 | **忌**祈福、出行、納采、問名、嫁娶、移徙、安床、解除、修造動土、豎柱上樑、開市、立券、交易、納財、破土、安葬、啟攢 | **宜**祭祀、祈福、納采、問名、解除、修造動土、豎柱上樑、開市 **忌**出行、嫁娶、移徙 | **忌**祈福、出行、納采、問名、嫁娶、移徙、安床、解除、修造動土、豎柱上樑、開市、立券、交易、納財、破土、安葬、啟攢 | **宜**祭祀 **忌**祈福、出行、納采、問名、嫁娶、移徙、安床、解除、修造動土、豎柱上樑、開市、立券、交易、納財、破土、安葬、啟攢 |
| 胎神 | 碓磨爐 外東南 | 廚灶門 外東南 | 倉庫栖 外東南 | 占房床 外東南 | 占門碓 外東南 |
| 沖煞 | 沖虎 52歲 煞南 | 沖兔 51歲 煞東 | 沖龍 50歲 煞北 | 沖蛇 49歲 煞西 | 沖馬 48歲 煞南 |

### 冬至

子時 23時03分

**斗指戌為冬至，斯時陰極之至，陽氣始至，日行至南，北半球晝最短而夜最長。**

**節氣諺語：冬至烏，過年酥。**

冬至這天如果下雨，那麼過年時就有很高的機率會放晴。

| 26 | 25 | 24 | 23 | 22 |
|---|---|---|---|---|
| 五期星 | 四期星 | 三期星 | 二期星 | 一期星 |
| | | 月德合 | | |
| 初七 | 初六 | 初五 | 初四 | 初三 |
| 己巳 | 戊辰 | 丁卯 | 丙寅 | 乙丑 |
| 木 | 木 | 火 | 火 | 金 |
| 執 | 定 | 平 | 滿 | 除 |
| 宜 | 宜 | ★ | 宜 | 宜 |
| **宜** 祭祀、入宅<br>**忌** 祈福、出行、納采、問名、嫁娶、移徙、安床、解除、修造動土、豎柱上樑、開市、立券、交易、納財、破土、安葬、啟攢 | **宜** 祭祀、祈福、納采、問名、嫁娶、修造動土、豎柱上樑、立券、交易、納財、入宅<br>**忌** 解除 | **日逢受死日，不宜諸吉事** | **宜** 出行、解除、修造動土、豎柱上樑、開市、立券、交易、納財、破土、啟攢<br>**忌** 祭祀、納采、問名、移徙 | **宜** 祭祀、祈福、出行、納采、問名、嫁娶、移徙、解除、修造動土、豎柱上樑、立券、交易、納財、破土、安葬、入宅 |
| 占門床 外正南 | 房床栖 外正南 | 倉庫門 外正南 | 廚灶爐 外正南 | 碓磨廁 外東南 |
| 沖豬 43歲 煞東 | 沖狗 44歲 煞南 | 沖雞 45歲 煞西 | 沖猴 46歲 煞北 | 沖羊 47歲 煞東 |

# 乙巳年每日宜忌

| 31 | 30 | 29 | 28 | 27 |
|---|---|---|---|---|
| 星期三 | 星期二 | 星期一 | 星期日 | 星期六 |
| | 太乙救苦 天尊聖誕 刀砧日 | 月德 刀砧日 | | 勿探病 |
| 十二 | 十一 | 初十 | 初九 | 初八 |
| 甲戌 | 癸酉 | 壬申 | 辛未 | 庚午 |
| 火 | 金 | 金 | 土 | 土 |
| 開 | 收 | 成 | 危 | 破 |
| 宜 | ★ | 宜 | ★ | ★ |
| **宜**祭祀、祈福、納采、問名、解除、修造動土、豎柱上樑 **忌**出行、嫁娶、移徙、開市、立券、交易、納財 | **忌**祈福、出行、納采、問名、嫁娶、移徙、安床、解除、修造動土、豎柱上樑、開市、立券、交易、納財、破土、安葬、啟攢 | **宜**祭祀、祈福、出行、納采、問名、嫁娶、移徙、解除、豎柱上樑、開市、立券、交易、納財、安葬、入宅 **忌**安床、修造動土、破土 | **忌**祈福、出行、納采、問名、嫁娶、移徙、安床、解除、修造動土、豎柱上樑、開市、立券、交易、納財、破土、安葬、啟攢 | **諸事不宜** |
| 門碓栖 外西南 | 房床門 外西南 | 倉庫爐 外西南 | 廚灶廁 外西南 | 占碓磨 外正南 |
| 沖龍38歲煞北 | 沖兔39歲煞東 | 沖虎40歲煞南 | 沖牛41歲煞西 | 沖鼠42歲煞北 |

## 乙巳年每日宜忌

| 二〇二六年 國曆一月大 | 1 | 2 | 3 | 4 | 5 |
|---|---|---|---|---|---|
| | 星期四 | 星期五 | 星期六 | 星期日 | 星期一 |
| | | | 月德合 | | 阿彌陀佛 佛誕 勿探病 |
| 農曆十一月戊子葭月煞南方 | 十三 | 十四 | 十五 | 十六 | 十七 |
| | 乙亥 | 丙子 | 丁丑 | 戊寅 | 己卯 |
| | 火 | 水 | 水 | 土 | 土 |
| | 閉 | 建 | 除 | 滿 | 滿平 |
| | 宜 | ★ | 宜 | 宜 | 宜 |
| 朔日西風六畜災，綿絲五穀德成堆 最喜大寒無雨雪，太平冬盡賀春來 | **宜** 祭祀、納財、入宅 **忌** 祈福、出行、納采、問名、嫁娶、移徙、安床、解除、修造動土、豎柱上樑、開市、破土、安葬、啟攢 | **諸事不宜** | **宜** 祭祀、祈福、出行、納采、問名、嫁娶、移徙、解除、修造動土、豎柱上樑、立券、交易、納財、安葬、入宅 | **宜** 出行、解除、修造動土、豎柱上樑、開市、立券、交易、納財 **忌** 祭祀、納采、問名、移徙 | **宜** 祭祀 **忌** 祈福、出行、納采、問名、嫁娶、移徙、安床、解除、修造動土、豎柱上樑、開市、立券、交易、納財、破土、安葬、啟攢 |
| 每日胎神占方 | 碓磨床 外西南 | 廚灶碓 外西南 | 倉庫廁 外正西 | 房床爐 外正西 | 占大門 外正西 |
| 每日沖煞年齡 | 沖蛇 37歲 煞西 | 沖馬 36歲 煞南 | 沖羊 35歲 煞東 | 沖猴 34歲 煞北 | 沖雞 33歲 煞西 |

# 乙巳年每日宜忌

| 小寒 | 6 | 7 | 8 | 9 |
|---|---|---|---|---|
| 申時 16時23分 | 星期二 | 星期三 | 星期四 | 星期五 |
| | 天德 月德 | | 勿探病 | |
| | 十八 | 十九 | 二十 | 廿一 |
| | 庚辰 | 辛巳 | 壬午 | 癸未 |
| | 金 | 金 | 木 | 木 |
| | 平 | 定 | 執 | 破 |
| | 宜 | 宜 | 宜 | 宜 |
| 斗指戊為小寒，時天氣漸寒，尚未大冷，故名小寒。<br>節氣諺語：小寒大冷，人馬安。<br>小寒時天氣應寒冷，人畜才會平安。 | **宜** 祭祀<br>**忌** 祈福、出行、納采、問名、嫁娶、移徙、安床、解除、修造動土、豎柱上樑、開市、立券、交易、納財、破土、安葬、啟攢 | **宜** 祭祀、祈福、納采、問名、移徙、修造動土、豎柱上樑、立券、交易、納財<br>**忌** 出行、嫁娶、解除、破土、安葬、啟攢 | **宜** 入宅<br>**忌** 祈福、出行、納采、問名、嫁娶、移徙、安床、解除、修造動土、豎柱上樑、開市、立券、交易、納財、破土、安葬、啟攢 | **宜** 祭祀<br>**忌** 祈福、出行、納采、問名、嫁娶、移徙、安床、解除、修造動土、豎柱上樑、開市、立券、交易、納財、破土、安葬、啟攢 |
| | 碓磨栖 外正西 | 廚灶床 外正西 | 倉庫碓 外西北 | 房床廁 外西北 |
| | 沖狗 32歲 煞南 | 沖豬 31歲 煞東 | 沖鼠 30歲 煞北 | 沖牛 29歲 煞西 |

| 15 | 14 | 13 | 12 | 11 | 10 |
|---|---|---|---|---|---|
| 四期星 | 三期星 | 二期星 | 一期星 | 日期星 | 六期星 |
| | | | | 天德合 月德合 刀砧日 | 刀砧日 |
| 廿七 | 廿六 | 廿五 | 廿四 | 廿三 | 廿二 |
| 己丑 | 戊子 | 丁亥 | 丙戌 | 乙酉 | 甲申 |
| 火 | 火 | 土 | 土 | 水 | 水 |
| 建 | 閉 | 開 | 收 | 成 | 危 |
| ★ | 宜 | 宜 | 宜 | ★ | 宜 |
| **忌** 祈福、出行、納采、問名、嫁娶、移徙、解除、修造動土、豎柱上樑、開市、立券、交易、納財、破土、安葬、啟攢 | **宜** 祭祀 **忌** 祈福、出行、納采、問名、嫁娶、移徙、安床、解除、修造動土、豎柱上樑、開市、立券、交易、納財、破土 | **宜** 祭祀、入宅 **忌** 祈福、出行、納采、問名、嫁娶、移徙、安床、解除、修造動土、豎柱上樑、開市、立券、交易、納財、破土、安葬、啟攢 | **宜** 祭祀 **忌** 祈福、出行、納采、問名、嫁娶、移徙、安床、解除、修造動土、豎柱上樑、開市、立券、交易、納財、破土、安葬、啟攢 | **日逢受死日，不宜諸吉事** | **宜** 祭祀、出行、移徙、修造動土、豎柱上樑、開市、納財、破土、安葬、入宅 **忌** 祈福、納采、問名、安床、解除、立券、交易 |
| 占門廁 外正北 | 房床碓 外正北 | 倉庫床 外西北 | 廚灶栖 外西北 | 碓磨門 外西北 | 占門爐 外西北 |
| 沖羊 23歲 煞東 | 沖馬 24歲 煞南 | 沖蛇 25歲 煞西 | 沖龍 26歲 煞北 | 沖兔 27歲 煞東 | 沖虎 28歲 煞南 |

# 乙巳年每日宜忌

| 大寒 | 20 | 19 | 18 | 17 | 16 |
|---|---|---|---|---|---|
| | 星期二 | 星期一 | 星期日 | 星期六 | 星期五 |
| | | | | | 天德 月德 |
| 巳時 09時45分 | 初二 | 十二月 | 三十 | 廿九 | 廿八 |
| | 甲午 | 癸巳 | 壬辰 | 辛卯 | 庚寅 |
| | 金 | 水 | 水 | 木 | 木 |
| | 執 | 定 | 平 | 滿 | 除 |
| | 宜 | 宜 | ★ | 宜 | 宜 |
| 斗指癸為大寒，時大寒栗烈已極，故名大寒。<br>節氣諺語：大寒不寒，春分不暖。<br>大寒若天氣溫暖，表氣候不順，隔年春分仍會寒冷。 | 宜 祭祀、入宅<br>忌 祈福、納采、問名、安床、解除、立券、交易、納財、破土、安葬、啟攢 | 宜 納采、問名、修造動土、豎柱上樑、立券、交易、納財、入宅<br>忌 出行、嫁娶、解除、破土、安葬、啟攢 | 諸事不宜 | 忌 祈福、出行、納采、問名、嫁娶、移徙、安床、解除、修造動土、豎柱上樑、開市、立券、交易、納財、破土、安葬、啟攢 | 宜 納采、問名、嫁娶、移徙、解除、修造動土、豎柱上樑、立券、交易、納財、破土、安葬、啟攢<br>忌 祭祀、出行 |
| | 占門碓 房內北 | 占房床 房內北 | 倉庫栖 外正北 | 廚灶門 外正北 | 碓磨爐 外正北 |
| | 沖鼠 18歲 煞北 | 沖豬 19歲 煞東 | 沖狗 20歲 煞南 | 沖雞 21歲 煞西 | 沖猴 22歲 煞北 |

## 乙巳年每日宜忌

| 21 | 22 | 23 | 24 | 25 |
|---|---|---|---|---|
| 星期三 | 星期四 | 星期五 | 星期六 | 星期日 |
| 天德合<br>月德合 | 刀砧日 | 刀砧日 | | |
| 初三 | 初四 | 初五 | 初六 | 初七 |
| 乙未 | 丙申 | 丁酉 | 戊戌 | 己亥 |
| 金 | 火 | 火 | 木 | 木 |
| 破 | 危 | 成 | 收 | 開 |
| 宜 | 宜 | ★ | 宜 | 宜 |
| **宜** 祭祀、解除<br>**忌** 祈福、出行、納采、問名、嫁娶、移徙、安床、修造動土、豎柱上樑、開市、立券、交易、納財、破土、安葬、啟攢 | **宜** 祭祀、開市、納財、破土、安葬、入宅<br>**忌** 祈福、納采、問名、安床、解除、立券、交易 | **日逢受死日，不宜諸吉事** | **宜** 祭祀<br>**忌** 祈福、出行、納采、問名、嫁娶、移徙、安床、解除、修造動土、豎柱上樑、開市、立券、交易、納財、破土、安葬、啟攢 | **宜** 祭祀<br>**忌** 祈福、出行、納采、問名、嫁娶、移徙、安床、解除、修造動土、豎柱上樑、開市、立券、交易、納財、破土、安葬、啟攢 |
| 碓磨廁<br>房內北 | 廚灶爐<br>房內北 | 倉庫門<br>房內北 | 房床栖<br>房內南 | 占門床<br>房內南 |
| 沖牛17歲<br>煞西 | 沖虎16歲<br>煞南 | 沖兔15歲<br>煞東 | 沖龍14歲<br>煞北 | 沖蛇13歲<br>煞西 |

# 乙巳年每日宜忌

| 26 | 27 | 28 | 29 | 30 | 31 |
|---|---|---|---|---|---|
| 一期星 | 二期星 | 三期星 | 四期星 | 五期星 | 六期星 |
| 天德 月德 | | 勿探病 | | | 天德合 月德合 |
| 初八 | 初九 | 初十 | 十一 | 十二 | 十三 |
| 庚子 | 辛丑 | 壬寅 | 癸卯 | 甲辰 | 乙巳 |
| 土 | 土 | 金 | 金 | 火 | 火 |
| 閉 | 建 | 除 | 滿 | 平 | 定 |
| 宜 | 宜 | 宜 | 宜 | ★ | 宜 |
| **宜** 祭祀、安葬、啟攢 **忌** 移徙、修造動土、破土 | **宜** 祭祀、祈福、納采、問名、解除、豎柱上樑、納財 **忌** 出行、嫁娶、移徙、修造動土、破土 | **宜** 入宅 **忌** 祭祀、出行 | **宜** 祭祀 **忌** 祈福、出行、納采、問名、嫁娶、移徙、安床、解除、修造動土、豎柱上樑、開市、立券、交易、納財、破土、安葬、啟攢 | **諸事不宜** | **宜** 祭祀、祈福、納采、問名、嫁娶、移徙、解除、修造動土、豎柱上樑、立券、交易、納財、入宅 **忌** 出行 |
| 占碓磨 房內南 | 廚灶廁 房內南 | 倉庫爐 房內南 | 房床門 房內南 | 門雞棲 房內東 | 碓磨床 房內東 |
| 沖馬 12歲 煞南 | 沖羊 11歲 煞東 | 沖猴 10歲 煞北 | 沖雞 9歲 煞西 | 沖狗 8歲 煞南 | 沖豬 7歲 煞東 |

| 二〇二六年國曆二月小 | 1 | 2 | 3 | 4 |
|---|---|---|---|---|
| | 日期星 | 一期星 | 二期星 | 三期星 |
| | | | 刀砧日 | |
| 農曆十二月己丑臘月煞東方 | 十四 | 十五 | 十六 | 十七 |
| | 丙午 | 丁未 | 戊申 | 己酉 |
| | 水 | 水 | 土 | 土 |
| | 執 | 破 | 危 | 危成 |
| | ★ | ★ | 宜 | 宜 |
| ——立春最喜晴一日，元旦景雲光齊天 雨水連綿是豐年，農夫不用力耕田 | **忌**祈福、出行、納采、問名、嫁娶、移徙、安床、解除、修造動土、豎柱上樑、開市、立券、交易、納財、破土、安葬、啟攢 | **諸事不宜** | **宜**祭祀、開市、納財 **忌**祈福、納采、問名、安床、解除、立券、交易 | **宜**祭祀、破土、安葬、入宅 **忌**祈福、出行、納采、問名、嫁娶、移徙、安床、解除、修造動土、豎柱上樑、開市、立券、交易、納財 |
| 每日胎神占方 | 廚灶碓 房內東 | 倉庫廁 房內東 | 房床爐 房內東 | 占大門 外東北 |
| 每日沖煞年齡 | 沖鼠 6歲 煞北 | 沖牛 5歲 煞西 | 沖虎 4歲 煞南 | 沖兔 3歲 煞東 |

# 立春

寅時 04時02分

**斗指東北維為立春，時春氣始至，四時之卒始，故名立春也。**

**節氣諺語：立春打雷，十處豬欄九處空。**

立春這天如果打雷，會六畜不安。相反的，雷不打春，今年一定好年冬。

# 乙巳年每日宜忌

| 9 | 8 | 7 | 6 | 5 |
|---|---|---|---|---|
| 星期一 | 星期日 | 星期六 | 星期五 | 星期四 |
| 勿探病 | | 天德合 刀砧日 | 月德合 刀砧日 | |
| 廿二 | 廿一 | 二十 | 十九 | 十八 |
| 甲寅 | 癸丑 | 壬子 | 辛亥 | 庚戌 |
| 水 | 木 | 木 | 金 | 金 |
| 建 | 閉 | 開 | 收 | 成 |
| 宜 | ★ | 宜 | 宜 | ★ |
| **宜**立券、交易、納財 **忌**祭祀、祈福、出行、納采、問名、嫁娶、移徙、解除、修造動土、豎柱上樑、破土、安葬、啟攢 | **諸事不宜** | **宜**祭祀、祈福、出行、納采、問名、嫁娶、移徙、解除、修造動土、豎柱上樑、開市、納財 | **宜**祭祀、祈福、出行、納采、問名、移徙、解除、修造動土、豎柱上樑、開市、立券、交易、納財 **忌**嫁娶 | **日逢受死日，不宜諸吉事** |
| 占門爐 外東北 | 房床廁 外東北 | 倉庫碓 外東北 | 廚灶床 外東北 | 碓磨栖 外東北 |
| 沖猴 58歲 煞北 | 沖羊 59歲 煞東 | 沖馬 60歲 煞南 | 沖蛇 1歲 煞西 | 沖龍 2歲 煞北 |

| 10 | 11 | 12 | 13 | 14 | 15 |
|---|---|---|---|---|---|
| 星期二 | 星期三 | 星期四 | 星期五 | 星期六 | 星期日 |
| 勿探病 | 送神日<br>月德 | 天神下降<br>日<br>天德 | | | |
| 廿三 | 廿四 | 廿五 | 廿六 | 廿七 | 廿八 |
| 乙卯 | 丙辰 | 丁巳 | 戊午 | 己未 | 庚申 |
| 水 | 土 | 土 | 火 | 火 | 木 |
| 除 | 滿 | 平 | 定 | 執 | 破 |
| 宜 | 宜 | 宜 | 宜 | ★ | ★ |
| **宜** 出行、解除、立券、交易、破土、啟攢、入宅 | **宜** 祭祀、祈福、出行、納采、問名、移徙、解除、修造動土、豎柱上樑、開市、立券、交易、納財、安葬 | **宜** 祭祀<br>**忌** 祈福、出行、解除 | **宜** 祭祀、祈福、出行、納采、問名、嫁娶、移徙、修造動土、豎柱上樑、開市、立券、交易、納財、入宅<br>**忌** 解除 | **忌** 納采、問名、嫁娶、開市、立券、交易、納財 | **諸事不宜** |
| 碓磨門<br>外正東 | 廚灶栖<br>外正東 | 倉庫床<br>外正東 | 房床碓<br>外正東 | 占門廁<br>外正東 | 碓磨爐<br>外東南 |
| 沖雞<br>57歲<br>煞西 | 沖狗<br>56歲<br>煞南 | 沖豬<br>55歲<br>煞東 | 沖鼠<br>54歲<br>煞北 | 沖牛<br>53歲<br>煞西 | 沖虎<br>52歲<br>煞南 |

## 乙巳年每日宜忌

| 16 | 17 | 18 | 雨水 | 19 | 20 |
| --- | --- | --- | --- | --- | --- |
| 星期一 | 星期二 | 星期三 | | 星期四 | 星期五 |
| 除夕 月德合 | 春節 天德合 | 刀砧日 | | 刀砧日 | 孫真人聖誕 |
| 廿九 | 正月 | 初二 | 子時 23時52分 | 初三 | 初四 |
| 辛酉 | 壬戌 | 癸亥 | | 甲子 | 乙丑 |
| 木 | 水 | 水 | | 金 | 金 |
| 危 | 成 | 收 | | 開 | 閉 |
| ★ | ★ | 宜 | | 宜 | ★ |
| 諸事不宜 | 日逢受死日，不宜諸吉事 | 宜 祭祀<br>忌 嫁娶、破土、安葬、啟攢 | 斗指壬為雨水，時東風解凍，冰雪皆散而為水，化而為雨，故名雨水。<br>節氣諺語：雨水，海水卡冷鬼。<br>雨水時節雖已入春，但溫度仍低，海水摸起來還是非常冷冽。 | 宜 祭祀<br>忌 納采、問名、嫁娶、破土、安葬、啟攢 | 諸事不宜 |
| 廚灶門 外東南 | 倉庫栖 外東南 | 占房床 外東南 | | 占門碓 外東南 | 碓磨廁 外東南 |
| 沖兔51歲 煞東 | 沖龍51歲 煞北 | 沖蛇50歲 煞西 | | 沖馬49歲 煞南 | 沖羊48歲 煞東 |

## 乙巳年每日宜忌

| 21 | 22 | 23 | 24 | 25 |
|---|---|---|---|---|
| 星期六 | 星期日 | 星期一 | 星期二 | 星期三 |
| 月德 | 清水祖師聖誕 天德 | | | 玉皇大帝聖誕 勿探病 |
| 初五 | 初六 | 初七 | 初八 | 初九 |
| 丙寅 | 丁卯 | 戊辰 | 己巳 | 庚午 |
| 火 | 火 | 木 | 木 | 土 |
| 建 | 除 | 滿 | 平 | 定 |
| 宜 | 宜 | 宜 | ★ | 宜 |
| **宜** 納采、問名、解除、豎柱上樑、立券、交易、納財、安葬、啟攢 **忌** 祭祀、出行、嫁娶、移徙、修造動土、破土 | **宜** 祭祀、祈福、出行、納采、問名、嫁娶、移徙、解除、修造動土、豎柱上樑、立券、交易、納財、破土、安葬、啟攢 | **宜** 祭祀、祈福 **忌** 納采、問名、嫁娶、開市、立券、交易、納財 | **忌** 祈福、出行、納采、問名、嫁娶、移徙、安床、解除、修造動土、豎柱上樑、開市、立券、交易、納財、破土、安葬、啟攢 | **宜** 祭祀、祈福、出行、納采、問名、嫁娶、移徙、豎柱上樑、開市、立券、交易、納財、安葬、入宅 **忌** 解除、修造動土、破土 |
| 廚灶爐 外正南 | 倉庫門 外正南 | 房床栖 外正南 | 占門床 外正南 | 占碓磨 外正南 |
| 沖猴 47歲 煞北 | 沖雞 46歲 煞西 | 沖狗 45歲 煞南 | 沖豬 44歲 煞東 | 沖鼠 43歲 煞北 |

# 乙巳年每日宜忌

| 28 | 27 | 26 |
|---|---|---|
| 六期星 | 五期星 | 四期星 |
| | 天德合 | 月德合 |
| 十二 | 十一 | 初十 |
| 癸酉 | 壬申 | 辛未 |
| 金 | 金 | 土 |
| 危 | 破 | 執 |
| 宜 | 宜 | 宜 |
| 宜 祭祀、破土、安葬、入宅<br>忌 祈福、出行、納采、問名、嫁娶、移徙、安床、解除、修造動土、豎柱上樑、開市、立券、交易、納財 | 宜 祭祀、解除<br>忌 祈福、出行、納采、問名、嫁娶、移徙、安床、修造動土、豎柱上樑、開市、立券、交易、納財、破土、安葬、啟攢 | 宜 祭祀、祈福、出行、納采、問名、嫁娶、移徙、解除、修造動土、豎柱上樑、安葬、入宅 |
| 房床門 外西南 | 倉庫爐 外西南 | 廚灶廁 外西南 |
| 沖兔 40歲 煞東 | 沖虎 41歲 煞南 | 沖牛 42歲 煞西 |

三

# 擇日與擇時

# 如何擇日與擇時

目前農民曆比較常被使用的功能就是「擇日」。雖然家家戶戶都有農民曆，上面「宜」、「忌」也標明得很清楚，不過大部分的人面對重要的事項，例如：結婚、安葬、安床等，仍都會慎重的請懂得命理的老師來選擇。

原因就在於除了少數的幾個「諸事皆宜」的日子之外，大部分的好日子，也不是每一件事情都可以做，甚至是在「諸事皆宜」的日子當中，也不是每個時辰都是好時辰，因此如何趨吉避凶，就著實令人煞費苦心。

不過除了牽涉廣泛的人生大事，像是嫁娶、安葬、生產等需要專業老師來擇日，其他像是日常的搬家、入宅、安床等，只要掌握一些訣竅，就能透過農民曆自己挑選好日子與好時辰。

## 擇日

首先要看「每日沖煞」的生肖與年齡，有沖犯到相關人員的日子都不能選擇。再來看的是每日的宜忌與用事批註。有一些日子是「凡事不取」、「諸吉事不宜」，這在用事批註的欄位上面，都會清楚標示，在擇日的時候先避開。

接下來針對要進行的事項來挑選，在用事批註這一欄裡頭，會標註每天可以進行的事項，這個部分可以參照前面的名詞解釋，找到自己要做的事項，再回來挑選適合從事這些事項的日子。

有時在擇日的時候也會參照「十二植位」。十二植位代表十二個吉凶神，每日的植神不同，宜忌也不同，十二植位中，最常用到的像是取下制煞物品時，就會挑選「除日」，此外如果是「破日」、「危日」，通常代表諸事不宜。

## 擇時

選好適合的日子之後，接下來要挑選適合的時間。民間認為每一個時辰都有吉凶神在輪值，因此就算是好日子，也不一定每個時辰都適合，最好能選擇吉神輪值的時間來進行。

每個時辰的吉凶神，主要是根據不同的干支來循環。讀者可以先找出這一天的干支為何，再來對照每日時局表，就可以看到該日的每個時辰吉凶神輪值的情形，再挑選吉神輪值的時辰即可。

## 時辰吉凶神列表

| 吉神 |
|---|
| 金匱、大進、羅紋、交貴、六合、喜神、日祿、天赦、玉堂、少微、三合、進貴、貴人、右弼、天官、明堂、國印、長生、福星、天德、青龍、功曹、寶光、生旺、武曲、唐符、進祿、太陽、帝旺、福德、祿貴、交馳、貪狼、左輔、傳送、合格、鳳輦、太陰、金星、紫微、黃道、明輔、水星、司命、天地、會合、天賦、合局、逢印、臨官、財局、六甲、趨乾、合貴、同類、相資、六壬、趨艮、六申、元祿、馬元、地福、扶元、幹合、右彈、六進、進馬 |

| 凶神 |
|---|
| 日建、天兵、天牢、六戊、元武、大退、日沖、大凶、不遇、勾陳、天賊、路空、天刑、旬空、朱雀、白虎、地兵、日破、比肩、狗食、玄武、日刑、日馬、勿用、雷兵、建刑、日煞、五鬼、天武、天退、日武、日害、進虛、胞胎 |

## 乙巳年每日時局表

| 巳 | 辰 | 卯 | 寅 | 丑 | 子 | 時／日 |
|---|---|---|---|---|---|---|
| 進貴 元武 大退 | 三合 天牢 六戊 | 天赦 玉堂 少微 | 喜神 日祿 天兵 | 羅紋 交貴 六合 | 金匱 大進 日建 | 甲子 |
| 三合 玉堂 不遇 | 進貴 白虎 地兵 | 大進 天德 日祿 | 進貴 金匱 六戊 | 福星 天赦 朱雀 | 六合 貴人 天兵 | 乙丑 |
| 日祿 寶光 路空 | 金匱 不遇 路空 | 進貴 功曹 朱雀 | 長生 天刑 地兵 | 明堂 右弼 狗食 | 天官 青龍 六戊 | 丙寅 |
| 進祿 朱雀 日馬 | 不遇 天刑 武曲 | 明堂 進貴 路空 | 青龍 大退 路空 | 唐符 武曲 勾陳 | 司命 日刑 地兵 | 丁卯 |
| 明堂 天赦 日祿 | 喜神 青龍 天兵 | 天官 太陽 勾陳 | 長生 司命 不遇 | 貴人 元武 路空 | 三合 大進 路空 | 戊辰 |
| 帝旺 勾陳 大退 | 司命 雷兵 六戊 | 天赦 天兵 元武 | 喜神 天官 天兵 | 三合 玉堂 不遇 | 大進 貴人 白虎 | 己巳 |
| 長生 進貴 元武 | 武曲 天牢 地兵 | 玉堂 大進 天賊 | 三合 生旺 六戊 | 祿貴 交馳 天德 | 日沖 大凶 不遇 | 庚午 |
| 福星 玉堂 路空 | 唐符 白虎 路空 | 三合 寶光 天德 | 羅紋 交貴 地兵 | 日破 大凶 朱雀 | 長生 進貴 六戊 | 辛未 |
| 羅紋 交貴 天德 | 三合 金匱 福星 | 貴人 朱雀 路空 | 日沖 大凶 路空 | 天官 明堂 左輔 | 三合 青龍 地兵 | 壬申 |
| 三合 羅紋 交貴 | 六合 喜神 天兵 | 日沖 大凶 勿用 | 青龍 功曹 天賊 | 三合 勾陳 路空 | 日祿 大進 路空 | 癸酉 |
| 明堂 傳送 大退 | 日破 大凶 六戊 | 六合 天赦 帝旺 | 喜神 日祿 天兵 | 貴人 日刑 元武 | 大進 福德 天牢 | 甲戌 |
| 日沖 大凶 勾陳 | 司命 功曹 地兵 | 三合 大進 日祿 | 六合 天牢 六戊 | 玉堂 福星 天赦 | 喜神 貴人 天兵 | 乙亥 |
| 日祿 進祿 路空 | 三合 不遇 路空 | 玉堂 少微 日刑 | 長生 日馬 地兵 | 六合 寶光 進貴 | 福星 金匱 六戊 | 丙子 |
| 三合 玉堂 帝旺 | 進貴 日煞 白虎 | 天德 寶光 路空 | 金匱 大退 路空 | 唐符 朱雀 日建 | 六合 進貴 地兵 | 丁丑 |
| 日祿 天赦 寶光 | 喜神 金匱 天兵 | 天官 貪狼 朱雀 | 長生 進祿 天刑 | 明堂 貴人 路空 | 大進 青龍 路空 | 戊寅 |

## 乙巳年每日時局表

| 亥 | 戌 | 酉 | 申 | 未 | 午 | 時／日 |
|---|---|---|---|---|---|---|
| 朱進長<br>雀貴生 | 旬天國<br>空刑印 | 路明天<br>空堂官 | 路天三<br>空賊合 | 勾右貴<br>陳弼人 | 不大日<br>遇凶沖 | 甲子 |
| 天明福<br>赦堂星 | 天青喜<br>兵龍神 | 勾比三<br>陳肩合 | 大交羅<br>退貴紋 | 路大日<br>空凶破 | 路天長<br>空牢生 | 乙丑 |
| 勾貴六<br>陳人合 | 六司三<br>戊命合 | 玄貴天<br>武人赦 | 天大日<br>牢凶沖 | 武少玉<br>曲微堂 | 大生三<br>進旺合 | 丙寅 |
| 元貴三<br>武人合 | 地天六<br>兵牢合 | 勿大日<br>用凶沖 | 六白功<br>戊虎曹 | 天寶三<br>赦光合 | 天日喜<br>兵祿神 | 丁卯 |
| 旬路玉<br>空空堂 | 路大日<br>空凶破 | 天寶六<br>德光合 | 地金三<br>兵匱合 | 朱貴右<br>雀人弼 | 六天雷<br>戊刑兵 | 戊辰 |
| 不大日<br>遇凶沖 | 旬福金<br>空德匱 | 路長三<br>空生合 | 路交羅<br>空貴紋 | 武福明<br>曲星堂 | 地日青<br>兵祿龍 | 己巳 |
| 朱進天<br>雀祿赦 | 喜天三<br>神兵合 | 貪帝明<br>狼旺堂 | 日日青<br>馬祿龍 | 路貴六<br>空人合 | 路福司<br>空星命 | 庚午 |
| 旬明三<br>空堂合 | 雷六青<br>兵戊龍 | 不日天<br>遇祿赦 | 天司喜<br>兵命神 | 元日右<br>武建弼 | 貴大六<br>人進合 | 辛未 |
| 勾少日<br>陳微祿 | 地進司<br>兵祿命 | 元進大<br>武貴進 | 六雷長<br>戊兵生 | 少天玉<br>微赦堂 | 天白喜<br>兵虎神 | 壬申 |
| 路元帝<br>空武旺 | 路天天<br>空牢官 | 建進玉<br>刑祿堂 | 地白狗<br>兵虎食 | 不寶天<br>遇光德 | 六雷金<br>戊兵匱 | 癸酉 |
| 功玉長<br>曹堂生 | 日白武<br>建虎曲 | 路寶天<br>空光官 | 路天金<br>空賊匱 | 朱日貴<br>雀刑人 | 地不三<br>兵遇合 | 甲戌 |
| 寶天福<br>光赦星 | 天金喜<br>兵匱神 | 比朱太<br>肩雀陽 | 天大貴<br>賊退人 | 路明三<br>空堂合 | 路青長<br>空龍生 | 乙亥 |
| 朱交羅<br>雀貴紋 | 六天福<br>戊刑星 | 天貴明<br>赦人堂 | 喜青三<br>神龍合 | 日勾進<br>煞陳貴 | 勿大日<br>用凶沖 | 丙子 |
| 貴天明<br>人官堂 | 地進青<br>兵貴龍 | 福大三<br>星進合 | 六進司<br>戊貴命 | 元大日<br>武凶破 | 天日喜<br>兵祿神 | 丁丑 |
| 路會天<br>空合地 | 路司三<br>空命合 | 元天進<br>武賊虛 | 天貴日<br>牢人沖 | 少貴玉<br>微人堂 | 六帝三<br>戊旺合 | 戊寅 |

## 乙巳年每日時局表

| 巳 | 辰 | 卯 | 寅 | 丑 | 子 | 時／日 |
|---|---|---|---|---|---|---|
| 日馬 朱雀 大退 | 雷兵 天刑 六戊 | 天赦 明堂 日建 | 喜神 青龍 天兵 | 武曲 勾陳 不遇 | 大進 貴人 司命 | 己卯 |
| 長生 明堂 功曹 | 青龍 日建 地兵 | 大進 胞胎 逢印 | 司命 日馬 六戊 | 天赦 貴人 元武 | 三合 喜神 天兵 | 庚辰 |
| 進貴 福星 路空 | 司命 進貴 路空 | 貪狼 天賊 元武 | 貴人 天牢 地兵 | 三合 玉堂 少微 | 長生 白虎 六戊 | 辛巳 |
| 貴人 長生 元武 | 福星 武曲 天牢 | 玉堂 貴人 路空 | 三合 臨官 路空 | 進貴 寶光 日煞 | 日沖 大凶 地兵 | 壬午 |
| 玉堂 貴人 大退 | 天官 喜神 天兵 | 三合 寶光 貴人 | 金匱 福星 進貴 | 日破 大凶 路空 | 大進 日祿 路空 | 癸未 |
| 天地 合格 寶光 | 三合 財局 六戊 | 天赦 帝旺 傳送 | 日沖 大凶 朱雀 | 羅紋 交貴 明堂 | 大進 青龍 路空 | 甲申 |
| 三合 朱雀 不遇 | 天地 會合 地兵 | 日沖 大凶 五鬼 | 青龍 雷兵 六戊 | 三合 進貴 福星 | 羅紋 交貴 天兵 | 乙酉 |
| 明堂 日祿 路空 | 日破 大凶 路空 | 天地 合局 勾陳 | 三合 司命 地兵 | 太陰 元武 日刑 | 天官 福星 六戊 | 丙戌 |
| 日沖 大凶 勾陳 | 司命 功曹 右弼 | 三合 元武 路空 | 天地 會合 路空 | 玉堂 唐符 少微 | 貪狼 白虎 地兵 | 丁亥 |
| 天赦 日祿 元武 | 三合 喜神 天兵 | 玉堂 天官 進貴 | 長生 日馬 六戊 | 六合 貴人 路空 | 大進 金匱 路空 | 戊子 |
| 三合 玉堂 帝旺 | 進貴 白虎 六戊 | 天赦 寶光 天德 | 喜神 金匱 天兵 | 唐符 不遇 朱雀 | 大進 羅紋 合貴 | 己丑 |
| 長生 寶光 進貴 | 金匱 福德 地兵 | 大進 胞胎 逢印 | 長生 雷兵 六戊 | 天赦 貴人 明堂 | 喜神 青龍 天兵 | 庚寅 |
| 福星 朱雀 路空 | 進貴 天刑 路空 | 明堂 同類 相資 | 青龍 貴人 地兵 | 武曲 勾陳 太陰 | 司命 雷兵 六戊 | 辛卯 |
| 明堂 貴人 天賊 | 福星 青龍 建刑 | 福星 貴人 路空 | 司命 臨官 路空 | 天官 水星 元武 | 三合 天牢 地兵 | 壬辰 |
| 天赦 貴人 大退 | 司命 喜神 天兵 | 長生 福星 貴人 | 天賊 天牢 日刑 | 三合 玉堂 路空 | 大進 日祿 路空 | 癸巳 |

## 乙巳年每日時局表

| 亥 | 戌 | 酉 | 申 | 未 | 午 | 時／日 |
|---|---|---|---|---|---|---|
| 三合 進祿 不遇 | 天地 合局 天牢 | 日沖 大凶 路空 | 羅紋 交貴 路空 | 三合 寶光 福星 | 金匱 日祿 地兵 | 己卯 |
| 天赦 玉堂 傳送 | 日破 大凶 白虎 | 天地 會合 寶光 | 三合 日祿 金匱 | 貴人 朱雀 路空 | 福星 天官 路空 | 庚辰 |
| 日沖 大凶 勿用 | 金匱 雷兵 六戊 | 三合 日祿 天赦 | 六合 喜神 天兵 | 明堂 武曲 明輔 | 大進 貴人 青龍 | 辛巳 |
| 祿貴 交馳 朱雀 | 三合 天刑 地兵 | 大進 明堂 進祿 | 青龍 日馬 六戊 | 天地 會合 天赦 | 喜神 司命 天兵 | 壬午 |
| 三合 明堂 路空 | 天官 青龍 路空 | 五鬼 勾陳 旬空 | 司命 進貴 地兵 | 唐符 不遇 元武 | 六合 進貴 六戊 | 癸未 |
| 六甲 趨乾 進貴 | 司命 鳳輦 國印 | 天官 元武 路空 | 長生 天賊 路空 | 玉堂 貴人 狗食 | 進祿 不遇 地兵 | 甲申 |
| 福星 天赦 元武 | 喜神 進貴 天兵 | 玉堂 少微 建刑 | 天官 貴人 白虎 | 天德 寶光 路空 | 金匱 長生 路空 | 乙酉 |
| 玉堂 貴人 大退 | 福星 武曲 六戊 | 寶光 貴人 天赦 | 喜神 金匱 天兵 | 少微 朱雀 日刑 | 三合 大進 帝旺 | 丙戌 |
| 天官 寶光 貴人 | 金匱 福德 地兵 | 大進 貴人 福星 | 雷兵 天刑 六戊 | 三合 天赦 明堂 | 祿貴 交馳 天兵 | 丁亥 |
| 少微 朱雀 路空 | 右弼 天刑 路空 | 明堂 貪狼 天賊 | 三合 青龍 地兵 | 羅紋 交貴 勾陳 | 日沖 大凶 六戊 | 戊子 |
| 明堂 日馬 不遇 | 青龍 進貴 日刑 | 三合 長生 路空 | 司命 貴人 路空 | 日破 大凶 旬空 | 祿貴 交馳 地兵 | 己丑 |
| 六合 天赦 勾陳 | 喜神 司命 天兵 | 金星 帝旺 天武 | 日沖 大凶 天牢 | 玉堂 貴人 路空 | 三合 福星 路空 | 庚寅 |
| 三合 元武 大退 | 六合 天牢 六戊 | 日沖 大凶 不遇 | 喜神 白虎 天兵 | 三合 財局 寶光 | 大進 貴人 金匱 | 辛卯 |
| 玉堂 日祿 少微 | 日破 大凶 白虎 | 六合 大進 寶光 | 三合 長生 六戊 | 天官 天赦 朱雀 | 唐符 喜神 天兵 | 壬辰 |
| 日沖 大凶 路空 | 天官 金匱 路空 | 三合 朱雀 五鬼 | 六合 長生 地兵 | 明堂 唐符 不遇 | 青龍 進祿 六戊 | 癸巳 |

## 乙巳年每日時局表

| 巳 | 辰 | 卯 | 寅 | 丑 | 子 | 時／日 |
|---|---|---|---|---|---|---|
| 進祿 大退 狗食 | 雷兵 天牢 六戊 | 玉堂 天赦 帝旺 | 喜神 司命 天兵 | 天德 寶光 貴人 | 日沖 大凶 勿用 | 甲午 |
| 日馬 玉堂 不遇 | 進貴 白虎 地兵 | 三合 大進 日祿 | 金匱 進貴 六戊 | 日破 大凶 朱雀 | 喜神 貴人 天兵 | 乙未 |
| 寶光 日祿 路空 | 三合 金匱 路空 | 紫微 貪狼 朱雀 | 日沖 大凶 天刑 | 明堂 進貴 右弼 | 福星 青龍 六戊 | 丙申 |
| 三合 生旺 朱雀 | 六合 武曲 天刑 | 日沖 大凶 路空 | 青龍 大退 路空 | 三合 進祿 勾陳 | 司命 鳳輦 地兵 | 丁酉 |
| 明堂 日祿 天赦 | 日破 大凶 旬空 | 天官 六合 勾陳 | 三合 司命 不遇 | 貴人 元武 路空 | 大進 天牢 路空 | 戊戌 |
| 日沖 大凶 旬空 | 司命 雷兵 六戊 | 三合 進貴 天赦 | 喜神 進貴 天兵 | 玉堂 少微 不遇 | 大進 貴人 白虎 | 己亥 |
| 長生 太陰 元武 | 三合 天牢 地兵 | 大進 玉堂 進貴 | 日馬 白虎 六戊 | 天赦 貴人 寶光 | 金匱 天兵 喜神 | 庚子 |
| 三合 福星 路空 | 唐符 路空 白虎 | 天德 寶光 比肩 | 羅紋 交貴 地兵 | 太陰 日建 朱雀 | 長生 進貴 六戊 | 辛丑 |
| 天德 寶光 貴人 | 金匱 福星 進祿 | 貴人 朱雀 路空 | 六壬 趨艮 路空 | 明堂 天官 進貴 | 青龍 貪狼 地兵 | 壬寅 |
| 天赦 貴人 大退 | 喜神 武曲 天兵 | 祿貴 交馳 明堂 | 青龍 左輔 狗食 | 進貴 勾陳 路空 | 大進 進祿 路空 | 癸卯 |
| 明堂 五鬼 大退 | 青龍 雷兵 六戊 | 天赦 帝旺 勾陳 | 福星 日祿 天兵 | 貴人 太陰 元武 | 三合 大進 天牢 | 甲辰 |
| 少微 左輔 勾陳 | 司命 狗食 地兵 | 元祿 大進 日武 | 進祿 雷兵 六戊 | 三合 天赦 玉堂 | 祿貴 交馳 天兵 | 乙巳 |
| 日祿 金星 路空 | 武曲 不遇 路空 | 玉堂 進貴 少微 | 三合 長生 地兵 | 寶光 天德 進祿 | 日沖 大凶 六戊 | 丙午 |
| 日馬 帝旺 玉堂 | 進貴 不遇 白虎 | 三合 寶光 路空 | 金匱 臨官 路空 | 日破 大凶 朱雀 | 進貴 天刑 地兵 | 丁未 |
| 六合 日祿 寶光 | 喜神 金匱 天兵 | 天官 進貴 朱雀 | 日沖 大凶 天刑 | 明堂 貴人 路空 | 大進 青龍 路空 | 戊申 |

## 乙巳年每日時局表

| 亥 | 戌 | 酉 | 申 | 未 | 午 | 時／日 |
|---|---|---|---|---|---|---|
| 長生 左輔 朱雀 | 三合 右弼 天刑 | 天官 明堂 路空 | 青龍 日馬 路空 | 羅紋 交貴 勾陳 | 司命 不遇 地兵 | 甲午 |
| 三合 明堂 福星 | 喜神 青龍 天兵 | 太陽 比肩 勾陳 | 羅紋 交貴 司命 | 右弼 元武 路空 | 六合 長生 路空 | 乙未 |
| 羅紋 交貴 天退 | 司命 福星 六戊 | 天赦 貴人 元武 | 喜神 天兵 天牢 | 玉堂 進貴 狗食 | 大進 武曲 白虎 | 丙申 |
| 天官 貴人 元武 | 右弼 天牢 地兵 | 大進 玉堂 福星 | 雷兵 白虎 六戊 | 天赦 進貴 寶光 | 喜神 祿貴 天兵 | 丁酉 |
| 玉堂 少微 路空 | 武曲 白虎 路空 | 天德 寶光 天賊 | 金匱 福星 地兵 | 貴人 右弼 朱雀 | 三合 帝旺 六戊 | 戊戌 |
| 天德 寶光 建刑 | 金匱 福德 狗食 | 長生 朱雀 路空 | 祿貴 交馳 路空 | 三合 明堂 福星 | 青龍 日祿 地兵 | 己亥 |
| 天赦 左輔 朱雀 | 喜神 不遇 天兵 | 明堂 帝旺 進貴 | 三合 日祿 青龍 | 貴人 進祿 路空 | 日沖 大凶 路空 | 庚子 |
| 明堂 日馬 大退 | 青龍 六戊 雷兵 | 三合 天赦 日祿 | 喜神 司命 天兵 | 日破 大凶 玄武 | 羅紋 交貴 大進 | 辛丑 |
| 祿貴 交馳 六合 | 三合 司命 地兵 | 大進 傳送 天武 | 日沖 大凶 勿用 | 玉堂 天官 天赦 | 喜神 三合 天兵 | 壬寅 |
| 三合 生旺 路空 | 六合 進貴 路空 | 日沖 大凶 五鬼 | 國印 白虎 地兵 | 三合 寶光 天德 | 金匱 雷兵 六戊 | 癸卯 |
| 六申 趨乾 玉堂 | 日破 大凶 白虎 | 六合 寶光 路空 | 三合 金匱 路空 | 天官 貴人 朱雀 | 貪狼 天刑 地兵 | 甲辰 |
| 日沖 大凶 勿用 | 喜神 金匱 天兵 | 三合 太陽 朱雀 | 六合 貴人 天賊 | 明堂 進貴 路空 | 青龍 長生 路空 | 乙巳 |
| 祿貴 交馳 朱雀 | 三合 福星 六戊 | 明堂 貴人 天赦 | 喜神 青龍 天兵 | 六合 長生 勾陳 | 大進 司命 帝旺 | 丙午 |
| 三合 明堂 貴人 | 青龍 進貴 地兵 | 大進 貴人 福星 | 司命 進貴 六戊 | 同類 相資 元武 | 喜神 日祿 天兵 | 丁未 |
| 少微 勾陳 路空 | 司命 鳳輦 路空 | 功曹 元武 五鬼 | 福星 進祿 地兵 | 羅紋 交貴 玉堂 | 帝旺 白虎 六戊 | 戊申 |

## 乙巳年每日時局表

| 時／日 | 子 | 丑 | 寅 | 卯 | 辰 | 巳 |
|---|---|---|---|---|---|---|
| 己酉 | 大進 貴人 司命 | 三合 唐符 不遇 | 喜神 青龍 天兵 | 日破 大凶 旬空 | 六合 雷兵 六戊 | 三合 生旺 朱雀 |
| 庚戌 | 喜神 天牢 天兵 | 天赦 貴人 元武 | 三合 司命 六戊 | 六合 大進 勾陳 | 日破 大凶 地兵 | 長生 明堂 傳送 |
| 辛亥 | 長生 白虎 六戊 | 玉堂 少微 五鬼 | 六合 貴人 天兵 | 三合 元武 天賊 | 司命 進祿 路空 | 日破 大凶 路空 |
| 壬子 | 金匱 福德 地福 | 六合 天德 寶光 | 趨艮 白虎 路空 | 祿貴 交馳 路空 | 三合 福星 武曲 | 羅紋 交貴 天賊 |
| 癸丑 | 大進 日祿 路空 | 同類 相資 路空 | 金匱 進貴 天賊 | 福星 貴人 寶光 | 喜神 白虎 天兵 | 三合 貴人 玉堂 |
| 甲寅 | 大進 青龍 進祿 | 明堂 貴人 右弼 | 喜神 日祿 天兵 | 天赦 帝旺 朱雀 | 金匱 雷兵 六戊 | 寶光 大退 日刑 |
| 乙卯 | 司命 貴人 天兵 | 天赦 福星 勾陳 | 青龍 雷兵 六戊 | 大進 日祿 明堂 | 武曲 天刑 地兵 | 日馬 少微 朱雀 |
| 丙辰 | 三合 福星 六戊 | 國印 元武 旬空 | 長生 司命 地兵 | 幹合 勾陳 日害 | 青龍 建刑 路空 | 明堂 日祿 路空 |
| 丁巳 | 貪狼 白虎 地兵 | 三合 玉堂 少微 | 進貴 大退 路空 | 進貴 元武 路空 | 司命 傳送 右弼 | 帝旺 左輔 勾陳 |
| 戊午 | 日破 大凶 路空 | 寶光 貴人 路空 | 三合 生旺 白虎 | 玉堂 天官 少微 | 喜神 武曲 天兵 | 日祿 天赦 元武 |
| 己未 | 大進 羅紋 交貴 | 日破 大凶 朱雀 | 喜神 金匱 天兵 | 三合 寶光 天赦 | 進貴 白虎 六戊 | 帝旺 玉堂 大退 |
| 庚申 | 三合 青龍 天兵 | 明堂 貴人 天赦 | 日破 大凶 六戊 | 大進 進貴 天賊 | 三合 金匱 地兵 | 六合 長生 寶光 |
| 辛酉 | 司命 長生 六戊 | 三合 武曲 勾陳 | 青龍 貴人 地兵 | 日沖 大凶 勿用 | 六合 天刑 路空 | 三合 福星 路空 |
| 壬戌 | 帝旺 天牢 地兵 | 天官 水星 元武 | 三合 司命 路空 | 六合 貴人 路空 | 日破 大凶 勿用 | 明堂 貴人 天賊 |
| 癸亥 | 大進 日祿 路空 | 玉堂 少微 路空 | 六合 臨官 天牢 | 三合 長生 貴人 | 喜神 司命 天兵 | 日破 大凶 勾陳 |

## 乙巳年每日時局表

| 亥 | 戌 | 酉 | 申 | 未 | 午 | 時／日 |
|---|---|---|---|---|---|---|
| 馬元 不遇 元武 | 右弼 太陰 天牢 | 長生 玉堂 路空 | 貴人 路空 白虎 | 福星 寶光 進祿 | 金匱 日祿 地兵 | 己酉 |
| 玉堂 天赦 少微 | 喜神 白虎 天兵 | 天德 寶光 帝旺 | 金匱 日祿 馬元 | 貴人 朱雀 路空 | 福星 天官 路空 | 庚戌 |
| 天德 寶光 大退 | 金匱 雷兵 六戊 | 天赦 日祿 進貴 | 喜神 明堂 天兵 | 三合 明堂 武曲 | 大進 貴人 青龍 | 辛亥 |
| 日祿 少微 朱雀 | 右弼 天刑 地兵 | 大進 進貴 明堂 | 三合 青龍 六戊 | 天赦 天官 勾陳 | 日破 大凶 天兵 | 壬子 |
| 明堂 日馬 路空 | 青龍 日刑 路空 | 三合 扶元 勾陳 | 司命 進貴 天兵 | 日破 大凶 玄武 | 進貴 天牢 六戊 | 癸丑 |
| 六合 長生 勾陳 | 三合 司命 進祿 | 天官 唐符 路空 | 日破 大凶 路空 | 羅紋 交貴 玉堂 | 三合 白虎 地兵 | 甲寅 |
| 天赦 三合 福星 | 喜神 六合 天兵 | 日沖 大凶 勿用 | 貴人 白虎 大退 | 三合 寶光 路空 | 長生 金匱 路空 | 乙卯 |
| 玉堂 貴人 大退 | 日破 大凶 六戊 | 天赦 貴人 寶光 | 喜神 金匱 天兵 | 少微 右彈 朱雀 | 大進 帝旺 天刑 | 丙辰 |
| 日破 大凶 五鬼 | 金匱 福德 地兵 | 三合 大進 貴人 | 六合 進祿 六戊 | 天赦 明堂 武曲 | 喜神 日祿 天兵 | 丁巳 |
| 少微 朱雀 路空 | 三合 財局 路空 | 明堂 貪狼 進貴 | 青龍 福星 地兵 | 祿貴 交馳 勾陳 | 司命 帝旺 六戊 | 戊午 |
| 三合 明堂 不遇 | 青龍 進貴 日刑 | 長生 勾陳 路空 | 司命 貴人 路空 | 福星 右弼 元武 | 祿貴 交馳 地兵 | 己未 |
| 天赦 水星 勾陳 | 喜神 司命 天兵 | 帝旺 進貴 元武 | 日祿 太陽 天牢 | 玉堂 貴人 路空 | 福星 天官 路空 | 庚申 |
| 日馬 元武 大退 | 雷兵 天牢 六戊 | 祿貴 交馳 天赦 | 喜神 進貴 天兵 | 天德 寶光 黃道 | 大進 貴人 金匱 | 辛酉 |
| 玉堂 日祿 少微 | 武曲 白虎 地兵 | 六進 天德 寶光 | 金匱 日馬 六戊 | 天官 天赦 朱雀 | 喜神 三合 天兵 | 壬戌 |
| 寶光 帝旺 路空 | 金匱 進祿 路空 | 進馬 朱雀 五鬼 | 國印 天刑 地兵 | 三合 明堂 不遇 | 青龍 雷兵 六戊 | 癸亥 |

四

# 財喜貴方

# 如何運用財喜貴方

吉祥方位與煞方，也就是一般說的財喜貴方與煞方。傳統上認為，每個方位每天都有不同的吉凶神輪值。一般來說吉神方位有**財神**、**喜門**、**貴門**、**文昌**、**正財**與**偏財**，而凶神則有**煞方**。

以二〇二五年國曆一月五日這天來說，這天的財神在**東南方**，正財在**東北方**。這兩個方位關係到正財的部分，也就是平常正規的收入。所以如果今天正好是關係到加薪，或是談生意的日子，那出門後就可選擇往財神或正財的所在方位並避開煞方（這天在**正北方**），走路或開車三到五分鐘，就可以承接到財神的財氣。

**偏財方**關係的是偏財的進帳，像是賺外快或者是買彩券的人，出門時可以先往今天的偏財方走，便大大的增加中獎的機率。

**喜門**是喜事的方位，想要求婚、提親或者是告白甚至是第一次約會的人，出門前可以先往喜門的方位走，可以增加成功的機率。

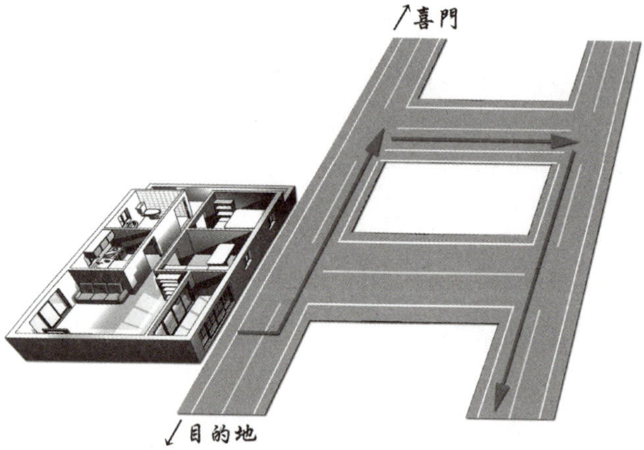


有特定目的時，先往有利之方位移動三到五分鐘，再前往目的地。例如想要告白者，出門後可以先往喜門方向移動，再前往約會場所。

**貴門**是貴人的方位，希望貴人運強一點的，則可以往貴門的方向走，就可以招來更強的貴人運，避開小人，讓你工作更順利。

**文昌**關係到考試、讀書等事情，有考試的考生或是工作上要參加升等考試，出門前可以先往今天的文昌方位走，除了能為自己增加一些分數外，也具有穩定自己軍心的作用。

**煞方**則是當日凶神所在的地方，要盡量避免往該方面活動，以免好事多磨，壞事折磨，如果無可避免的要往那個方位走，那麼出門前不妨多繞一點路，先往其他的好方位走，再轉往目的地，以避免沾染不好的氣場。

有特定目的時，先往有利之方位移動三到五分鐘，再前往目的地。例如想要告白者，出門後可以先往喜門方向移動，再前往約會場所。

目的地為煞方時，先往有利之方位移動三到五分鐘，再前往目的地。例如目的地為煞方，出門後可先往財位方向移動，再前往原目的地。

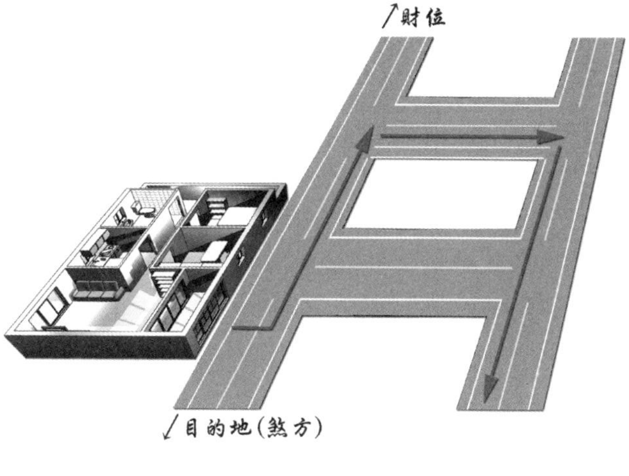


目的地為煞方時，先往有利之方位移動三到五分鐘，再前往目的地。例如目的地為煞方，出門後可先往財位方向移動，再前往原目的地。

## 乙巳年財喜貴煞方位表

| 二〇二五國曆一月 | 農曆十二月小 | 支干 | 財神 | 喜門 | 貴門 | 文昌 | 正財 | 偏財 | 煞方 |
|---|---|---|---|---|---|---|---|---|---|
| 1 | 初二 | 庚午 | 正東 | 西北 | 西南 | 西北 | 西南 | 正東 | 正北 |
| 2 | 初三 | 辛未 | 正東 | 西南 | 正南 | 正北 | 正西 | 正東 | 正西 |
| 3 | 初四 | 壬申 | 正南 | 正南 | 正東 | 東北 | 西北 | 正南 | 正南 |
| 4 | 初五 | 癸酉 | 正南 | 東南 | 東南 | 正東 | 正北 | 正南 | 正東 |
| 5 | 初六 | 甲戌 | 東南 | 東北 | 東北 | 東南 | 東北 | 中央 | 正北 |
| 6 | 初七 | 乙亥 | 東南 | 西北 | 西南 | 正南 | 正東 | 中央 | 正西 |
| 7 | 初八 | 丙子 | 正西 | 西南 | 正西 | 西南 | 東南 | 正西 | 正南 |
| 8 | 初九 | 丁丑 | 正西 | 正南 | 西北 | 正西 | 正南 | 正西 | 正東 |
| 9 | 初十 | 戊寅 | 正北 | 東南 | 東北 | 西南 | 東南 | 正北 | 正北 |
| 10 | 十一 | 己卯 | 正北 | 東北 | 西南 | 正西 | 正南 | 正北 | 正西 |
| 11 | 十二 | 庚辰 | 正東 | 西北 | 東北 | 西北 | 西南 | 正東 | 正南 |
| 12 | 十三 | 辛巳 | 正東 | 西南 | 東北 | 正北 | 西南 | 正東 | 正東 |
| 13 | 十四 | 壬午 | 正南 | 正南 | 正東 | 東北 | 西北 | 正南 | 正北 |
| 14 | 十五 | 癸未 | 正南 | 東南 | 正東 | 正東 | 正北 | 正南 | 正西 |
| 15 | 十六 | 甲申 | 東南 | 東北 | 西南 | 東南 | 東北 | 中央 | 正南 |

## 乙巳年財喜貴煞方位表

| 二〇二五 國曆一月 | 農曆 十二月小 | 支干 | 財神 | 喜門 | 貴門 | 文昌 | 正財 | 偏財 | 煞方 |
|---|---|---|---|---|---|---|---|---|---|
| 16 | 十七 | 乙酉 | 東南 | 西北 | 西南 | 正南 | 正東 | 中央 | 正東 |
| 17 | 十八 | 丙戌 | 正西 | 西南 | 正西 | 西南 | 東南 | 正西 | 正北 |
| 18 | 十九 | 丁亥 | 正西 | 正南 | 正西 | 正西 | 正南 | 正西 | 正西 |
| 19 | 二十 | 戊子 | 正北 | 東南 | 東北 | 西北 | 西南 | 正東 | 正南 |
| 20 | 廿一 | 己丑 | 正北 | 東北 | 正北 | 正北 | 正西 | 正東 | 正東 |
| 21 | 廿二 | 庚寅 | 正東 | 西北 | 東北 | 東北 | 西北 | 正南 | 正北 |
| 22 | 廿三 | 辛卯 | 正東 | 西南 | 東北 | 正東 | 正北 | 正南 | 正西 |
| 23 | 廿四 | 壬辰 | 正南 | 正南 | 正東 | 東南 | 東北 | 中央 | 正南 |
| 24 | 廿五 | 癸巳 | 正南 | 東南 | 東南 | 正南 | 正東 | 中央 | 正東 |
| 25 | 廿六 | 甲午 | 東南 | 東北 | 西南 | 西南 | 東南 | 正西 | 正北 |
| 26 | 廿七 | 乙未 | 東南 | 西北 | 西南 | 正南 | 正東 | 中央 | 正西 |
| 27 | 廿八 | 丙申 | 正西 | 西南 | 正西 | 西南 | 東南 | 正西 | 正南 |
| 28 | 廿九 | 丁酉 | 正西 | 正南 | 西北 | 正西 | 正南 | 正西 | 正東 |
| 29 | 正月 | 戊戌 | 正北 | 東南 | 東北 | 西南 | 東南 | 正北 | 正北 |
| 30 | 初二 | 己亥 | 正北 | 東北 | 西南 | 正西 | 正南 | 正北 | 正西 |
| 31 | 初三 | 庚子 | 正東 | 西北 | 東北 | 西北 | 西南 | 正東 | 正南 |

## 乙巳年財喜貴煞方位表

| 二〇二五國曆二月 | 農曆正月大 | 支干 | 財神 | 喜門 | 貴門 | 文昌 | 正財 | 偏財 | 煞方 |
|---|---|---|---|---|---|---|---|---|---|
| 1 | **初四** | 辛丑 | 正東 | 西南 | 東北 | 正北 | 正西 | 正東 | 正東 |
| 2 | **初五** | 壬寅 | 正南 | 正南 | 正東 | 東北 | 西北 | 正南 | 正北 |
| 3 | **初六** | 癸卯 | 正南 | 東南 | 正東 | 正東 | 正北 | 正南 | 正西 |
| 4 | **初七** | 甲辰 | 東南 | 東北 | 西南 | 東南 | 東北 | 中央 | 正南 |
| 5 | **初八** | 乙巳 | 東南 | 西北 | 正北 | 正南 | 正東 | 中央 | 正東 |
| 6 | **初九** | 丙午 | 正西 | 西南 | 西北 | 西南 | 東南 | 正西 | 正北 |
| 7 | **初十** | 丁未 | 正西 | 正南 | 西北 | 正西 | 正南 | 正西 | 正西 |
| 8 | **十一** | 戊申 | 正北 | 東南 | 西南 | 西南 | 東南 | 正南 | 正南 |
| 9 | **十二** | 己酉 | 正北 | 東北 | 西南 | 正西 | 正南 | 正北 | 正東 |
| 10 | **十三** | 庚戌 | 正東 | 西北 | 西南 | 西北 | 西南 | 正東 | 正北 |
| 11 | **十四** | 辛亥 | 正東 | 西南 | 正南 | 正北 | 正西 | 正東 | 正西 |
| 12 | **十五** | 壬子 | 正南 | 正南 | 正東 | 東北 | 西北 | 正南 | 正南 |
| 13 | **十六** | 癸丑 | 正南 | 東南 | 正東 | 正東 | 正北 | 正南 | 正東 |
| 14 | **十七** | 甲寅 | 東南 | 東北 | 東北 | 東南 | 東北 | 中央 | 正北 |
| 15 | **十八** | 乙卯 | 東南 | 西北 | 西南 | 正南 | 正東 | 中央 | 正西 |

## 乙巳年財喜貴煞方位表

| 二〇二五 國曆二月 | 農曆 正月大 | 支干 | 財神 | 喜門 | 貴門 | 文昌 | 正財 | 偏財 | 煞方 |
|---|---|---|---|---|---|---|---|---|---|
| 16 | 十九 | 丙辰 | 正西 | 西南 | 正西 | 西南 | 東南 | 正西 | 正南 |
| 17 | 二十 | 丁巳 | 正西 | 正南 | 正西 | 正西 | 正南 | 正西 | 正東 |
| 18 | 廿一 | 戊午 | 正北 | 東南 | 西南 | 西南 | 東南 | 正北 | 正北 |
| 19 | 廿二 | 己未 | 正北 | 東北 | 西南 | 正西 | 正南 | 正北 | 正西 |
| 20 | 廿三 | 庚申 | 正東 | 西北 | 西南 | 西北 | 西南 | 正東 | 正南 |
| 21 | 廿四 | 辛酉 | 正東 | 西南 | 東北 | 正北 | 正西 | 正東 | 正東 |
| 22 | 廿五 | 壬戌 | 正南 | 正南 | 正東 | 東北 | 西北 | 正南 | 正北 |
| 23 | 廿六 | 癸亥 | 正南 | 東南 | 正東 | 正東 | 正北 | 正南 | 正西 |
| 24 | 廿七 | 甲子 | 東南 | 東北 | 東北 | 東南 | 東北 | 中央 | 正南 |
| 25 | 廿八 | 乙丑 | 東南 | 西北 | 正北 | 正南 | 正東 | 中央 | 正東 |
| 26 | 廿九 | 丙寅 | 正西 | 西南 | 正西 | 西南 | 東南 | 正西 | 正北 |
| 27 | 三十 | 丁卯 | 正西 | 正南 | 西北 | 正西 | 正南 | 正西 | 正西 |
| 28 | 二月 | 戊辰 | 正北 | 東南 | 東北 | 正北 | 東南 | 正北 | 正南 |

## 乙巳年財喜貴煞方位表

| 二〇二五國曆三月 | 農曆二月小 | 支干 | 財神 | 喜門 | 貴門 | 文昌 | 正財 | 偏財 | 煞方 |
|---|---|---|---|---|---|---|---|---|---|
| 1 | 初二 | 己巳 | 正北 | 東北 | 西南 | 正西 | 正南 | 正北 | 正東 |
| 2 | 初三 | 庚午 | 正東 | 西北 | 西南 | 西北 | 西南 | 正東 | 正北 |
| 3 | 初四 | 辛未 | 正東 | 西南 | 正南 | 正北 | 正西 | 正東 | 正西 |
| 4 | 初五 | 壬申 | 正南 | 正南 | 正東 | 東北 | 西北 | 正南 | 正南 |
| 5 | 初六 | 癸酉 | 正南 | 東南 | 東南 | 正東 | 正北 | 正南 | 正東 |
| 6 | 初七 | 甲戌 | 東南 | 東北 | 東北 | 東南 | 東北 | 中央 | 正北 |
| 7 | 初八 | 乙亥 | 東南 | 西北 | 西南 | 正南 | 正東 | 中央 | 正西 |
| 8 | 初九 | 丙子 | 正西 | 西南 | 正西 | 西南 | 東南 | 正西 | 正南 |
| 9 | 初十 | 丁丑 | 正西 | 正南 | 西北 | 正西 | 正南 | 正西 | 正東 |
| 10 | 十一 | 戊寅 | 正北 | 東南 | 東北 | 西南 | 東南 | 正北 | 正北 |
| 11 | 十二 | 己卯 | 正北 | 東北 | 西南 | 正西 | 正南 | 正北 | 正西 |
| 12 | 十三 | 庚辰 | 正東 | 西北 | 東北 | 西北 | 西南 | 正東 | 正南 |
| 13 | 十四 | 辛巳 | 正東 | 西南 | 東北 | 正北 | 西南 | 正東 | 正東 |
| 14 | 十五 | 壬午 | 正南 | 正南 | 正東 | 東北 | 西北 | 正南 | 正北 |
| 15 | 十六 | 癸未 | 正南 | 東南 | 正東 | 正東 | 正北 | 正南 | 正西 |

## 乙巳年財喜貴煞方位表

| 二〇二五國曆三月 | 農曆二月小 | 支干 | 財神 | 喜門 | 貴門 | 文昌 | 正財 | 偏財 | 煞方 |
|---|---|---|---|---|---|---|---|---|---|
| 16 | 十七 | 甲申 | 東南 | 東北 | 西南 | 東南 | 東北 | 中央 | 正南 |
| 17 | 十八 | 乙酉 | 東南 | 西北 | 西南 | 正南 | 正東 | 中央 | 正東 |
| 18 | 十九 | 丙戌 | 正西 | 西南 | 正西 | 西南 | 東南 | 正西 | 正北 |
| 19 | 二十 | 丁亥 | 正西 | 正南 | 正西 | 正西 | 正南 | 正西 | 正西 |
| 20 | 廿一 | 戊子 | 正北 | 東南 | 東北 | 西北 | 西南 | 正東 | 正南 |
| 21 | 廿二 | 己丑 | 正北 | 東北 | 正北 | 正北 | 正西 | 正東 | 正東 |
| 22 | 廿三 | 庚寅 | 正東 | 西北 | 東北 | 東北 | 西北 | 正南 | 正北 |
| 23 | 廿四 | 辛卯 | 正東 | 西南 | 東北 | 正東 | 正北 | 正南 | 正西 |
| 24 | 廿五 | 壬辰 | 正南 | 正南 | 正東 | 東南 | 東北 | 中央 | 正南 |
| 25 | 廿六 | 癸巳 | 正南 | 東南 | 東南 | 正南 | 正東 | 中央 | 正東 |
| 26 | 廿七 | 甲午 | 東南 | 東北 | 西南 | 西南 | 東南 | 正西 | 正北 |
| 27 | 廿八 | 乙未 | 東南 | 西北 | 西南 | 正南 | 正東 | 中央 | 正西 |
| 28 | 廿九 | 丙申 | 正西 | 西南 | 正西 | 西南 | 東南 | 正西 | 正南 |
| 29 | 三月 | 丁酉 | 正西 | 正南 | 西北 | 正西 | 正南 | 正西 | 正東 |
| 30 | 初二 | 戊戌 | 正北 | 東南 | 東北 | 西南 | 東南 | 正北 | 正北 |
| 31 | 初三 | 己亥 | 正北 | 東北 | 西南 | 正西 | 正南 | 正北 | 正西 |

## 乙巳年財喜貴煞方位表

| 二〇二五國曆四月 | 農曆三月大 | 支干 | 財神 | 喜門 | 貴門 | 文昌 | 正財 | 偏財 | 煞方 |
|---|---|---|---|---|---|---|---|---|---|
| 1 | **初四** | 庚子 | 正東 | 西北 | 東北 | 西北 | 西南 | 正東 | 正南 |
| 2 | **初五** | 辛丑 | 正東 | 西南 | 東北 | 正北 | 正西 | 正東 | 正東 |
| 3 | **初六** | 壬寅 | 正南 | 正南 | 正東 | 東北 | 西北 | 正南 | 正北 |
| 4 | **初七** | 癸卯 | 正南 | 東南 | 正東 | 正東 | 正北 | 正南 | 正西 |
| 5 | **初八** | 甲辰 | 東南 | 東北 | 西南 | 東南 | 東北 | 中央 | 正南 |
| 6 | **初九** | 乙巳 | 東南 | 西北 | 正北 | 正南 | 正東 | 中央 | 正東 |
| 7 | **初十** | 丙午 | 正西 | 西南 | 西北 | 西南 | 東南 | 正西 | 正北 |
| 8 | **十一** | 丁未 | 正西 | 正南 | 西北 | 正西 | 正南 | 正西 | 正西 |
| 9 | **十二** | 戊申 | 正北 | 東南 | 西南 | 西南 | 東南 | 正南 | 正南 |
| 10 | **十三** | 己酉 | 正北 | 東北 | 西南 | 正西 | 正南 | 正北 | 正東 |
| 11 | **十四** | 庚戌 | 正東 | 西北 | 西南 | 西北 | 西南 | 正東 | 正北 |
| 12 | **十五** | 辛亥 | 正東 | 西南 | 正南 | 正北 | 正西 | 正東 | 正西 |
| 13 | **十六** | 壬子 | 正南 | 正南 | 正東 | 東北 | 西北 | 正南 | 正南 |
| 14 | **十七** | 癸丑 | 正南 | 東南 | 正東 | 正東 | 正北 | 正南 | 正東 |
| 15 | **十八** | 甲寅 | 東南 | 東北 | 東北 | 東南 | 東北 | 中央 | 正北 |

## 乙巳年財喜貴煞方位表

| 煞方 | 偏財 | 正財 | 文昌 | 貴門 | 喜門 | 財神 | 支干 | 農曆三月大 | 二〇二五國曆四月 |
|---|---|---|---|---|---|---|---|---|---|
| 正西 | 中央 | 正東 | 正南 | 西南 | 西北 | 東南 | 乙卯 | 十九 | 16 |
| 正南 | 正西 | 東南 | 西南 | 正西 | 西南 | 正西 | 丙辰 | 二十 | 17 |
| 正東 | 正西 | 正南 | 正西 | 正西 | 正南 | 正西 | 丁巳 | 廿一 | 18 |
| 正北 | 正北 | 東南 | 西南 | 西南 | 東南 | 正北 | 戊午 | 廿二 | 19 |
| 正西 | 正北 | 正南 | 正西 | 西南 | 東北 | 正北 | 己未 | 廿三 | 20 |
| 正南 | 正東 | 西南 | 西北 | 西南 | 西北 | 正東 | 庚申 | 廿四 | 21 |
| 正東 | 正東 | 正西 | 正北 | 東北 | 西南 | 正東 | 辛酉 | 廿五 | 22 |
| 正北 | 正南 | 西北 | 東北 | 正東 | 正南 | 正南 | 壬戌 | 廿六 | 23 |
| 正西 | 正南 | 正北 | 正東 | 正東 | 東南 | 正南 | 癸亥 | 廿七 | 24 |
| 正南 | 中央 | 東北 | 東南 | 東北 | 東北 | 東南 | 甲子 | 廿八 | 25 |
| 正東 | 中央 | 正東 | 正南 | 正北 | 西北 | 東南 | 乙丑 | 廿九 | 26 |
| 正北 | 正西 | 東南 | 西南 | 正西 | 西南 | 正西 | 丙寅 | 三十 | 27 |
| 正西 | 正西 | 正南 | 正西 | 西北 | 正南 | 正西 | 丁卯 | 四月 | 28 |
| 正南 | 正北 | 東南 | 正北 | 東北 | 東南 | 正北 | 戊辰 | 初二 | 29 |
| 正東 | 正北 | 正南 | 正西 | 西南 | 東北 | 正北 | 己巳 | 初三 | 30 |

## 乙巳年財喜貴煞方位表

| 二〇二五國曆五月 | 農曆四月小 | 支干 | 財神 | 喜門 | 貴門 | 文昌 | 正財 | 偏財 | 煞方 |
|---|---|---|---|---|---|---|---|---|---|
| 1 | 初四 | 庚午 | 正東 | 西北 | 西南 | 西北 | 西南 | 正東 | 正北 |
| 2 | 初五 | 辛未 | 正東 | 西南 | 正南 | 正北 | 正西 | 正東 | 正西 |
| 3 | 初六 | 壬申 | 正南 | 正南 | 正東 | 東北 | 西北 | 正南 | 正南 |
| 4 | 初七 | 癸酉 | 正南 | 東南 | 東南 | 正東 | 正北 | 正南 | 正東 |
| 5 | 初八 | 甲戌 | 東南 | 東北 | 東北 | 東南 | 東北 | 中央 | 正北 |
| 6 | 初九 | 乙亥 | 東南 | 西北 | 西南 | 正南 | 正東 | 中央 | 正西 |
| 7 | 初十 | 丙子 | 正西 | 西南 | 正西 | 西南 | 東南 | 正西 | 正南 |
| 8 | 十一 | 丁丑 | 正西 | 正南 | 西北 | 正西 | 正南 | 正西 | 正東 |
| 9 | 十二 | 戊寅 | 正北 | 東南 | 東北 | 西南 | 東南 | 正北 | 正北 |
| 10 | 十三 | 己卯 | 正北 | 東北 | 西南 | 正西 | 正南 | 正北 | 正西 |
| 11 | 十四 | 庚辰 | 正東 | 西北 | 東北 | 西北 | 西南 | 正東 | 正南 |
| 12 | 十五 | 辛巳 | 正東 | 西南 | 東北 | 正北 | 西南 | 正東 | 正東 |
| 13 | 十六 | 壬午 | 正南 | 正南 | 正東 | 東北 | 西北 | 正南 | 正北 |
| 14 | 十七 | 癸未 | 正南 | 東南 | 正東 | 正東 | 正北 | 正南 | 正西 |
| 15 | 十八 | 甲申 | 東南 | 東北 | 西南 | 東南 | 東北 | 中央 | 正南 |

## 乙巳年財喜貴煞方位表

| 二〇二五 國曆五月 | 農曆 四月小 | 支干 | 財神 | 喜門 | 貴門 | 文昌 | 正財 | 偏財 | 煞方 |
|---|---|---|---|---|---|---|---|---|---|
| 16 | 十九 | 乙酉 | 東南 | 西北 | 西南 | 正南 | 正東 | 中央 | 正東 |
| 17 | 二十 | 丙戌 | 正西 | 西南 | 正西 | 西南 | 東南 | 正西 | 正北 |
| 18 | 廿一 | 丁亥 | 正西 | 正南 | 正西 | 正西 | 正南 | 正西 | 正西 |
| 19 | 廿二 | 戊子 | 正北 | 東南 | 東北 | 西北 | 西南 | 正東 | 正南 |
| 20 | 廿三 | 己丑 | 正北 | 東北 | 正北 | 正北 | 正西 | 正東 | 正東 |
| 21 | 廿四 | 庚寅 | 正東 | 西北 | 東北 | 東北 | 西北 | 正南 | 正北 |
| 22 | 廿五 | 辛卯 | 正東 | 西南 | 東北 | 正東 | 正北 | 正南 | 正西 |
| 23 | 廿六 | 壬辰 | 正南 | 正南 | 正東 | 東南 | 東北 | 中央 | 正南 |
| 24 | 廿七 | 癸巳 | 正南 | 東南 | 東南 | 正南 | 正東 | 中央 | 正東 |
| 25 | 廿八 | 甲午 | 東南 | 東北 | 西南 | 西南 | 東南 | 正西 | 正北 |
| 26 | 廿九 | 乙未 | 東南 | 西北 | 西南 | 正南 | 正東 | 中央 | 正西 |
| 27 | 五月 | 丙申 | 正西 | 西南 | 正西 | 西南 | 東南 | 正西 | 正南 |
| 28 | 初二 | 丁酉 | 正西 | 正南 | 西北 | 正西 | 正南 | 正西 | 正東 |
| 29 | 初三 | 戊戌 | 正北 | 東南 | 東北 | 西南 | 東南 | 正北 | 正北 |
| 30 | 初四 | 己亥 | 正北 | 東北 | 西南 | 正西 | 正南 | 正北 | 正西 |
| 31 | 初五 | 庚子 | 正東 | 西北 | 東北 | 西北 | 西南 | 正東 | 正南 |

## 乙巳年財喜貴煞方位表

| 二〇二五國曆六月 | 農曆五月小 | 支干 | 財神 | 喜門 | 貴門 | 文昌 | 正財 | 偏財 | 煞方 |
|---|---|---|---|---|---|---|---|---|---|
| 1 | 初六 | 辛丑 | 正東 | 西南 | 東北 | 正北 | 正西 | 正東 | 正東 |
| 2 | 初七 | 壬寅 | 正南 | 正南 | 正東 | 東北 | 西北 | 正南 | 正北 |
| 3 | 初八 | 癸卯 | 正南 | 東南 | 正東 | 正東 | 正北 | 正南 | 正西 |
| 4 | 初九 | 甲辰 | 東南 | 東北 | 西南 | 東南 | 東北 | 中央 | 正南 |
| 5 | 初十 | 乙巳 | 東南 | 西北 | 正北 | 正南 | 正東 | 中央 | 正東 |
| 6 | 十一 | 丙午 | 正西 | 西南 | 西北 | 西南 | 東南 | 正西 | 正北 |
| 7 | 十二 | 丁未 | 正西 | 正南 | 西北 | 正西 | 正南 | 正西 | 正西 |
| 8 | 十三 | 戊申 | 正北 | 東南 | 西南 | 西南 | 東南 | 正南 | 正南 |
| 9 | 十四 | 己酉 | 正北 | 東北 | 西南 | 正西 | 正南 | 正北 | 正東 |
| 10 | 十五 | 庚戌 | 正東 | 西北 | 西南 | 西北 | 西南 | 正東 | 正北 |
| 11 | 十六 | 辛亥 | 正東 | 西南 | 正南 | 正北 | 正西 | 正東 | 正西 |
| 12 | 十七 | 壬子 | 正南 | 正南 | 正東 | 東北 | 西北 | 正南 | 正南 |
| 13 | 十八 | 癸丑 | 正南 | 東南 | 正東 | 正東 | 正北 | 正南 | 正東 |
| 14 | 十九 | 甲寅 | 東南 | 東北 | 東北 | 東南 | 東北 | 中央 | 正北 |
| 15 | 二十 | 乙卯 | 東南 | 西北 | 西南 | 正南 | 正東 | 中央 | 正西 |

## 乙巳年財喜貴煞方位表

| 二〇二五國曆六月 | 農曆五月小 | 支干 | 財神 | 喜門 | 貴門 | 文昌 | 正財 | 偏財 | 煞方 |
|---|---|---|---|---|---|---|---|---|---|
| 16 | 廿一 | 丙辰 | 正西 | 西南 | 正西 | 西南 | 東南 | 正西 | 正南 |
| 17 | 廿二 | 丁巳 | 正西 | 正南 | 正西 | 正西 | 正南 | 正西 | 正東 |
| 18 | 廿三 | 戊午 | 正北 | 東南 | 西南 | 西南 | 東南 | 正北 | 正北 |
| 19 | 廿四 | 己未 | 正北 | 東北 | 西南 | 正西 | 正南 | 正北 | 正西 |
| 20 | 廿五 | 庚申 | 正東 | 西北 | 西南 | 西北 | 西南 | 正東 | 正南 |
| 21 | 廿六 | 辛酉 | 正東 | 西南 | 東北 | 正北 | 正西 | 正東 | 正東 |
| 22 | 廿七 | 壬戌 | 正南 | 正南 | 正東 | 東北 | 西北 | 正南 | 正北 |
| 23 | 廿八 | 癸亥 | 正南 | 東南 | 正東 | 正東 | 正北 | 正南 | 正西 |
| 24 | 廿九 | 甲子 | 東南 | 東北 | 東北 | 東南 | 東北 | 中央 | 正南 |
| 25 | 六月 | 乙丑 | 東南 | 西北 | 正北 | 正南 | 正東 | 中央 | 正東 |
| 26 | 初二 | 丙寅 | 正西 | 西南 | 正西 | 西南 | 東南 | 正西 | 正北 |
| 27 | 初三 | 丁卯 | 正西 | 正南 | 西北 | 正西 | 正南 | 正西 | 正西 |
| 28 | 初四 | 戊辰 | 正北 | 東南 | 東北 | 正北 | 東南 | 正北 | 正南 |
| 29 | 初五 | 己巳 | 正北 | 東北 | 西南 | 正西 | 正南 | 正北 | 正東 |
| 30 | 初六 | 庚午 | 正東 | 西北 | 西南 | 西北 | 西南 | 正東 | 正北 |

## 乙巳年財喜貴煞方位表

| 二〇二五國曆七月 | 農曆六月大 | 支干 | 財神 | 喜門 | 貴門 | 文昌 | 正財 | 偏財 | 煞方 |
|---|---|---|---|---|---|---|---|---|---|
| 1 | **初七** | 辛未 | 正東 | 西南 | 正南 | 正北 | 正西 | 正東 | 正西 |
| 2 | **初八** | 壬申 | 正南 | 正南 | 正東 | 東北 | 西北 | 正南 | 正南 |
| 3 | **初九** | 癸酉 | 正南 | 東南 | 東南 | 正東 | 正北 | 正南 | 正東 |
| 4 | **初十** | 甲戌 | 東南 | 東北 | 東北 | 東南 | 東北 | 中央 | 正北 |
| 5 | **十一** | 乙亥 | 東南 | 西北 | 西南 | 正南 | 正東 | 中央 | 正西 |
| 6 | **十二** | 丙子 | 正西 | 西南 | 正西 | 西南 | 東南 | 正西 | 正南 |
| 7 | **十三** | 丁丑 | 正西 | 正南 | 西北 | 正西 | 正南 | 正西 | 正東 |
| 8 | **十四** | 戊寅 | 正北 | 東南 | 東北 | 西南 | 東南 | 正北 | 正北 |
| 9 | **十五** | 己卯 | 正北 | 東北 | 西南 | 正西 | 正南 | 正北 | 正西 |
| 10 | **十六** | 庚辰 | 正東 | 西北 | 東北 | 西北 | 西南 | 正東 | 正南 |
| 11 | **十七** | 辛巳 | 正東 | 西南 | 東北 | 正北 | 西南 | 正東 | 正東 |
| 12 | **十八** | 壬午 | 正南 | 正南 | 正東 | 東北 | 西北 | 正南 | 正北 |
| 13 | **十九** | 癸未 | 正南 | 東南 | 正東 | 正東 | 正北 | 正南 | 正西 |
| 14 | **二十** | 甲申 | 東南 | 東北 | 西南 | 東南 | 東北 | 中央 | 正南 |
| 15 | **廿一** | 乙酉 | 東南 | 西北 | 西南 | 正南 | 正東 | 中央 | 正東 |

## 乙巳年財喜貴煞方位表

| 二〇二五國曆七月 | 農曆六月大 | 支干 | 財神 | 喜門 | 貴門 | 文昌 | 正財 | 偏財 | 煞方 |
|---|---|---|---|---|---|---|---|---|---|
| 16 | 廿二 | 丙戌 | 正西 | 西南 | 正西 | 西南 | 東南 | 正西 | 正北 |
| 17 | 廿三 | 丁亥 | 正西 | 正南 | 正西 | 正西 | 正南 | 正西 | 正西 |
| 18 | 廿四 | 戊子 | 正北 | 東南 | 東北 | 西北 | 西南 | 正東 | 正南 |
| 19 | 廿五 | 己丑 | 正北 | 東北 | 正北 | 正北 | 正西 | 正東 | 正東 |
| 20 | 廿六 | 庚寅 | 正東 | 西北 | 東北 | 東北 | 西北 | 正南 | 正北 |
| 21 | 廿七 | 辛卯 | 正東 | 西南 | 東北 | 正東 | 正北 | 正南 | 正西 |
| 22 | 廿八 | 壬辰 | 正南 | 正南 | 正東 | 東南 | 東北 | 中央 | 正南 |
| 23 | 廿九 | 癸巳 | 正南 | 東南 | 東南 | 正南 | 正東 | 中央 | 正東 |
| 24 | 三十 | 甲午 | 東南 | 東北 | 西南 | 西南 | 東南 | 正西 | 正北 |
| 25 | 閏六月 | 乙未 | 東南 | 西北 | 西南 | 正南 | 正東 | 中央 | 正西 |
| 26 | 初二 | 丙申 | 正西 | 西南 | 正西 | 西南 | 東南 | 正西 | 正南 |
| 27 | 初三 | 丁酉 | 正西 | 正南 | 西北 | 正西 | 正南 | 正西 | 正東 |
| 28 | 初四 | 戊戌 | 正北 | 東南 | 東北 | 西南 | 東南 | 正北 | 正北 |
| 29 | 初五 | 己亥 | 正北 | 東北 | 西南 | 正西 | 正南 | 正北 | 正西 |
| 30 | 初六 | 庚子 | 正東 | 西北 | 東北 | 西北 | 西南 | 正東 | 正南 |
| 31 | 初七 | 辛丑 | 正東 | 西南 | 東北 | 正北 | 正西 | 正東 | 正東 |

## 乙巳年財喜貴煞方位表

| 二〇二五國曆八月 | 農曆閏六月小 | 支干 | 財神 | 喜門 | 貴門 | 文昌 | 正財 | 偏財 | 煞方 |
|---|---|---|---|---|---|---|---|---|---|
| 1 | 初八 | 壬寅 | 正南 | 正南 | 正東 | 東北 | 西北 | 正南 | 正北 |
| 2 | 初九 | 癸卯 | 正南 | 東南 | 正東 | 正東 | 正北 | 正南 | 正西 |
| 3 | 初十 | 甲辰 | 東南 | 東北 | 西南 | 東南 | 東北 | 中央 | 正南 |
| 4 | 十一 | 乙巳 | 東南 | 西北 | 正北 | 正南 | 正東 | 中央 | 正東 |
| 5 | 十二 | 丙午 | 正西 | 西南 | 西北 | 西南 | 東南 | 正西 | 正北 |
| 6 | 十三 | 丁未 | 正西 | 正南 | 西北 | 正西 | 正南 | 正西 | 正西 |
| 7 | 十四 | 戊申 | 正北 | 東南 | 西南 | 西南 | 東南 | 正南 | 正南 |
| 8 | 十五 | 己酉 | 正北 | 東北 | 西南 | 正西 | 正南 | 正北 | 正東 |
| 9 | 十六 | 庚戌 | 正東 | 西北 | 西南 | 西北 | 西南 | 正東 | 正北 |
| 10 | 十七 | 辛亥 | 正東 | 西南 | 正南 | 正北 | 正西 | 正東 | 正西 |
| 11 | 十八 | 壬子 | 正南 | 正南 | 正東 | 東北 | 西北 | 正南 | 正南 |
| 12 | 十九 | 癸丑 | 正南 | 東南 | 正東 | 正東 | 正北 | 正南 | 正東 |
| 13 | 二十 | 甲寅 | 東南 | 東北 | 東北 | 東南 | 東北 | 中央 | 正北 |
| 14 | 廿一 | 乙卯 | 東南 | 西北 | 西南 | 正南 | 正東 | 中央 | 正西 |
| 15 | 廿二 | 丙辰 | 正西 | 西南 | 正西 | 西南 | 東南 | 正西 | 正南 |

## 乙巳年財喜貴煞方位表

| 二〇二五國曆八月 | 農曆閏六月小 | 支干 | 財神 | 喜門 | 貴門 | 文昌 | 正財 | 偏財 | 煞方 |
|---|---|---|---|---|---|---|---|---|---|
| 16 | 廿三 | 丁巳 | 正西 | 正南 | 正西 | 正西 | 正南 | 正西 | 正東 |
| 17 | 廿四 | 戊午 | 正北 | 東南 | 西南 | 西南 | 東南 | 正北 | 正北 |
| 18 | 廿五 | 己未 | 正北 | 東北 | 西南 | 正西 | 正南 | 正北 | 正西 |
| 19 | 廿六 | 庚申 | 正東 | 西北 | 西南 | 西北 | 西南 | 正東 | 正南 |
| 20 | 廿七 | 辛酉 | 正東 | 西南 | 東北 | 正北 | 正西 | 正東 | 正東 |
| 21 | 廿八 | 壬戌 | 正南 | 正南 | 正東 | 東北 | 西北 | 正南 | 正北 |
| 22 | 廿九 | 癸亥 | 正南 | 東南 | 正東 | 正東 | 正北 | 正南 | 正西 |
| 23 | 七月 | 甲子 | 東南 | 東北 | 東北 | 東南 | 東北 | 中央 | 正南 |
| 24 | 初二 | 乙丑 | 東南 | 西北 | 正北 | 正南 | 正東 | 中央 | 正東 |
| 25 | 初三 | 丙寅 | 正西 | 西南 | 正西 | 西南 | 東南 | 正西 | 正北 |
| 26 | 初四 | 丁卯 | 正西 | 正南 | 西北 | 正西 | 正南 | 正西 | 正西 |
| 27 | 初五 | 戊辰 | 正北 | 東南 | 東北 | 正北 | 東南 | 正北 | 正南 |
| 28 | 初六 | 己巳 | 正北 | 東北 | 西南 | 正西 | 正南 | 正北 | 正東 |
| 29 | 初七 | 庚午 | 正東 | 西北 | 西南 | 西北 | 西南 | 正東 | 正北 |
| 30 | 初八 | 辛未 | 正東 | 西南 | 正南 | 正北 | 正西 | 正東 | 正西 |
| 31 | 初九 | 壬申 | 正南 | 正南 | 正東 | 東北 | 西北 | 正南 | 正南 |

## 乙巳年財喜貴煞方位表

| 二〇二五國曆九月 | 農曆七月大 | 支干 | 財神 | 喜門 | 貴門 | 文昌 | 正財 | 偏財 | 煞方 |
|---|---|---|---|---|---|---|---|---|---|
| 1 | 初十 | 癸酉 | 正南 | 東南 | 東南 | 正東 | 正北 | 正南 | 正東 |
| 2 | 十一 | 甲戌 | 東南 | 東北 | 東北 | 東南 | 東北 | 中央 | 正北 |
| 3 | 十二 | 乙亥 | 東南 | 西北 | 西南 | 正南 | 正東 | 中央 | 正西 |
| 4 | 十三 | 丙子 | 正西 | 西南 | 正西 | 西南 | 東南 | 正西 | 正南 |
| 5 | 十四 | 丁丑 | 正西 | 正南 | 西北 | 正西 | 正南 | 正西 | 正東 |
| 6 | 十五 | 戊寅 | 正北 | 東南 | 東北 | 西南 | 東南 | 正北 | 正北 |
| 7 | 十六 | 己卯 | 正北 | 東北 | 西南 | 正西 | 正南 | 正北 | 正西 |
| 8 | 十七 | 庚辰 | 正東 | 西北 | 東北 | 西北 | 西南 | 正東 | 正南 |
| 9 | 十八 | 辛巳 | 正東 | 西南 | 東北 | 正北 | 西南 | 正東 | 正東 |
| 10 | 十九 | 壬午 | 正南 | 正南 | 正東 | 東北 | 西北 | 正南 | 正北 |
| 11 | 二十 | 癸未 | 正南 | 東南 | 正東 | 正東 | 正北 | 正南 | 正西 |
| 12 | 廿一 | 甲申 | 東南 | 東北 | 西南 | 東南 | 東北 | 中央 | 正南 |
| 13 | 廿二 | 乙酉 | 東南 | 西北 | 西南 | 正南 | 正東 | 中央 | 正東 |
| 14 | 廿三 | 丙戌 | 正西 | 西南 | 正西 | 西南 | 東南 | 正西 | 正北 |
| 15 | 廿四 | 丁亥 | 正西 | 正南 | 正西 | 正西 | 正南 | 正西 | 正西 |

## 乙巳年財喜貴煞方位表

| 二〇二五國曆九月 | 農曆七月大 | 支干 | 財神 | 喜門 | 貴門 | 文昌 | 正財 | 偏財 | 煞方 |
|---|---|---|---|---|---|---|---|---|---|
| 16 | 廿五 | 戊子 | 正北 | 東南 | 東北 | 西北 | 西南 | 正東 | 正南 |
| 17 | 廿六 | 己丑 | 正北 | 東北 | 正北 | 正北 | 正西 | 正東 | 正東 |
| 18 | 廿七 | 庚寅 | 正東 | 西北 | 東北 | 東北 | 西北 | 正南 | 正北 |
| 19 | 廿八 | 辛卯 | 正東 | 西南 | 東北 | 正東 | 正北 | 正南 | 正西 |
| 20 | 廿九 | 壬辰 | 正南 | 正南 | 正東 | 東南 | 東北 | 中央 | 正南 |
| 21 | 三十 | 癸巳 | 正南 | 東南 | 東南 | 正南 | 正東 | 中央 | 正東 |
| 22 | 八月 | 甲午 | 東南 | 東北 | 西南 | 西南 | 東南 | 正西 | 正北 |
| 23 | 初二 | 乙未 | 東南 | 西北 | 西南 | 正南 | 正東 | 中央 | 正西 |
| 24 | 初三 | 丙申 | 正西 | 西南 | 正西 | 西南 | 東南 | 正西 | 正南 |
| 25 | 初四 | 丁酉 | 正西 | 正南 | 西北 | 正西 | 正南 | 正西 | 正東 |
| 26 | 初五 | 戊戌 | 正北 | 東南 | 東北 | 西南 | 東南 | 正北 | 正北 |
| 27 | 初六 | 己亥 | 正北 | 東北 | 西南 | 正西 | 正南 | 正北 | 正西 |
| 28 | 初七 | 庚子 | 正東 | 西北 | 東北 | 西北 | 西南 | 正東 | 正南 |
| 29 | 初八 | 辛丑 | 正東 | 西南 | 東北 | 正北 | 正西 | 正東 | 正東 |
| 30 | 初九 | 壬寅 | 正南 | 正南 | 正東 | 東北 | 西北 | 正南 | 正北 |

## 乙巳年財喜貴煞方位表

| 二〇二五國曆十月 | 農曆八月小 | 支干 | 財神 | 喜門 | 貴門 | 文昌 | 正財 | 偏財 | 煞方 |
|---|---|---|---|---|---|---|---|---|---|
| 1 | 初十 | 癸卯 | 正南 | 東南 | 正東 | 正東 | 正北 | 正南 | 正西 |
| 2 | 十一 | 甲辰 | 東南 | 東北 | 西南 | 東南 | 東北 | 中央 | 正南 |
| 3 | 十二 | 乙巳 | 東南 | 西北 | 正北 | 正南 | 正東 | 中央 | 正東 |
| 4 | 十三 | 丙午 | 正西 | 西南 | 西北 | 西南 | 東南 | 正西 | 正北 |
| 5 | 十四 | 丁未 | 正西 | 正南 | 西北 | 正西 | 正南 | 正西 | 正西 |
| 6 | 十五 | 戊申 | 正北 | 東南 | 西南 | 西南 | 東南 | 正南 | 正南 |
| 7 | 十六 | 己酉 | 正北 | 東北 | 西南 | 正西 | 正南 | 正北 | 正東 |
| 8 | 十七 | 庚戌 | 正東 | 西北 | 西南 | 西北 | 西南 | 正東 | 正北 |
| 9 | 十八 | 辛亥 | 正東 | 西南 | 正南 | 正北 | 正西 | 正東 | 正西 |
| 10 | 十九 | 壬子 | 正南 | 正南 | 正東 | 東北 | 西北 | 正南 | 正南 |
| 11 | 二十 | 癸丑 | 正南 | 東南 | 正東 | 正東 | 正北 | 正南 | 正東 |
| 12 | 廿一 | 甲寅 | 東南 | 東北 | 東北 | 東南 | 東北 | 中央 | 正北 |
| 13 | 廿二 | 乙卯 | 東南 | 西北 | 西南 | 正南 | 正東 | 中央 | 正西 |
| 14 | 廿三 | 丙辰 | 正西 | 西南 | 正西 | 西南 | 東南 | 正西 | 正南 |
| 15 | 廿四 | 丁巳 | 正西 | 正南 | 正西 | 正西 | 正南 | 正西 | 正東 |

## 乙巳年財喜貴煞方位表

| 二〇二五國曆十月 | 農曆八月小 | 支干 | 財神 | 喜門 | 貴門 | 文昌 | 正財 | 偏財 | 煞方 |
|---|---|---|---|---|---|---|---|---|---|
| 16 | 廿五 | 戊午 | 正北 | 東南 | 西南 | 西南 | 東南 | 正北 | 正北 |
| 17 | 廿六 | 己未 | 正北 | 東北 | 西南 | 正西 | 正南 | 正北 | 正西 |
| 18 | 廿七 | 庚申 | 正東 | 西北 | 西南 | 西北 | 西南 | 正東 | 正南 |
| 19 | 廿八 | 辛酉 | 正東 | 西南 | 東北 | 正北 | 正西 | 正東 | 正東 |
| 20 | 廿九 | 壬戌 | 正南 | 正南 | 正東 | 東北 | 西北 | 正南 | 正北 |
| 21 | 九月 | 癸亥 | 正南 | 東南 | 正東 | 正東 | 正北 | 正南 | 正西 |
| 22 | 初二 | 甲子 | 東南 | 東北 | 東北 | 東南 | 東北 | 中央 | 正南 |
| 23 | 初三 | 乙丑 | 東南 | 西北 | 正北 | 正南 | 正東 | 中央 | 正東 |
| 24 | 初四 | 丙寅 | 正西 | 西南 | 正西 | 西南 | 東南 | 正西 | 正北 |
| 25 | 初五 | 丁卯 | 正西 | 正南 | 西北 | 正西 | 正南 | 正西 | 正西 |
| 26 | 初六 | 戊辰 | 正北 | 東南 | 東北 | 正北 | 東南 | 正北 | 正南 |
| 27 | 初七 | 己巳 | 正北 | 東北 | 西南 | 正西 | 正南 | 正北 | 正東 |
| 28 | 初八 | 庚午 | 正東 | 西北 | 西南 | 西北 | 西南 | 正東 | 正北 |
| 29 | 初九 | 辛未 | 正東 | 西南 | 正南 | 正北 | 正西 | 正東 | 正西 |
| 30 | 初十 | 壬申 | 正南 | 正南 | 正東 | 東北 | 西北 | 正南 | 正南 |
| 31 | 十一 | 癸酉 | 正南 | 東南 | 東南 | 正東 | 正北 | 正南 | 正東 |

## 乙巳年財喜貴煞方位表

| 二〇二五 國曆十一月 | 農曆九月大 | 支干 | 財神 | 喜門 | 貴門 | 文昌 | 正財 | 偏財 | 煞方 |
|---|---|---|---|---|---|---|---|---|---|
| 1 | 十二 | 甲戌 | 東南 | 東北 | 東北 | 東南 | 東北 | 中央 | 正北 |
| 2 | 十三 | 乙亥 | 東南 | 西北 | 西南 | 正南 | 正東 | 中央 | 正西 |
| 3 | 十四 | 丙子 | 正西 | 西南 | 正西 | 西南 | 東南 | 正西 | 正南 |
| 4 | 十五 | 丁丑 | 正西 | 正南 | 西北 | 正西 | 正南 | 正西 | 正東 |
| 5 | 十六 | 戊寅 | 正北 | 東南 | 東北 | 西南 | 東南 | 正北 | 正北 |
| 6 | 十七 | 己卯 | 正北 | 東北 | 西南 | 正西 | 正南 | 正北 | 正西 |
| 7 | 十八 | 庚辰 | 正東 | 西北 | 東北 | 西北 | 西南 | 正東 | 正南 |
| 8 | 十九 | 辛巳 | 正東 | 西南 | 東北 | 正北 | 西南 | 正東 | 正東 |
| 9 | 二十 | 壬午 | 正南 | 正南 | 正東 | 東北 | 西北 | 正南 | 正北 |
| 10 | 廿一 | 癸未 | 正南 | 東南 | 正東 | 正東 | 正北 | 正南 | 正西 |
| 11 | 廿二 | 甲申 | 東南 | 東北 | 西南 | 東南 | 東北 | 中央 | 正南 |
| 12 | 廿三 | 乙酉 | 東南 | 西北 | 西南 | 正南 | 正東 | 中央 | 正東 |
| 13 | 廿四 | 丙戌 | 正西 | 西南 | 正西 | 西南 | 東南 | 正西 | 正北 |
| 14 | 廿五 | 丁亥 | 正西 | 正南 | 正西 | 正西 | 正南 | 正西 | 正西 |
| 15 | 廿六 | 戊子 | 正北 | 東南 | 東北 | 西北 | 西南 | 正東 | 正南 |

## 乙巳年財喜貴煞方位表

| 煞方 | 偏財 | 正財 | 文昌 | 貴門 | 喜門 | 財神 | 支干 | 農曆 九月大 | 二〇二五 國曆十一月 |
|---|---|---|---|---|---|---|---|---|---|
| 正東 | 正東 | 正西 | 正北 | 正北 | 東北 | 正北 | 己丑 | 廿七 | 16 |
| 正北 | 正南 | 西北 | 東北 | 東北 | 西北 | 正東 | 庚寅 | 廿八 | 17 |
| 正西 | 正南 | 正北 | 正東 | 東北 | 西南 | 正東 | 辛卯 | 廿九 | 18 |
| 正南 | 中央 | 東北 | 東南 | 正東 | 正南 | 正南 | 壬辰 | 三十 | 19 |
| 正東 | 中央 | 正東 | 正南 | 東南 | 東南 | 正南 | 癸巳 | 十月 | 20 |
| 正北 | 正西 | 東南 | 西南 | 西南 | 東北 | 東南 | 甲午 | 初二 | 21 |
| 正西 | 中央 | 正東 | 正南 | 西南 | 西北 | 東南 | 乙未 | 初三 | 22 |
| 正南 | 正西 | 東南 | 西南 | 正西 | 西南 | 正西 | 丙申 | 初四 | 23 |
| 正東 | 正西 | 正南 | 正西 | 西北 | 正南 | 正西 | 丁酉 | 初五 | 24 |
| 正北 | 正北 | 東南 | 西南 | 東北 | 東南 | 正北 | 戊戌 | 初六 | 25 |
| 正西 | 正北 | 正南 | 正西 | 西南 | 東北 | 正北 | 己亥 | 初七 | 26 |
| 正南 | 正東 | 西南 | 西北 | 東北 | 西北 | 正東 | 庚子 | 初八 | 27 |
| 正東 | 正東 | 正西 | 正北 | 東北 | 西南 | 正東 | 辛丑 | 初九 | 28 |
| 正北 | 正南 | 西北 | 東北 | 正東 | 正南 | 正南 | 壬寅 | 初十 | 29 |
| 正西 | 正南 | 正北 | 正東 | 正東 | 東南 | 正南 | 癸卯 | 十一 | 30 |

## 乙巳年財喜貴煞方位表

| 二〇二五 國曆十二月 | 農曆十月大 | 支干 | 財神 | 喜門 | 貴門 | 文昌 | 正財 | 偏財 | 煞方 |
|---|---|---|---|---|---|---|---|---|---|
| 1 | 十二 | 甲辰 | 東南 | 東北 | 西南 | 東南 | 東北 | 中央 | 正南 |
| 2 | 十三 | 乙巳 | 東南 | 西北 | 正北 | 正南 | 正東 | 中央 | 正東 |
| 3 | 十四 | 丙午 | 正西 | 西南 | 西北 | 西南 | 東南 | 正西 | 正北 |
| 4 | 十五 | 丁未 | 正西 | 正南 | 西北 | 正西 | 正南 | 正西 | 正西 |
| 5 | 十六 | 戊申 | 正北 | 東南 | 西南 | 西南 | 東南 | 正南 | 正南 |
| 6 | 十七 | 己酉 | 正北 | 東北 | 西南 | 正西 | 正南 | 正北 | 正東 |
| 7 | 十八 | 庚戌 | 正東 | 西北 | 西南 | 西北 | 西南 | 正東 | 正北 |
| 8 | 十九 | 辛亥 | 正東 | 西南 | 正南 | 正北 | 正西 | 正東 | 正西 |
| 9 | 二十 | 壬子 | 正南 | 正南 | 正東 | 東北 | 西北 | 正南 | 正南 |
| 10 | 廿一 | 癸丑 | 正南 | 東南 | 正東 | 正東 | 正北 | 正南 | 正東 |
| 11 | 廿二 | 甲寅 | 東南 | 東北 | 東北 | 東南 | 東北 | 中央 | 正北 |
| 12 | 廿三 | 乙卯 | 東南 | 西北 | 西南 | 正南 | 正東 | 中央 | 正西 |
| 13 | 廿四 | 丙辰 | 正西 | 西南 | 正西 | 西南 | 東南 | 正西 | 正南 |
| 14 | 廿五 | 丁巳 | 正西 | 正南 | 正西 | 正西 | 正南 | 正西 | 正東 |
| 15 | 廿六 | 戊午 | 正北 | 東南 | 西南 | 西南 | 東南 | 正北 | 正北 |

## 乙巳年財喜貴煞方位表

| 二〇二五 國曆十二月 | 農曆 十月大 | 支干 | 財神 | 喜門 | 貴門 | 文昌 | 正財 | 偏財 | 煞方 |
|---|---|---|---|---|---|---|---|---|---|
| 16 | 廿七 | 己未 | 正北 | 東北 | 西南 | 正西 | 正南 | 正北 | 正西 |
| 17 | 廿八 | 庚申 | 正東 | 西北 | 西南 | 西北 | 西南 | 正東 | 正南 |
| 18 | 廿九 | 辛酉 | 正東 | 西南 | 東北 | 正北 | 正西 | 正東 | 正東 |
| 19 | 三十 | 壬戌 | 正南 | 正南 | 正東 | 東北 | 西北 | 正南 | 正北 |
| 20 | 十一月 | 癸亥 | 正南 | 東南 | 正東 | 正東 | 正北 | 正南 | 正西 |
| 21 | 初二 | 甲子 | 東南 | 東北 | 東北 | 東南 | 東北 | 中央 | 正南 |
| 22 | 初三 | 乙丑 | 東南 | 西北 | 正北 | 正南 | 正東 | 中央 | 正東 |
| 23 | 初四 | 丙寅 | 正西 | 西南 | 正西 | 西南 | 東南 | 正西 | 正北 |
| 24 | 初五 | 丁卯 | 正西 | 正南 | 西北 | 正西 | 正南 | 正西 | 正西 |
| 25 | 初六 | 戊辰 | 正北 | 東南 | 東北 | 正北 | 東南 | 正北 | 正南 |
| 26 | 初七 | 己巳 | 正北 | 東北 | 西南 | 正西 | 正南 | 正北 | 正東 |
| 27 | 初八 | 庚午 | 正東 | 西北 | 西南 | 西北 | 西南 | 正東 | 正北 |
| 28 | 初九 | 辛未 | 正東 | 西南 | 正南 | 正北 | 正西 | 正東 | 正西 |
| 29 | 初十 | 壬申 | 正南 | 正南 | 正東 | 東北 | 西北 | 正南 | 正南 |
| 30 | 十一 | 癸酉 | 正南 | 東南 | 東南 | 正東 | 正北 | 正南 | 正東 |
| 31 | 十二 | 甲戌 | 東南 | 東北 | 東北 | 東南 | 東北 | 中央 | 正北 |

## 乙巳年財喜貴煞方位表

| 二〇二六國曆一月 | 農曆十一月大 | 支干 | 財神 | 喜門 | 貴門 | 文昌 | 正財 | 偏財 | 煞方 |
|---|---|---|---|---|---|---|---|---|---|
| 1 | 十三 | 乙亥 | 東南 | 西北 | 西南 | 正南 | 正東 | 中央 | 正西 |
| 2 | 十四 | 丙子 | 正西 | 西南 | 正西 | 西南 | 東南 | 正西 | 正南 |
| 3 | 十五 | 丁丑 | 正西 | 正南 | 西北 | 正西 | 正南 | 正西 | 正東 |
| 4 | 十六 | 戊寅 | 正北 | 東南 | 東北 | 西南 | 東南 | 正北 | 正北 |
| 5 | 十七 | 己卯 | 正北 | 東北 | 西南 | 正西 | 正南 | 正北 | 正西 |
| 6 | 十八 | 庚辰 | 正東 | 西北 | 東北 | 西北 | 西南 | 正東 | 正南 |
| 7 | 十九 | 辛巳 | 正東 | 西南 | 東北 | 正北 | 西南 | 正東 | 正東 |
| 8 | 二十 | 壬午 | 正南 | 正南 | 正東 | 東北 | 西北 | 正南 | 正北 |
| 9 | 廿一 | 癸未 | 正南 | 東南 | 正東 | 正東 | 正北 | 正南 | 正西 |
| 10 | 廿二 | 甲申 | 東南 | 東北 | 西南 | 東南 | 東北 | 中央 | 正南 |
| 11 | 廿三 | 乙酉 | 東南 | 西北 | 西南 | 正南 | 正東 | 中央 | 正東 |
| 12 | 廿四 | 丙戌 | 正西 | 西南 | 正西 | 西南 | 東南 | 正西 | 正北 |
| 13 | 廿五 | 丁亥 | 正西 | 正南 | 正西 | 正西 | 正南 | 正西 | 正西 |
| 14 | 廿六 | 戊子 | 正北 | 東南 | 東北 | 西北 | 西南 | 正東 | 正南 |
| 15 | 廿七 | 己丑 | 正北 | 東北 | 正北 | 正北 | 正西 | 正東 | 正東 |

## 乙巳年財喜貴煞方位表

| 二〇二六國曆一月 | 農曆十一月大 | 支干 | 財神 | 喜門 | 貴門 | 文昌 | 正財 | 偏財 | 煞方 |
|---|---|---|---|---|---|---|---|---|---|
| 16 | 廿八 | 庚寅 | 正東 | 西北 | 東北 | 東北 | 西北 | 正南 | 正北 |
| 17 | 廿九 | 辛卯 | 正東 | 西南 | 東北 | 正東 | 正北 | 正南 | 正西 |
| 18 | 三十 | 壬辰 | 正南 | 正南 | 正東 | 東南 | 東北 | 中央 | 正南 |
| 19 | 十二月 | 癸巳 | 正南 | 東南 | 東南 | 正南 | 正東 | 中央 | 正東 |
| 20 | 初二 | 甲午 | 東南 | 東北 | 西南 | 西南 | 東南 | 正西 | 正北 |
| 21 | 初三 | 乙未 | 東南 | 西北 | 西南 | 正南 | 正東 | 中央 | 正西 |
| 22 | 初四 | 丙申 | 正西 | 西南 | 正西 | 西南 | 東南 | 正西 | 正南 |
| 23 | 初五 | 丁酉 | 正西 | 正南 | 西北 | 正西 | 正南 | 正西 | 正東 |
| 24 | 初六 | 戊戌 | 正北 | 東南 | 東北 | 西南 | 東南 | 正北 | 正北 |
| 25 | 初七 | 己亥 | 正北 | 東北 | 西南 | 正西 | 正南 | 正北 | 正西 |
| 26 | 初八 | 庚子 | 正東 | 西北 | 東北 | 西北 | 西南 | 正東 | 正南 |
| 27 | 初九 | 辛丑 | 正東 | 西南 | 東北 | 正北 | 正西 | 正東 | 正東 |
| 28 | 初十 | 壬寅 | 正南 | 正南 | 正東 | 東北 | 西北 | 正南 | 正北 |
| 29 | 十一 | 癸卯 | 正南 | 東南 | 正東 | 正東 | 正北 | 正南 | 正西 |
| 30 | 十二 | 甲辰 | 東南 | 東北 | 西南 | 東南 | 東北 | 中央 | 正南 |
| 31 | 十三 | 乙巳 | 東南 | 西北 | 正北 | 正南 | 正東 | 中央 | 正東 |

## 乙巳年財喜貴煞方位表

| 二〇二六國曆二月 | 農曆十二月小 | 支干 | 財神 | 喜門 | 貴門 | 文昌 | 正財 | 偏財 | 煞方 |
|---|---|---|---|---|---|---|---|---|---|
| 1 | 十四 | 丙午 | 正西 | 西南 | 西北 | 西南 | 東南 | 正西 | 正北 |
| 2 | 十五 | 丁未 | 正西 | 正南 | 西北 | 正西 | 正南 | 正西 | 正西 |
| 3 | 十六 | 戊申 | 正北 | 東南 | 西南 | 西南 | 東南 | 正南 | 正南 |
| 4 | 十七 | 己酉 | 正北 | 東北 | 西南 | 正西 | 正南 | 正北 | 正東 |
| 5 | 十八 | 庚戌 | 正東 | 西北 | 西南 | 西北 | 西南 | 正東 | 正北 |
| 6 | 十九 | 辛亥 | 正東 | 西南 | 正南 | 正北 | 正西 | 正東 | 正西 |
| 7 | 二十 | 壬子 | 正南 | 正南 | 正東 | 東北 | 西北 | 正南 | 正南 |
| 8 | 廿一 | 癸丑 | 正南 | 東南 | 正東 | 正東 | 正北 | 正南 | 正東 |
| 9 | 廿二 | 甲寅 | 東南 | 東北 | 東北 | 東南 | 東北 | 中央 | 正北 |
| 10 | 廿三 | 乙卯 | 東南 | 西北 | 西南 | 正南 | 正東 | 中央 | 正西 |
| 11 | 廿四 | 丙辰 | 正西 | 西南 | 正西 | 西南 | 東南 | 正西 | 正南 |
| 12 | 廿五 | 丁巳 | 正西 | 正南 | 正西 | 正西 | 正南 | 正西 | 正東 |
| 13 | 廿六 | 戊午 | 正北 | 東南 | 西南 | 西南 | 東南 | 正北 | 正北 |
| 14 | 廿七 | 己未 | 正北 | 東北 | 西南 | 正西 | 正南 | 正北 | 正西 |
| 15 | 廿八 | 庚申 | 正東 | 西北 | 西南 | 西北 | 西南 | 正東 | 正南 |

## 乙巳年財喜貴煞方位表

| 二〇二六國曆二月 | 農曆十二月小 | 支干 | 財神 | 喜門 | 貴門 | 文昌 | 正財 | 偏財 | 煞方 |
|---|---|---|---|---|---|---|---|---|---|
| 16 | 廿九 | 辛酉 | 正東 | 西南 | 東北 | 正北 | 正西 | 正東 | 正東 |
| 17 | 正月 | 壬戌 | 正南 | 正南 | 正東 | 東北 | 西北 | 正南 | 正北 |
| 18 | 初二 | 癸亥 | 正南 | 東南 | 正東 | 正東 | 正北 | 正南 | 正西 |
| 19 | 初三 | 甲子 | 東南 | 東北 | 東北 | 東南 | 東北 | 中央 | 正南 |
| 20 | 初四 | 乙丑 | 東南 | 西北 | 正北 | 正南 | 正東 | 中央 | 正東 |
| 21 | 初五 | 丙寅 | 正西 | 西南 | 正西 | 西南 | 東南 | 正西 | 正北 |
| 22 | 初六 | 丁卯 | 正西 | 正南 | 西北 | 正西 | 正南 | 正西 | 正西 |
| 23 | 初七 | 戊辰 | 正北 | 東南 | 東北 | 正北 | 東南 | 正北 | 正南 |
| 24 | 初八 | 己巳 | 正北 | 東北 | 西南 | 正西 | 正南 | 正北 | 正東 |
| 25 | 初九 | 庚午 | 正東 | 西北 | 西南 | 西北 | 西南 | 正東 | 正北 |
| 26 | 初十 | 辛未 | 正東 | 西南 | 正南 | 正北 | 正西 | 正東 | 正西 |
| 27 | 十一 | 壬申 | 正南 | 正南 | 正東 | 東北 | 西北 | 正南 | 正南 |
| 28 | 十二 | 癸酉 | 正南 | 東南 | 東南 | 正東 | 正北 | 正南 | 正東 |

五

# 乙巳年風水運用大全

# 乙巳年九宮飛星大解析

九宮飛星的理論認為，代表不同意義的「九星」每年會落在九個不同的方位上，而這九星依照固定的循環，每九年重複一次。又因為位置的轉換是以「年」為單位，因此又被稱作「流年方位」。這九星各自代表不同的意義，主宰人們一年的運勢，對於各方面產生影響。（關於九宮飛星圖的詳細解說與運用方式，可參考《謝沅瑾財運風水教科書》）

## 九星的種類與意義

**一白、貪狼星，主桃花文職：**
易遇桃花感情之姻緣情事，同時亦加強官運與財運。

**二黑、巨門星，主身心病痛：**
外在病痛不斷，內在煩憂頻起，內外交攻永無寧日。

**三碧、祿存星，主官非鬥爭：**
易遭官非訴訟纏身不休，或遇致使殘廢之病痛意外。

**四綠、文昌星，主讀書考試：**
加強讀書效果，頭腦判斷能力，強化考運與升職運。

**五黃、廉貞星，主災病凶煞：**
宜靜不宜動，貿然動土喪葬者必遭凶煞，非死即傷。

**六白、武曲星，主軍警官運：**
使軍警職易獲拔擢，升遷快速順暢，最終威權震世。

**七赤、破軍星，主盜賊破財：**

居家出外易遭盜賊，身邊亦有小人環伺，災禍不斷。

**八白、左輔星，主富貴功名：**

富貴功名源源不絕，能化凶神為吉星，發財又添丁。

**九紫、右弼星，主福祿喜事：**

能趕煞催貴，遇之必有喜事臨門，有情人終成眷屬。

九星涵蓋了各種福祿壽喜、生老病死之事，也因此每一星的位置好壞與運用都是不能輕忽之事，如果能夠了解每一年的流年方位，並加以妥善運用，對於個人的運勢將會有很不錯的提升。

## 二〇二五乙巳年九宮飛星圖

| | | | | |
|---|---|---|---|---|
| 東南 | | 南 | | 西南 |
| | 一白水 | 六白金 | 八白土 | |
| 東 | 九紫火 | 二黑土 | 四綠木 | 西 |
| | 五黃土 | 七赤金 | 三碧木 | |
| 東北 | | 北 | | 西北 |

# 乙巳年方位運用及運勢提升之道

## 流年財位與招財法

九宮飛星所代表的財位，因為每年不同，又叫做流年財位。在九宮飛星中代表財運的星有「一白、六白、八白」，也分別代表了「文官官運財運」、「武官官運財運」以及「整體財運」。經過正確運用，能催動家中真財位，強化財運。

不同職業與不同發展方向的人，要催的財位就不同。像是公務人員希望能夠加薪升官，就要催動「一白」星。若是軍警保全等，想要能有更好的晉升管道，那就要催動「六白」星。而如果是上班族、經商者，或者是不管是哪一種人，就可以使用「八白」星來催動整體財運。

### ⊙一白財位

**今年的文星（文曲星）也就是一白星的位置在東南方**，從事文職工作的人，可以在這個位置上放文昌筆，點旺文昌，讓思緒更加文思泉湧，靈感源源不絕。另外，在事業工作上面如果想要有所突破，增加人緣，也可以在這個位置上擺放粉水晶。從事文職內勤工作的人，如果房子的這個方位剛好有開窗的話，在事業工作上加分就會特別多。

可以在馬背上放錢，代表「馬上有錢」，意味著財運運勢提升。

## ⊙六白財位

六白星也就是武曲的位置，主要針對跑外勤，甚至軍人、警察，軍警職這類工作的人，**今年的六白位在南方**，如果想在今年爭取晉升、升遷、遠調的機會，建議可以在這個位置上擺放馬匹飾品，最好是前面兩隻腳抬起的馬，頭朝外擺放，民俗上代表驛馬星動，表示比較有升遷或遠調的機會。馬的材質建議使用金屬，其次為原木，第三是玻璃材質。但如果工作已經很穩定者，建議馬匹擺放方向相反，頭朝內，樣子為四隻腳著地，所以如果馬背放錢，代表「馬上有錢」，意味著財運上有提升。馬背上放猴子，代表「馬上封侯」。

## ⊙八白財位

**八白星也就是左輔星的位置，今年來到西南方**，不僅是上班、公職或經商，即使只是擺個攤位，都可以運用這個位置來催旺財運。另外，在寺廟中求到的發財金，也可以擺放這個位置上，加分比較多。

| | | 南 | | |
|---|---|---|---|---|
| 東南 | 一白水 | 六白金 | 八白土 | 西南 |
| 東 | | | | 西 |
| 東北 | | | | 西北 |
| | | 北 | | |

## 流年桃花位與招桃法

對於桃花位的應用，大多數的人都存有誤解，以為招桃花僅針對男女間的感情。其實「桃花」可以區分為「姻緣桃花」與「人緣桃花」。「姻緣桃花」就是我們一般所認識的、針對男女感情的桃花，如果能招到好的姻緣桃花，就能夠找到好對象，也比較有機會獲得好的姻緣。

另一種是「人緣桃花」，這種桃花代表的是個人與他人之間的交情、友誼。有好的「人緣桃花」，對於人際關係的促進有很大的幫助。對應到日常生活中，如果從事需要密切與人來往的職業，像是業務員、房仲業者、商店販售的店員等，如果能夠適當的增強自己的人緣桃花，對於業績也會有很大的幫助。

在九宮飛星圖中掌管桃花的有一白。根據九宮飛星圖的流年方位，**今年一白星落在東南方的位置，因此今年的流年桃花位就在東南方**。如果未婚者希望有好對象，可以在這個位置上放置粉水晶或裝水的容器裡放入粉晶，有助於提升運勢。如果是已婚者希望能讓自己有好人緣，可以擺設紫水晶，會幫助促進人際關係，也會增強判斷力。

另外，九宮飛星中的九紫星，一般認為是能招來喜事、催動姻緣。**今年的九紫星位在東方**，可以在這個方位上擺放在月老廟求得的紅線，可以為感情加分。

可至月老廟求紅線，為桃花加分。

## ⊙桃花位的維護

在桃花位擺放招桃花的物品來催動桃花之後，並不表示就可以安心的不去管它。平時也要特別注意桃花位的維護。

如果桃花位髒亂，或者用來擺垃圾桶，在感情上就會很容易遭小人破壞，導致感情破裂。

如果桃花位上擺放髒衣服或是雜物，代表感情容易有遇人不淑、所遇非人的狀況。因為桃花位上堆滿雜物，象徵著感情的狀況錯綜複雜。

如果桃花位完全的空曠或者過度清潔，也不太好，暗示著感情會一乾二淨，感情上容易有缺口經常沒有對象。桃花位如果沒有要加以運用，也最好是保持整齊、清潔，給予適當的照明，才能避免招來爛桃花，並打壞自己的好人緣。

## 流年文昌與催旺法

九宮飛星中掌管考運的文昌位是為四綠星。**今年的四綠星也就是文昌位於西方**，對於學生、考公職的人都可以運用這個位置來催旺運勢。有打算考試或是家中有正在求學的小孩，可以在家中**西方**的位置設置書桌，在文昌位上讀書，將有助於集中精神，提升考運。

另外催旺文昌最常見的方式是點燈，古人用油燈，現代可用檯燈或立燈來代替，在燈上綁上紅布條、紅線或紅繩，不僅對於家裡人的考運能加分，也代表開智慧。也可以運用文昌塔，民間認為文昌塔有貴子之意，就是小孩子考取功名、富貴的意思。但是塔型的高度，應該以奇數為主，一般最高是十三層，可使用五層、七層、九層，越高代表層級越好。在文昌位上也可擺放文房四寶，或者是懸掛文昌筆，以及貼上獨占鰲頭的鰲的圖像或魁星踢斗圖，對於讀書或者是頭腦判斷能力都會有提升。另外也可以擺放紫水晶，可以增強注意力與記憶力，幫助思路清晰，相對的就容易獲得好成績。

如果流年文昌位正好落在廁所的時候，對於判斷分析跟理解能力會有負面影響。建議在廁所內擺放土種黃金葛並且以燈照射，來化解。

正確的書桌擺設，也能幫助提升運氣。書桌或辦公桌最好的擺設方式為：桌面的左邊放置電腦與電話，桌面的右邊則放置文件與文具。這樣的擺放方式能營造出一種安心的氣氛，讓坐在書桌前的人能夠專心的讀書或辦公。

書桌上也可以放置紫水晶，形狀最好是圓形，可以加強思緒清晰。特別要注意的是，像美工刀、剪刀等利器，最好都封好收起來，以免利刃傷害了好機會以及好考運。

在文昌位貼魁星踢斗圖，對於讀書或是頭腦判斷能力都有提升的效用。

## 流年災病方位與避除法

九宮飛星中有二個要特別注意的星宿，分別為二黑與五黃，是要特別注意防範的方位。

其中二黑代表了「巨門星」，主「身心病痛」，民俗上也代表病符的位置，**今年剛好落在正中央**，因此在居家流年風水中，要特別注意的便是避免在這個方位休息睡覺，以防容易生病，如果房間在這方位者，在這年最好能換房睡覺，也建議在這個方位上擺放龜殼、葫蘆或者是千鶴圖，對於健康方面有加分的效果，不過，要記住千鶴圖千萬不能放上面有畫太陽的，因為那意味著日落西山、駕鶴西歸，千萬要注意！

**五黃則代表了「廉貞星」，今年落在東北方**，主的是「災病凶煞」，是可能會帶來災難病痛的凶星，而且通常是指關於血光的部分，容易受傷、開刀或者有意外傷害。最忌諱的就是動土，因此在居家流年風水中，要特別注意的便是避免在這個方位動土，不管是裝潢、油漆、修改隔間……等，最好都能先避開這個方位，並延到明年後再行施工，也要避免在此方位睡覺。

要注意的是，**居家外面、對面等方位，如果剛好有人動土，家中也會受到五黃煞氣的影響**，一般來說，可以在面對動工的方位上，擺放龜殼來化解。

可在家中二黑的位置，擺放葫蘆，對於健康有加分的效果。

此外，位於**西北方的三碧木**，一般來說會帶來官非跟盜賊的影響，也盡量不在這個方位動土。**位於北方的七赤金**，代表破軍星，是盜賊之星，通常在這個方位動工或裝潢，意味著容易遭小偷，也要盡量避免。

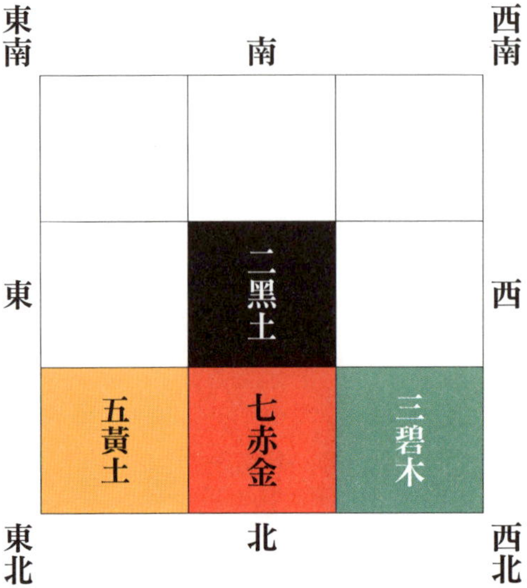


## 二〇二五乙巳年九宮方位應用圖

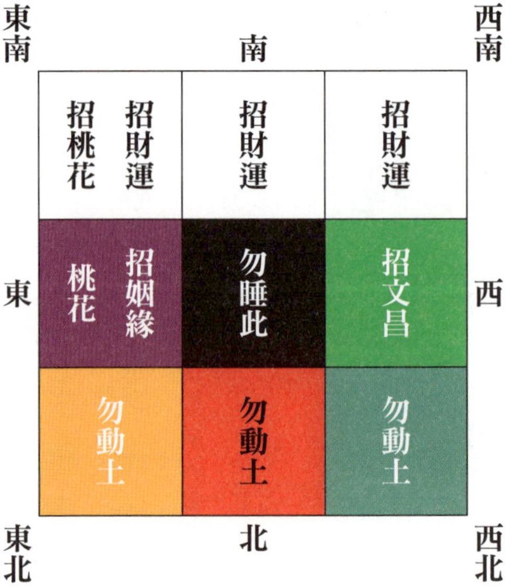

## 今年的太歲方

**今年太歲方在巳方（東南方），而今年歲破方則在太歲方對面的亥方（西北方）。**

我們常聽人說的「太歲頭上動土」，代表一個人不知好歹，做了不該做的事，惹了不該惹的人，因此準備要倒大楣了。其由來便是民俗上認為每年的太歲星君，都會固定降臨在家中的某個方位（例如**今年是巳方**），那個方位在今年中，便會成為太歲星君的「專屬方位」。因此如果在這個方位動土，就好像打擾到了太歲星君，可能會使得太歲星君不高興，住家運勢自然可能因而下降。另外要注意的是，歲破方也不能動土。

今年的太歲星君為「吳遂大將軍」

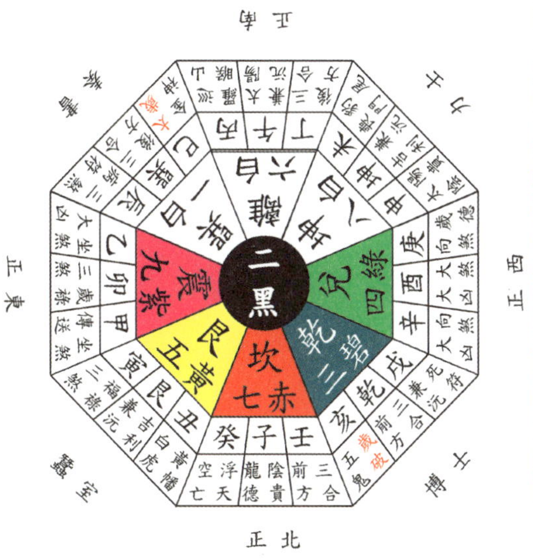

六

# 乙巳年命名大全

# 姓名學概述

漢字是相當獨特的一種文字，與西方字母不同，漢字是由一筆一畫構成的方塊文字。一個方塊字裡頭，不僅有「象」、有「數」、有「音」也有「義」，亦即《說文解字》提到的：「象形、指事、會意、形聲、轉注、假借。」

從姓名學的角度來說，八字走的是先天命，名字走的是後天運。漢字中的每一個部分都與陰陽五行有所呼應。所以在中國古代，人們便會利用漢字來占卜吉凶禍福，可見漢字不只是單純的文字，更包含著無數的資訊與深意。因此運用在名字上面，對於一個人的影響之大，就不得不謹慎。名字的好壞，關係一個人一生的事業、婚姻、健康乃至親子關係的優劣。

傳統姓名學認為姓名的組合，要考慮許多面向，包括字義、屬性組合、三才、五行、筆劃、生肖、甲骨、八字……要判斷一個人的姓名是否適合，對運勢是否有加分，有兩個重要的步驟：

**1 先排出正確的姓名筆劃。**

**2 針對人格、地格、外格、總格的筆劃來判斷。**

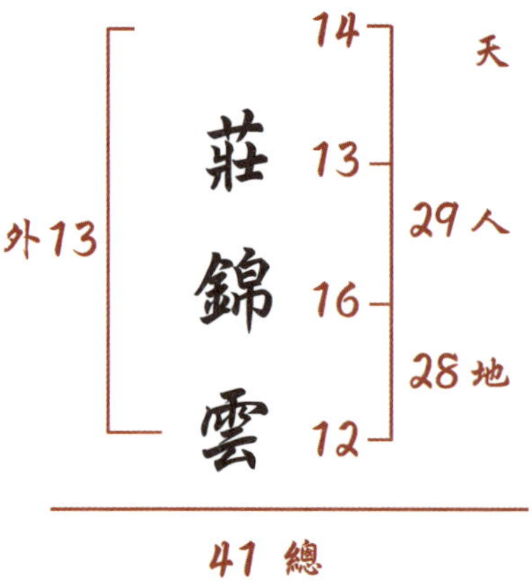

# 乙巳年出生者命名注意事項

## 適合的部首或字形

**「壬」「癸」**

今年天干為「乙」，有這些部首的字能夠助旺本命，提升運勢，有很大的加分。

**「馬」「午」「羊」「未」**

這些生肖與蛇為三會，貴人運強，提升運勢。

**「雞」「酉」「隹」「牛」「丑」**

這些生肖與蛇為三合，主貴人帶財運，加分多。

**「艸」「艹」**

字形對蛇來說很好，代表有遮風避雨的地方，一生享福，富貴崢嶸。

**「虫」「蟲」「魚」「豆」**

這些相關字形都是加分，代表智勇雙全，精誠溫和。

**「木」「禾」**

代表忠義信用，學識淵博。

**「田」「口」「囗」**

指有糧食、有好的環境，代表成功榮昌，名利永在。

**「金」「玉」**

象徵多才巧智，克己助人，良善積德。

**「月」**

得地利之便，操守廉正，一門鼎盛。

## 不適合的部首或字形

**「庚」「辛」**

今年天干為「乙」，有這些部首的字會有相剋的狀況。

**「虎」「寅」「虍」**

生肖虎會與蛇「刑」、「害」的狀況，可能會有摩擦或金錢方面的損失。

**「猴」「申」**

生肖猴會與蛇有「合破」的狀況，好的時候可能很好，但也有一些爭執、摩擦或其他減分的地方，損失甚至超過得利。

**「豬」「亥」「豕」**

與生肖蛇形成正沖，損失較多。

**「心」「忄」**

代表個性強、煩惱多。

**「山」「石」**

都代表多災厄，刑剋父母或刑偶喪子。

**「刀」「血」**

要預防忌車怕水、血光之災。

**「火」「糸」「攵」**

代表身弱短壽或要預防意外血光。

**「糸」「扌」**

代表不順或意外。

## 肖蛇者出生月分禁忌

### 男生

**正月生**　破月，對婚姻感情較有影響，命名時要特別注意。

**五月生**　帶桃花，感情機會多，但要小心有爛桃花

**六月生**　鐵掃，入贅或住女方家比較會有影響。

**七月生**　孤獨格兼亡神煞，個性稍微孤僻，要盡量避免疾病喪葬的場合與物品。

**九月生**　犯重婚，婚姻比較會有變數，容易二婚，建議盡量晚婚，注意命名。

### 女生

**三月生**　寡宿，對婚姻較有影響，可能聚少離多或是分離。

**四月生**　破月，對婚姻及感情較有影響，命名時要特別注意。

**五月生**　帶桃花，感情上較豐富，或許可以靠外貌生財，但要避免變成桃花煞。

**七月生**　再嫁，婚姻易有變數，建議晚婚，取名字要注意。

# 姓名八十一數吉凶靈動表

| 筆劃數 | 吉凶 | 詩評 |
| --- | --- | --- |
| 一劃 | 吉 | 大展鴻圖，信用得固，無遠弗屆，可獲成功。 |
| 二劃 | 凶 | 根基不固，搖搖欲墜，一盛一衰，勞而無功。 |
| 三劃 | 吉 | 根深蒂固，蒸蒸日上，如意吉祥，百事順遂。 |
| 四劃 | 凶 | 坎坷前途，苦難折磨，非有毅力，難望成功。 |
| 五劃 | 吉 | 陰陽和合，生意興隆，名利雙收，後福重重。 |
| 六劃 | 吉 | 萬寶雲集，天降幸運，立志奮發，可成大功。 |
| 七劃 | 吉 | 專心經營，和氣致祥，排除萬難，必獲成功。 |
| 八劃 | 吉 | 努力發達，貫徹志望，不忘進退，成功可期。 |
| 九劃 | 凶 | 雖抱奇才，有才無命，獨營無力，財力難望。 |
| 十劃 | 凶 | 烏雲遮月，暗淡無光，空費心力，徒勞無功。 |
| 十一劃 | 吉 | 草木逢春，枯葉沾露，穩健著實，必得人望。 |
| 十二劃 | 凶 | 薄弱無力，孤立無搖，外祥內苦，謀事難成。 |
| 十三劃 | 吉 | 天賦吉運，能得人望，善用智慧，必獲成功。 |
| 十四劃 | 大凶 | 忍得苦難，必有後福，是成是敗，惟靠堅毅。 |
| 十五劃 | 吉 | 謙恭做事，外得人和，大事成就，一定興隆。 |
| 十六劃 | 吉 | 能獲眾望，成就大業，名利雙收，盟主四方。 |
| 十七劃 | 吉 | 排除萬難，有貴人助，把握時機，可得成功。 |
| 十八劃 | 吉 | 經商做事，順利昌隆，如能慎始，百事亨通。 |

| | | |
|---|---|---|
| 十九劃 | **大凶** | 成功雖早，慎防空虧，內外不合，障礙重重。 |
| 二十劃 | **大凶** | 智高志大，歷盡艱難，焦心憂勞，進退兩難。 |
| 二十一劃 | **吉** | 專心經營，善用智慧，霜雪梅花，春來怒放。 |
| 二十二劃 | **凶** | 秋草逢霜，懷才不遇，憂愁怨苦，事不如意。 |
| 二十三劃 | **吉** | 旭日昇天，名顯四方，漸次進展，終成大業。 |
| 二十四劃 | **吉** | 錦繡前程，須靠自力，多用智謀，能奏大功。 |
| 二十五劃 | **吉** | 天時地利，再得人和，講信修睦，即可成功。 |
| 二十六劃 | **凶** | 波瀾起伏，千變萬化，凌駕萬難，必可成功。 |
| 二十七劃 | **凶帶吉** | 一成一敗，一盛一衰，惟靠謹慎，可守成功。 |
| 二十八劃 | **大凶** | 魚臨旱地，難逃惡運，此數大凶，不如更名。 |
| 二十九劃 | **吉** | 如龍得雲，青雲直上，智謀奮進，才略奏功。 |

| | | |
|---|---|---|
| 三十劃 | **凶** | 吉凶參半，得失相伴，投機取巧，如賽一樣。 |
| 三十一劃 | **吉** | 此數大吉，名利雙收，漸進向上，大業成就。 |
| 三十二劃 | **吉** | 池中之龍，風雲際會，一躍上天，成功可望。 |
| 三十三劃 | **吉** | 不可意氣，善用智慧，如能慎始，必可昌隆。 |
| 三十四劃 | **大凶** | 災難不絕，難望成功，此數大凶，不如更名。 |
| 三十五劃 | **吉** | 中吉之數，進退保守，生意安穩，成就可期。 |
| 三十六劃 | **凶** | 波瀾重疊，常陷窮困，動不如靜，有才無命。 |
| 三十七劃 | **吉** | 逢凶化吉，吉人天相，風調雨順，生意興隆。 |
| 三十八劃 | **凶帶吉** | 名雖可得，利則難獲，藝界發展，可望成功。 |
| 三十九劃 | **吉** | 雲開見月，雖有勞碌，光明坦途，指日可期。 |
| 四十劃 | **吉帶凶** | 一盛一衰，浮沉不定，知難而退，自獲天佑。 |

| 筆劃數 | 吉凶 | 詩評 |
|---|---|---|
| 四十一劃 | 吉 | 天賦吉運，德望兼備，繼續努力，前途無限。 |
| 四十二劃 | 吉帶凶 | 事業不專，十九不成，專心進取，可望成功。 |
| 四十三劃 | 吉帶凶 | 雨夜之花，外祥內苦，忍耐自重，轉凶為吉。 |
| 四十四劃 | 凶 | 雖用心計，事難遂願，貪功好進，必招失敗。 |
| 四十五劃 | 吉 | 楊柳遇春，綠葉發枝，衝破難關，一舉成名。 |
| 四十六劃 | 凶 | 坎坷不平，艱難重重，若無耐心，難望有成。 |
| 四十七劃 | 吉 | 有貴人助，可成大業，圓滿無疑，福及子孫。 |
| 四十八劃 | 吉 | 美化豐實，鶴立雞群，名利俱全，繁榮富貴。 |
| 四十九劃 | 凶 | 遇吉則吉，遇凶則凶，惟靠謹慎，逢凶化吉。 |
| 五十劃 | 吉帶凶 | 吉凶互見，一成一敗，凶中有吉，吉中有凶。 |

| 筆劃數 | 吉凶 | 詩評 |
|---|---|---|
| 五十一劃 | 吉帶凶 | 一盛一衰，沉浮不常，自重自處，可保平安。 |
| 五十二劃 | 吉 | 草木逢春，枯葉沾露，福自天降，財源廣進。 |
| 五十三劃 | 吉帶凶 | 盛衰參半，外祥內苦，先吉後凶，先凶後吉。 |
| 五十四劃 | 大凶 | 雖傾全力，難望成功，此數大凶，最好改名。 |
| 五十五劃 | 吉帶凶 | 外觀隆昌，內隱禍患，克服難關，開出泰運。 |
| 五十六劃 | 凶 | 事與願違，終難成功，欲速不達，有始無終。 |
| 五十七劃 | 吉 | 努力經營，時來運轉，曠野枯草，春來花開。 |
| 五十八劃 | 凶帶吉 | 半凶半吉，沉浮多端，始凶終吉，能保成功。 |
| 五十九劃 | 凶 | 遇事猶疑，難望成事，大刀闊斧，始可有成。 |
| 六十劃 | 凶 | 黑暗無光，心迷意亂，出爾反爾，難定方針。 |

| | | |
|---|---|---|
| 六十一劃 | 吉帶凶 | 雲遮半月，百隱風波，應自謹慎，始保平安。 |
| 六十二劃 | 凶 | 煩悶懊惱，事事難展，自防災禍，始免困境。 |
| 六十三劃 | 吉 | 萬物化育，繁榮之象，專心一意，必能成功。 |
| 六十四劃 | 凶 | 見異思遷，十九不成，徒勞無功，不如更名。 |
| 六十五劃 | 吉 | 吉運自來，能享盛名，把握機會，必獲成功。 |
| 六十六劃 | 凶 | 黑夜漫長，進退維谷，內外不和，信用缺乏。 |
| 六十七劃 | 吉 | 時來運轉，事事如意，功成名就，富貴自來。 |
| 六十八劃 | 吉 | 思慮周詳，計畫力行，不失先機，可望成功。 |
| 六十九劃 | 凶 | 動搖不安，常陷逆境，不得時運，難得利潤。 |
| 七十劃 | 凶 | 慘淡經營，難免貧困，此數不吉，最好改名。 |
| 七十一劃 | 吉帶凶 | 吉凶參半，惟賴勇氣，貫徹力行，始可成功。 |

| | | |
|---|---|---|
| 七十二劃 | 凶 | 利害混集，凶多吉少，得而復失，難以安順。 |
| 七十三劃 | 吉 | 安樂自來，自然吉祥，力行不懈，終必成功。 |
| 七十四劃 | 凶 | 利不及費，坐食山空，如無智謀，難望成功。 |
| 七十五劃 | 吉帶凶 | 吉中帶凶，欲速不達，進不如守，可保安祥。 |
| 七十六劃 | 大凶 | 此數大凶，破產之象，宜速改名，以避厄運。 |
| 七十七劃 | 吉帶凶 | 先苦後甘，先甘後苦，如能守成，不致失敗。 |
| 七十八劃 | 吉帶凶 | 有得有失，華而不實，須防劫財，始保平安。 |
| 七十九劃 | 凶 | 如走夜路，前途無光，希望不大，勞而無功。 |
| 八十劃 | 吉帶凶 | 得而復失，枉費心機，守成無貪，可保安穩。 |
| 八十一劃 | 吉 | 最極之數，還本歸元，能得繁榮，發達成功。 |

# 乙巳年出生者適合職業解析

傳統的風水觀念中，認為這世界上的萬物都是由「金木水火土」所構成，這五行的「相生」、「相剋」，構成了萬物的變化。五行對照的不僅是天上的星辰與地上的物質，在傳統風水觀念中，方位、數字、顏色、時間、乃至人體構造與職業，都有各自的五行屬性。

在「五行」的觀念中，每個人也有各自的「五行屬性」，一旦了解所屬的五行，便可知道自己目前所從事的學習或職業，是不是符合本身的屬性，也可以依此作為對於未來規劃的參考。

對於家長來說，找出小孩子的性向往往是困難的一件事，如果能夠從小就找出適合孩子發展的方向，並適切的輔助引導孩子，對於孩子日後的學習或是就業都容易產生加分的作用。

簡單的說，在一開始挑選科系或職業上，如果能夠依照「五行相生」的原則，避開相剋的情形，不僅讀書與工作能事半功倍，也比較容易獲得好的發展與機會。如果正處於人生的十字路口，也可以依此原則來看看是否需要轉換跑道。

讀者可從下頁之「乙巳年曆」中找出出生時的「干支日」，再依據「日干與五行對照」，便能推算出今年出生之人所代表之「易經卦象」。

而在「適合職業」的判定上，則須同時將「出生季節」考慮進去，對出生季節的判定，是以農民曆中的「節氣」為基準。將一年以「立春」、「立夏」、「立秋」、「立冬」這四個日子區分為春夏秋冬四個季節，在「立夏」後、「立秋」前出生者，其出生季節即為「夏」。

## 出生日期與易經卦象對照表

| 出生日期 | 易經卦象 |
| --- | --- |
| 日干甲、乙 | 木 |
| 日干丙、丁 | 火 |
| 日干戊、己 | 土 |
| 日干庚、辛 | 金 |
| 日干壬、癸 | 水 |

若是出生於交節氣的當天又怎麼計算呢？事實上「交節氣」是指太陽在某個時點開始走入下一個節氣，所以是以「某日某時」為時間點，過了交節氣該日的該時辰之後，才轉為下一個季節。

而同一屬性，出生季節卻不同的人，在特性上便會有所不同。例如：「火」可以代表火焰，夏天已為躁熱的天氣型態，此時若再不小心火燭，恐因「木」材助燃而釀成火災。因此「夏月之火」便不適合「木」。但如果是「冬月之火」，由於「火」在寒冷的冬日裡顯得微弱，不容易燃燒起來，若是加了「木」材就能燃燒得更旺，藉以取暖過冬。所以季節與屬性的搭配十分重要。

找出孩子所屬的「四時屬性」後，便可以對照「出生季節卦象與適合職業對照表」，找出最適合的職業屬性，再從下面的「五行職業列表」中，就可以找到最適合孩子的發展方向了。

## 屬金性行業

**與金（金屬、工具、金錢）相關行業：**

金銀珠寶業經銷販售、金屬業、貴金屬；五金礦業、冶金、工程、開礦、伐木、刀模、機械、兵工廠、機車行、汽車維修、鎖匙行、修鞋、五金行、武術、音響店、手機行、鐘錶行、眼鏡行、玻璃明鏡店、鋁門窗製作、獎牌徽章店、電器經銷販售、電子器材經銷販售；金融、貿易、經濟、會計、銀行、證券、基金會、彩券行、租車行、網咖、電腦美工設計、動畫師、電話交友、打字員。

**屬堅硬性、主動性、主宰性之行業：**

軍人、警察、保全、大樓管理員、警衛、討債公司、催帳員、徵信社、外勤公務員、運動、科學、科技、大法官、民意代表、交通事業、司機、鑑定業。

## 屬木性行業

**與木（木材、紙筆布料、藥材）相關行業：**

木材、林業、木工、傢俱、裝潢、木器製造業、特殊動植物生長之學者、植物栽種實驗人員、種植花草樹果業、茶葉種植販售；造紙、纖維、紡織、文具行、影印店、出版社、文藝界、文化事業編輯、作家、校稿員、內勤公務人員、司法警政人員、保健醫療器材、保健衛生、健康食品、醫生、藥劑師、護士、按摩師。

**屬心靈導引、潛移默化之行業：**

僧侶、教授、教師、心理醫師、命理師、舞蹈老師、比丘、比丘尼。

## 屬水性行業

**與水（水、海河、冰）相關行業：**

水利、航海業、消防業、溫泉業、酒類經銷販售、醬油、浴室、清潔人員；釣具、泳具、水產、漁貨、船員、漁具相關行業；冷飲業、冷凍。冷藏食品、日本料理、飲茶室、冰果室、冷氣。

**屬流動性之行業：**

流動性之攤販、外交人員、業務人員、仲介、旅遊業、玩具販售、魔術師、特技人員、特殊表演業、遊樂場、電影院、搬家業、送報員、派報員、送羊牛奶員、跑單幫、市調人員（問卷訪問、計次人員）、空勤人員、記者、偵探、演藝業、服務業（餐廳、飲食店、喫茶店、酒家、酒吧、接待業、旅館）、劇團、自由業、行銷企畫人員、研究、調查、分析。

## 屬火性行業

**與火（火、光、熱、電）相關行業：**

冶金、化學、瓦斯、高溫物品、高溫餐飲業廚師、外燴廚師、食品業；照明設備、放映師、錄音師、攝影師、相片館、攝影器材販售、製片業、燈光師；手工藝品、機械加工、食物模型製作、陶瓷製造、工藝、玩具製造、理燙髮業、美容瘦身、修護業、印製業、油品、酒類釀造、汽鍋、暖氣；電氣（發電、機具、工廠）。

**具影響性之行業：**

評論家、心理學家、演說家、文學（文學研究出版經銷、語文學）、排版、雜誌、新聞、傳播媒體、廣告業、舞台燈光音響、招牌、法律、繪畫、樂器、地毯、窗簾、服飾、衣帽、服裝設計、圖案、裝飾、美工、美容、美術、化妝、美容業、登山用品、玩具槍店、百貨業、十元商店、雕刻、古董。

## 屬土性行業

**與土（土地、土木）相關行業：**

畜牧業、蔬果販賣商、農畜百業、農業、林業、園藝、礦業、運輸、倉儲、房地產買賣、當鋪、古董家、鑑定師、仲介業、代書、律師、法官、管理、設計、顧問、秘書、會計人員、會計師；水泥業、建築業（木工、水泥工、粗工）、垃圾場、停車場、水晶販售、陶瓷、碗盤販售、防水事業、製糊業。

**與喪葬有關行業：**

葬儀社、靈骨塔、宗教人員、以及所有宗教行業包括金燭店、車鼓陣、誦經團。

## 乙巳年年曆

| 114年2月 | | 114年1月 | | 國曆 |
|---|---|---|---|---|
| 正月大 | | 十二月小 | | 農曆 |
| 戊寅 | | 丁丑 | | |
| 2月18日<br>雨水酉時<br>18時07分 | 2月3日<br>立春亥時<br>22時10分 | 1月20日<br>大寒寅時<br>4時00分 | 1月5日<br>小寒巳時<br>10時33分 | 節氣<br>（國曆） |
| 支干 | 農曆正月 | 支干 | 農曆十二月 | 國曆 |
| 辛丑 | 初四 | 庚午 | 初二 | 1 |
| 壬寅 | 初五 | 辛未 | 初三 | 2 |
| 癸卯 | 初六 | 壬申 | 初四 | 3 |
| 甲辰 | 初七 | 癸酉 | 初五 | 4 |
| 乙巳 | 初八 | 甲戌 | 初六 | 5 |
| 丙午 | 初九 | 乙亥 | 初七 | 6 |
| 丁未 | 初十 | 丙子 | 初八 | 7 |
| 戊申 | 十一 | 丁丑 | 初九 | 8 |
| 己酉 | 十二 | 戊寅 | 初十 | 9 |
| 庚戌 | 十三 | 己卯 | 十一 | 10 |
| 辛亥 | 十四 | 庚辰 | 十二 | 11 |
| 壬子 | 十五 | 辛巳 | 十三 | 12 |
| 癸丑 | 十六 | 壬午 | 十四 | 13 |
| 甲寅 | 十七 | 癸未 | 十五 | 14 |
| 乙卯 | 十八 | 甲申 | 十六 | 15 |
| 丙辰 | 十九 | 乙酉 | 十七 | 16 |
| 丁巳 | 二十 | 丙戌 | 十八 | 17 |
| 戊午 | 廿一 | 丁亥 | 十九 | 18 |
| 己未 | 廿二 | 戊子 | 二十 | 19 |
| 庚申 | 廿三 | 己丑 | 廿一 | 20 |
| 辛酉 | 廿四 | 庚寅 | 廿二 | 21 |
| 壬戌 | 廿五 | 辛卯 | 廿三 | 22 |
| 癸亥 | 廿六 | 壬辰 | 廿四 | 23 |
| 甲子 | 廿七 | 癸巳 | 廿五 | 24 |
| 乙丑 | 廿八 | 甲午 | 廿六 | 25 |
| 丙寅 | 廿九 | 乙未 | 廿七 | 26 |
| 丁卯 | 三十 | 丙申 | 廿八 | 27 |
| 戊辰 | 二月 | 丁酉 | 廿九 | 28 |
| | | 戊戌 | 正月 | 29 |
| | | 己亥 | 初二 | 30 |
| | | 庚子 | 初三 | 31 |

# 乙巳年年曆

| 國曆 | 114 年 4 月 | | 114 年 3 月 | |
|---|---|---|---|---|
| 農曆 | 三月大 | | 二月小 | |
| 干支 | 庚辰 | | 己卯 | |
| 節氣（國曆） | 4 月 20 日<br>穀雨寅時<br>3 時 56 分 | 4 月 4 日<br>清明戌時<br>20 時 48 分 | 3 月 20 日<br>春分酉時<br>17 時 01 分 | 3 月 5 日<br>驚蟄申時<br>16 時 07 分 |
| 國曆 | 支干 | 農曆三月 | 支干 | 農曆二月 |
| 1 | 庚子 | 初四 | 己巳 | 初二 |
| 2 | 辛丑 | 初五 | 庚午 | 初三 |
| 3 | 壬寅 | 初六 | 辛未 | 初四 |
| 4 | 癸卯 | 初七 | 壬申 | 初五 |
| 5 | 甲辰 | 初八 | 癸酉 | 初六 |
| 6 | 乙巳 | 初九 | 甲戌 | 初七 |
| 7 | 丙午 | 初十 | 乙亥 | 初八 |
| 8 | 丁未 | 十一 | 丙子 | 初九 |
| 9 | 戊申 | 十二 | 丁丑 | 初十 |
| 10 | 己酉 | 十三 | 戊寅 | 十一 |
| 11 | 庚戌 | 十四 | 己卯 | 十二 |
| 12 | 辛亥 | 十五 | 庚辰 | 十三 |
| 13 | 壬子 | 十六 | 辛巳 | 十四 |
| 14 | 癸丑 | 十七 | 壬午 | 十五 |
| 15 | 甲寅 | 十八 | 癸未 | 十六 |
| 16 | 乙卯 | 十九 | 甲申 | 十七 |
| 17 | 丙辰 | 二十 | 乙酉 | 十八 |
| 18 | 丁巳 | 廿一 | 丙戌 | 十九 |
| 19 | 戊午 | 廿二 | 丁亥 | 二十 |
| 20 | 己未 | 廿三 | 戊子 | 廿一 |
| 21 | 庚申 | 廿四 | 己丑 | 廿二 |
| 22 | 辛酉 | 廿五 | 庚寅 | 廿三 |
| 23 | 壬戌 | 廿六 | 辛卯 | 廿四 |
| 24 | 癸亥 | 廿七 | 壬辰 | 廿五 |
| 25 | 甲子 | 廿八 | 癸巳 | 廿六 |
| 26 | 乙丑 | 廿九 | 甲午 | 廿七 |
| 27 | 丙寅 | 三十 | 乙未 | 廿八 |
| 28 | 丁卯 | 四月 | 丙申 | 廿九 |
| 29 | 戊辰 | 初二 | 丁酉 | 三月 |
| 30 | 己巳 | 初三 | 戊戌 | 初二 |
| 31 | | | 己亥 | 初三 |

| 114年6月 | | 114年5月 | | 國曆 |
|---|---|---|---|---|
| 五月小 | | 四月小 | | 農曆 |
| 壬午 | | 辛巳 | | 干支 |
| 6月21日<br>夏至巳時<br>10時42分 | 6月5日<br>芒種酉時<br>17時56分 | 5月21日<br>小滿丑時<br>2時55分 | 5月5日<br>立夏未時<br>13時57分 | 節氣<br>（國曆） |
| 支干 | 農曆五月 | 支干 | 農曆四月 | 國曆 |
| 辛丑 | 初六 | 庚午 | 初四 | 1 |
| 壬寅 | 初七 | 辛未 | 初五 | 2 |
| 癸卯 | 初八 | 壬申 | 初六 | 3 |
| 甲辰 | 初九 | 癸酉 | 初七 | 4 |
| 乙巳 | 初十 | 甲戌 | 初八 | 5 |
| 丙午 | 十一 | 乙亥 | 初九 | 6 |
| 丁未 | 十二 | 丙子 | 初十 | 7 |
| 戊申 | 十三 | 丁丑 | 十一 | 8 |
| 己酉 | 十四 | 戊寅 | 十二 | 9 |
| 庚戌 | 十五 | 己卯 | 十三 | 10 |
| 辛亥 | 十六 | 庚辰 | 十四 | 11 |
| 壬子 | 十七 | 辛巳 | 十五 | 12 |
| 癸丑 | 十八 | 壬午 | 十六 | 13 |
| 甲寅 | 十九 | 癸未 | 十七 | 14 |
| 乙卯 | 二十 | 甲申 | 十八 | 15 |
| 丙辰 | 廿一 | 乙酉 | 十九 | 16 |
| 丁巳 | 廿二 | 丙戌 | 二十 | 17 |
| 戊午 | 廿三 | 丁亥 | 廿一 | 18 |
| 己未 | 廿四 | 戊子 | 廿二 | 19 |
| 庚申 | 廿五 | 己丑 | 廿三 | 20 |
| 辛酉 | 廿六 | 庚寅 | 廿四 | 21 |
| 壬戌 | 廿七 | 辛卯 | 廿五 | 22 |
| 癸亥 | 廿八 | 壬辰 | 廿六 | 23 |
| 甲子 | 廿九 | 癸巳 | 廿七 | 24 |
| 乙丑 | 六月 | 甲午 | 廿八 | 25 |
| 丙寅 | 初二 | 乙未 | 廿九 | 26 |
| 丁卯 | 初三 | 丙申 | 五月 | 27 |
| 戊辰 | 初四 | 丁酉 | 初二 | 28 |
| 己巳 | 初五 | 戊戌 | 初三 | 29 |
| 庚午 | 初六 | 己亥 | 初四 | 30 |
| | | 庚子 | 初五 | 31 |

# 乙巳年年曆

| 國曆 | 114 年 8 月 | | 114 年 7 月 | |
|---|---|---|---|---|
| 農曆 | 閏六月小 | | 六月大 | |
| 干支 | 癸未 | | 癸未 | |
| 節氣（國曆） | 8 月 23 日<br>處暑寅時<br>4 時 34 分 | 8 月 7 日<br>立秋未時<br>13 時 52 分 | 7 月 22 日<br>大暑亥時<br>21 時 29 分 | 7 月 7 日<br>小暑寅時<br>4 時 05 分 |
| 國曆 | 支干 | 農曆閏六月 | 支干 | 農曆六月 |
| 1 | 壬寅 | 初八 | 辛未 | 初七 |
| 2 | 癸卯 | 初九 | 壬申 | 初八 |
| 3 | 甲辰 | 初十 | 癸酉 | 初九 |
| 4 | 乙巳 | 十一 | 甲戌 | 初十 |
| 5 | 丙午 | 十二 | 乙亥 | 十一 |
| 6 | 丁未 | 十三 | 丙子 | 十二 |
| 7 | 戊申 | 十四 | 丁丑 | 十三 |
| 8 | 己酉 | 十五 | 戊寅 | 十四 |
| 9 | 庚戌 | 十六 | 己卯 | 十五 |
| 10 | 辛亥 | 十七 | 庚辰 | 十六 |
| 11 | 壬子 | 十八 | 辛巳 | 十七 |
| 12 | 癸丑 | 十九 | 壬午 | 十八 |
| 13 | 甲寅 | 二十 | 癸未 | 十九 |
| 14 | 乙卯 | 廿一 | 甲申 | 二十 |
| 15 | 丙辰 | 廿二 | 乙酉 | 廿一 |
| 16 | 丁巳 | 廿三 | 丙戌 | 廿二 |
| 17 | 戊午 | 廿四 | 丁亥 | 廿三 |
| 18 | 己未 | 廿五 | 戊子 | 廿四 |
| 19 | 庚申 | 廿六 | 己丑 | 廿五 |
| 20 | 辛酉 | 廿七 | 庚寅 | 廿六 |
| 21 | 壬戌 | 廿八 | 辛卯 | 廿七 |
| 22 | 癸亥 | 廿九 | 壬辰 | 廿八 |
| 23 | 甲子 | 七月 | 癸巳 | 廿九 |
| 24 | 乙丑 | 初二 | 甲午 | 三十 |
| 25 | 丙寅 | 初三 | 乙未 | 閏六月 |
| 26 | 丁卯 | 初四 | 丙申 | 初二 |
| 27 | 戊辰 | 初五 | 丁酉 | 初三 |
| 28 | 己巳 | 初六 | 戊戌 | 初四 |
| 29 | 庚午 | 初七 | 己亥 | 初五 |
| 30 | 辛未 | 初八 | 庚子 | 初六 |
| 31 | 壬申 | 初九 | 辛丑 | 初七 |

# 乙巳年年曆

| 114年10月 | | 114年9月 | | 國曆 |
|---|---|---|---|---|
| 八月小 | | 七月大 | | 農曆 |
| 乙酉 | | 甲申 | | 干支 |
| 10月23日<br>霜降午時<br>11時51分 | 10月8日<br>寒露辰時<br>8時41分 | 9月23日<br>秋分丑時<br>2時19分 | 9月7日<br>白露申時<br>16時52分 | 節氣<br>（國曆） |
| 支干 | 農曆八月 | 支干 | 農曆七月 | 國曆 |
| 癸卯 | 初十 | 癸酉 | 初十 | 1 |
| 甲辰 | 十一 | 甲戌 | 十一 | 2 |
| 乙巳 | 十二 | 乙亥 | 十二 | 3 |
| 丙午 | 十三 | 丙子 | 十三 | 4 |
| 丁未 | 十四 | 丁丑 | 十四 | 5 |
| 戊申 | 十五 | 戊寅 | 十五 | 6 |
| 己酉 | 十六 | 己卯 | 十六 | 7 |
| 庚戌 | 十七 | 庚辰 | 十七 | 8 |
| 辛亥 | 十八 | 辛巳 | 十八 | 9 |
| 壬子 | 十九 | 壬午 | 十九 | 10 |
| 癸丑 | 二十 | 癸未 | 二十 | 11 |
| 甲寅 | 廿一 | 甲申 | 廿一 | 12 |
| 乙卯 | 廿二 | 乙酉 | 廿二 | 13 |
| 丙辰 | 廿三 | 丙戌 | 廿三 | 14 |
| 丁巳 | 廿四 | 丁亥 | 廿四 | 15 |
| 戊午 | 廿五 | 戊子 | 廿五 | 16 |
| 己未 | 廿六 | 己丑 | 廿六 | 17 |
| 庚申 | 廿七 | 庚寅 | 廿七 | 18 |
| 辛酉 | 廿八 | 辛卯 | 廿八 | 19 |
| 壬戌 | 廿九 | 壬辰 | 廿九 | 20 |
| 癸亥 | 九月 | 癸巳 | 三十 | 21 |
| 甲子 | 初二 | 甲午 | 八月 | 22 |
| 乙丑 | 初三 | 乙未 | 初二 | 23 |
| 丙寅 | 初四 | 丙申 | 初三 | 24 |
| 丁卯 | 初五 | 丁酉 | 初四 | 25 |
| 戊辰 | 初六 | 戊戌 | 初五 | 26 |
| 己巳 | 初七 | 己亥 | 初六 | 27 |
| 庚午 | 初八 | 庚子 | 初七 | 28 |
| 辛未 | 初九 | 辛丑 | 初八 | 29 |
| 壬申 | 初十 | 壬寅 | 初九 | 30 |
| 癸酉 | 十一 | | | 31 |

# 乙巳年年曆

| 國曆 | 114 年 12 月 | | 114 年 11 月 | |
|---|---|---|---|---|
| 農曆 | 十月大 | | 九月大 | |
| 干支 | 丁亥 | | 丙戌 | |
| 節氣（國曆） | 12 月 21 日<br>冬至子時<br>23 時 03 分 | 12 月 7 日<br>大雪卯時<br>5 時 05 分 | 11 月 22 日<br>小雪巳時<br>9 時 36 分 | 11 月 7 日<br>立冬午時<br>12 時 04 分 |
| 國曆 | 支干 | 農曆十 月 | 支干 | 農曆九月 |
| 1 | 甲辰 | 十二 | 甲戌 | 十二 |
| 2 | 乙巳 | 十三 | 乙亥 | 十三 |
| 3 | 丙午 | 十四 | 丙子 | 十四 |
| 4 | 丁未 | 十五 | 丁丑 | 十五 |
| 5 | 戊申 | 十六 | 戊寅 | 十六 |
| 6 | 己酉 | 十七 | 己卯 | 十七 |
| 7 | 庚戌 | 十八 | 庚辰 | 十八 |
| 8 | 辛亥 | 十九 | 辛巳 | 十九 |
| 9 | 壬子 | 二十 | 壬午 | 二十 |
| 10 | 癸丑 | 廿一 | 癸未 | 廿一 |
| 11 | 甲寅 | 廿二 | 甲申 | 廿二 |
| 12 | 乙卯 | 廿三 | 乙酉 | 廿三 |
| 13 | 丙辰 | 廿四 | 丙戌 | 廿四 |
| 14 | 丁巳 | 廿五 | 丁亥 | 廿五 |
| 15 | 戊午 | 廿六 | 戊子 | 廿六 |
| 16 | 己未 | 廿七 | 己丑 | 廿七 |
| 17 | 庚申 | 廿八 | 庚寅 | 廿八 |
| 18 | 辛酉 | 廿九 | 辛卯 | 廿九 |
| 19 | 壬戌 | 三十 | 壬辰 | 三十 |
| 20 | 癸亥 | 十一月 | 癸巳 | 十月 |
| 21 | 甲子 | 初二 | 甲午 | 初二 |
| 22 | 乙丑 | 初三 | 乙未 | 初三 |
| 23 | 丙寅 | 初四 | 丙申 | 初四 |
| 24 | 丁卯 | 初五 | 丁酉 | 初五 |
| 25 | 戊辰 | 初六 | 戊戌 | 初六 |
| 26 | 己巳 | 初七 | 己亥 | 初七 |
| 27 | 庚午 | 初八 | 庚子 | 初八 |
| 28 | 辛未 | 初九 | 辛丑 | 初九 |
| 29 | 壬申 | 初十 | 壬寅 | 初十 |
| 30 | 癸酉 | 十一 | 癸卯 | 十一 |
| 31 | 甲戌 | 十二 | | |

## 乙巳年年曆

| 115 年 2 月 | | 115 年 1 月 | | 國曆 |
|---|---|---|---|---|
| 十二月小 | | 十一 月大 | | 農曆 |
| 己丑 | | 戊子 | | 干支 |
| 2 月 18 日<br>雨水子時<br>23 時 52 分 | 2 月 4 日<br>立春寅時<br>4 時 02 分 | 1 月 20 日<br>大寒巳時<br>9 時 45 分 | 1 月 5 日<br>小寒申時<br>16 時 23 分 | 節氣<br>（國曆） |
| 支干 | 農曆十二月 | 支干 | 農曆十一月 | 國曆 |
| 丙午 | 十四 | 乙亥 | 十三 | 1 |
| 丁未 | 十五 | 丙子 | 十四 | 2 |
| 戊申 | 十六 | 丁丑 | 十五 | 3 |
| 己酉 | 十七 | 戊寅 | 十六 | 4 |
| 庚戌 | 十八 | 己卯 | 十七 | 5 |
| 辛亥 | 十九 | 庚辰 | 十八 | 6 |
| 壬子 | 二十 | 辛巳 | 十九 | 7 |
| 癸丑 | 廿一 | 壬午 | 二十 | 8 |
| 甲寅 | 廿二 | 癸未 | 廿一 | 9 |
| 乙卯 | 廿三 | 甲申 | 廿二 | 10 |
| 丙辰 | 廿四 | 乙酉 | 廿三 | 11 |
| 丁巳 | 廿五 | 丙戌 | 廿四 | 12 |
| 戊午 | 廿六 | 丁亥 | 廿五 | 13 |
| 己未 | 廿七 | 戊子 | 廿六 | 14 |
| 庚申 | 廿八 | 己丑 | 廿七 | 15 |
| 辛酉 | 廿九 | 庚寅 | 廿八 | 16 |
| 壬戌 | 正月 | 辛卯 | 廿九 | 17 |
| 癸亥 | 初二 | 壬辰 | 三十 | 18 |
| 甲子 | 初三 | 癸巳 | 十二月 | 19 |
| 乙丑 | 初四 | 甲午 | 初二 | 20 |
| 丙寅 | 初五 | 乙未 | 初三 | 21 |
| 丁卯 | 初六 | 丙申 | 初四 | 22 |
| 戊辰 | 初七 | 丁酉 | 初五 | 23 |
| 己巳 | 初八 | 戊戌 | 初六 | 24 |
| 庚午 | 初九 | 己亥 | 初七 | 25 |
| 辛未 | 初十 | 庚子 | 初八 | 26 |
| 壬申 | 十一 | 辛丑 | 初九 | 27 |
| 癸酉 | 十二 | 壬寅 | 初十 | 28 |
| | | 癸卯 | 十一 | 29 |
| | | 甲辰 | 十二 | 30 |
| | | 乙巳 | 十三 | 31 |

# 出生節氣屬性與適合職業對照表

| 日干甲乙（木） | | | | | |
|---|---|---|---|---|---|
| 職業屬性 / 出生日 | 金 | 木 | 水 | 火 | 土 |
| 春月之木 | 可 | 良 | 劣 | 優 | 差 |
| 夏月之木 | 可 | 差 | 優 | 劣 | 良 |
| 秋月之木 | 良 | 可 | 劣 | 優 | 差 |
| 冬月之木 | 差 | 可 | 劣 | 優 | 良 |

| 日干丙丁（火） | | | | | |
|---|---|---|---|---|---|
| 職業屬性 / 出生日 | 金 | 木 | 水 | 火 | 土 |
| 春月之火 | 優 | 可 | 劣 | 良 | 差 |
| 夏月之火 | 可 | 劣 | 優 | 差 | 可 |
| 秋月之火 | 差 | 優 | 劣 | 良 | 可 |
| 冬月之火 | 差 | 優 | 劣 | 良 | 可 |

| 日干戊己（土） | | | | | |
|---|---|---|---|---|---|
| 職業屬性 / 出生日 | 金 | 木 | 水 | 火 | 土 |
| 春月之土 | 差 | 劣 | 可 | 優 | 良 |
| 夏月之土 | 可 | 良 | 優 | 劣 | 差 |
| 秋月之土 | 劣 | 優 | 差 | 良 | 可 |
| 冬月之土 | 差 | 良 | 優 | 可 | 差 |

| 日干庚辛（金） | | | | | |
|---|---|---|---|---|---|
| 職業屬性 / 出生日 | 金 | 木 | 水 | 火 | 土 |
| 春月之金 | 良 | 差 | 劣 | 可 | 優 |
| 夏月之金 | 優 | 差 | 良 | 劣 | 可 |
| 秋月之金 | 劣 | 良 | 優 | 可 | 差 |
| 冬月之金 | 良 | 差 | 劣 | 可 | 優 |

| 日干壬癸（水） | | | | | |
|---|---|---|---|---|---|
| 職業屬性 / 出生日 | 金 | 木 | 水 | 火 | 土 |
| 春月之水 | 差 | 優 | 劣 | 可 | 良 |
| 夏月之水 | 良 | 劣 | 優 | 差 | 可 |
| 秋月之水 | 優 | 可 | 差 | 良 | 劣 |
| 冬月之水 | 差 | 良 | 劣 | 優 | 可 |

七

# 招財補運 DIY

# 求職與辦公室風水

不論是剛出社會的新鮮人想要謀得好工作，或者職場上的老鳥想要尋找更好的發展，求職都是一個高度競爭的挑戰。如何在眾多求職者裡，讓自己被看見、受到青睞，進而獲得錄用，除了平常就要累積自己的實力，並在面試時好好表現外，傳統民俗上也有一些方法，可以提升求職運，增加成功機會。

此外，追求事業成功更是人們共同的願景。在競爭激烈的職場中，除了具備專業技能和豐富經驗外，也可探索多元化的成功策略。善用命理、風水等古老的智慧工具，不僅能深入了解自我以及身處的環境，更能指引我們找到適合的角色，展現出一定的影響力。

## 求職前的準備

大部分的人一生之中都會遇到需要求職的時候。有些人很早就立定志向，清楚知道自己想要找哪一個類型的工作；也有一些人做了幾年的工作後，總覺得性質或環境好像跟自己不合，想要轉換跑道。

無論是屬於哪一種狀況，根據傳統民俗的方法，都可以協助找到最適合的職業類別。首先是透過生辰找出自己「金、木、水、火、土」的五行屬性，之後再參考「五行職業對照表」中的「優、良、可、差、劣」順序，歸納出最適合和最不適合的類別，詳細的方法可參考〈乙巳年命名大全〉。倘若一時之間無法找到最適合的職業類別，也可以參考其他次佳的選擇，避免陷入不適合的工作中。

## 提升面試機會

當投出履歷後，最讓人焦慮的是漫長的等待期，不知道自己是否能被選中進行面試。這段時間，人們會擔心自己的履歷是否會被看見？過去的工作經驗是否能夠加分？除了這些基本要素外，還有許多傳統的智慧，可以幫助提升履歷的能見度，避免受到阻撓。

### 求神和祈福

到大廟中透過祈福或者請求神明的加持來化解小人，讓自己的履歷可以被看到，不受負面影響。

### 配戴墨晶

民俗上，配戴墨晶有避邪、保平安的功效，更可以防止小人作祟和阻撓。墨晶能淨化環境，

廟裡拜拜

降低負面能量對身心造成影響，增加人的氣場和自信心，有助於提升能見度和吸引力。

### 配戴開運飾品

飾品除了美觀還有開運的作用，一般而言，可以根據生肖的「三合」來挑選。民俗上認為生肖三合具有吸引貴人的力量。例如，生肖屬鼠的人可以選擇配戴龍或猴造型的玉器，能夠有效提升運勢。

## 讓面試更成功

當通過篩選，終於獲得面試機會時，自然不想要讓機會溜走。除了在面試當天保持積極的心態，準備充分，好好表現外，民俗上也提供一些參考。透過這些方法，不僅可以提升整體運勢，還能在面試過程中展現自信和專業形象，增加成功機率。

### 出門方向

面試當天出門的方向，也是可以利用來接收好運的機會。如果有筆試的人可參考當天的「文昌」位在何處，其餘一般可以參考「貴方」的方向，提高貴人運。相關資訊可參考〈如何運用財喜貴方〉一章。

### 衣著

面試的衣著也非常重要，除了穿著適合行業的服裝之外，配色上也是可以用心的地方，一般來說是參考「五行」搭配衣服。以生辰找出自己的五行之後，再針對適合的顏色來穿著。顏色的使用是以色系為主，例如適合紅色的，不一定需要全身紅，而是衣服的底色、配色、內搭、飾品大方向是紅色即可。

## 五行適合色系

| | |
|---|---|
| 木 | 綠色系 |
| 火 | 紅色系 |
| 土 | 黃色系 |
| 金 | 白色系 |
| 水 | 黑色系 |

### ⊙開運飾品

配戴具有不同效果的開運飾品，也可以強化運勢。比如，粉晶有助於在異性方面建立好人緣；紫水晶則能增強智慧和判斷分析能力，同時提升好感度；綠琉璃有助於求財；五帝錢則能提升整體運勢，提高面試成功的機會。

## 職場開運

好不容易通過面試，謀得一份職務後，除了在工作上努力取得好成績外，辦公室的開運風水也是要注意的，這是一個我們會花費大量時間身處其中的空間，因此，選擇一個適合的位置和布局，可以幫助我們在工作中更加順利和舒適。

### ⊙辦公位置

對於上班族而言，辦公的位置對於整體的工作環境及表現至關重要。如果有機會能夠挑選，對於工作效率和心理狀態都會帶來正面的影響。例如，選擇靠近自然光和通風良好的地方，座位背後有靠，前無尖角，避免辦公桌直接背對大門或窗戶，這樣的布局能保持辦公室的穩定和平衡。同時，要避免坐在靠近廁所或主要動線的位置，也要遠離可能帶來負面影響的橫梁或尖銳物品。

這些看似微小的安排和調整，會在日常工作中潛移默化地提升整體的工作效率和舒適度，因此，選擇辦公室位置時，考量這些原則不僅有助於個人專注力和工作效能的提升，也能為團隊創造一個更加積極和融洽的工作環境。

## ⊙桌面擺設

此外，桌面擺設方式也與提升運氣有關，直接影響到工作效率和心情。首先，桌上應盡量避免放置會干擾工作的物品，如過多的飾品或植物、雜物，或不吉利、帶負面象徵的符號，以保持良好氣場和專注力，提升工作效率。

同時也建議將電腦或螢幕放在桌面的左側，右側放置文件和文具，並妥善收藏利器如美工刀和剪刀，以避免意外傷害和負面影響。如果桌面有空間，放置一顆偏向圓形的紫水晶，有助於增強思考能力和提升整體工作效率。

至於辦公室物品則建議是偏向溫暖、柔和的色調，這樣可以平衡情緒，提升集中力，避免過於刺激或冷淡的色彩影響效率和穩定。

綜合而言，良好的辦公室風水設置能創造積極舒適、有助於工作效率的環境，從而提升個人的自信心和效率。

適合的辦公環境示意圖

總結來說，命理、風水和擺設可以作為輔助工具，幫助在心理和環境上創造良好的條件，提升運勢，但最終的成功還是要靠自己的行動。在利用這些方法的同時，不要忽略現實生活中的努力和準備。而讀者們若有任何有關問題或需要協助的地方，也歡迎聯絡「謝沅瑾命理研究中心」，或是到謝老師的「臉書粉絲頁」留言詢問。

# 乙巳年太歲星君安奉與太歲符

「太歲」又稱「歲星」，每個人出生年與太歲都有對應關係，根據沖犯原則，就有「正沖」跟「偏沖」的概念產生。「正沖」就是正對自己的生肖年，而「偏沖」是指相隔六年。不管是正沖或偏沖，都屬不吉，都必須在年初「安奉太歲」，以求平安。而到了年尾則須「謝太歲」，感謝太歲整年的保佑。

## 太歲安奉法（年初安太歲）

**安奉地點：**可供奉在神桌上。

**安奉時間：**農曆正月初九、正月十五日，或選吉日安奉。

**安奉供品：**清茶、水果、香燭，另備壽金、太極金、天金。

**安奉方法：**將太歲符安放在正確位置後，備好香案，點三支香，心中默唸：「弟子〇〇〇因本年沖犯太歲，請太歲星君到此鎮宅，保佑平安。」香燃過一半之後，即可燒化金紙，儀式完成。

## 謝太歲法（年尾謝太歲）

**謝太歲地點：**太歲供奉處。

**謝太歲時間：**農曆十二月二十四日上午吉時。

**謝太歲供品：**清茶、水果、香燭，另備壽金、太極金、天金。

**謝太歲方法：**在安奉太歲符前，備好香案，點三支香，心中默唸：「弟子〇〇〇，今備香花四果，感謝太歲星君一年的保佑。」之後取下太歲符，同金紙一同燒化即完成。

## 今年需安太歲者：

**正沖——相蛇人：**一歲、十三歲、廿五歲、卅七歲、四九歲、六一歲、七三歲、八五歲

**偏沖——相豬人：**七歲、十九歲、卅一歲、四三歲、五五歲、六七歲、七九歲、九一歲

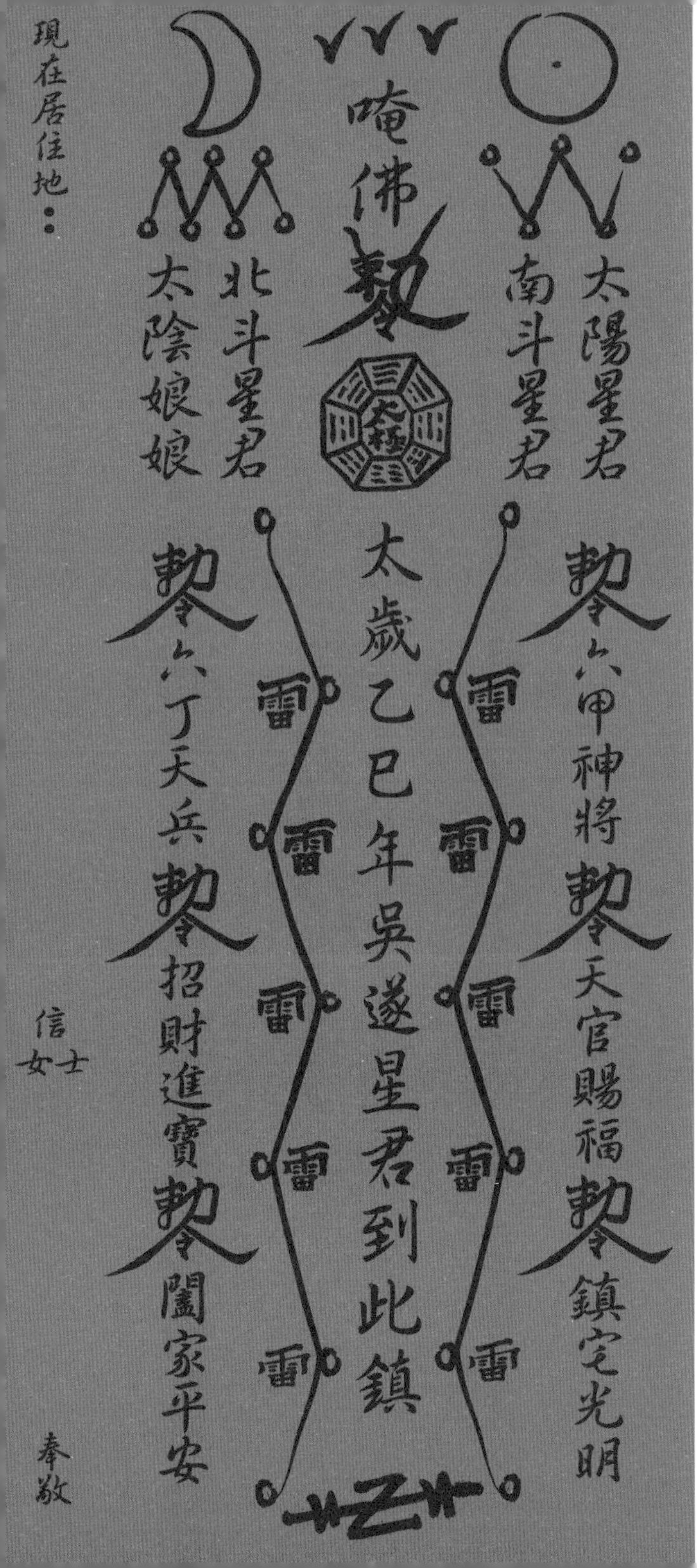
太陽星君
南斗星君
唵佛敕
北斗星君
太陰娘娘
現在居住地：
敕令
六甲神將
敕令
天官賜福
敕令
鎮宅光明
太歲乙巳年吳遂星君到此鎮
雷
雷
雷
雷
雷
雷
雷
雷
雷
雷
敕令
六丁天兵
敕令
招財進寶
敕令
闔家平安
信士
信女
奉敬

恭請

乙巳太歲吳遂大將軍

到府坐鎮

謹

## 太歲稱號之差異

根據「六十甲子」的循環，太歲星君共有六十位。目前台灣各地所供奉的太歲星君，稱號略有差異，但讀音都幾乎相近，因此有一說認為，這差異應是讀音與標記所引起。乙巳年的太歲星君為「吳遂星君」。

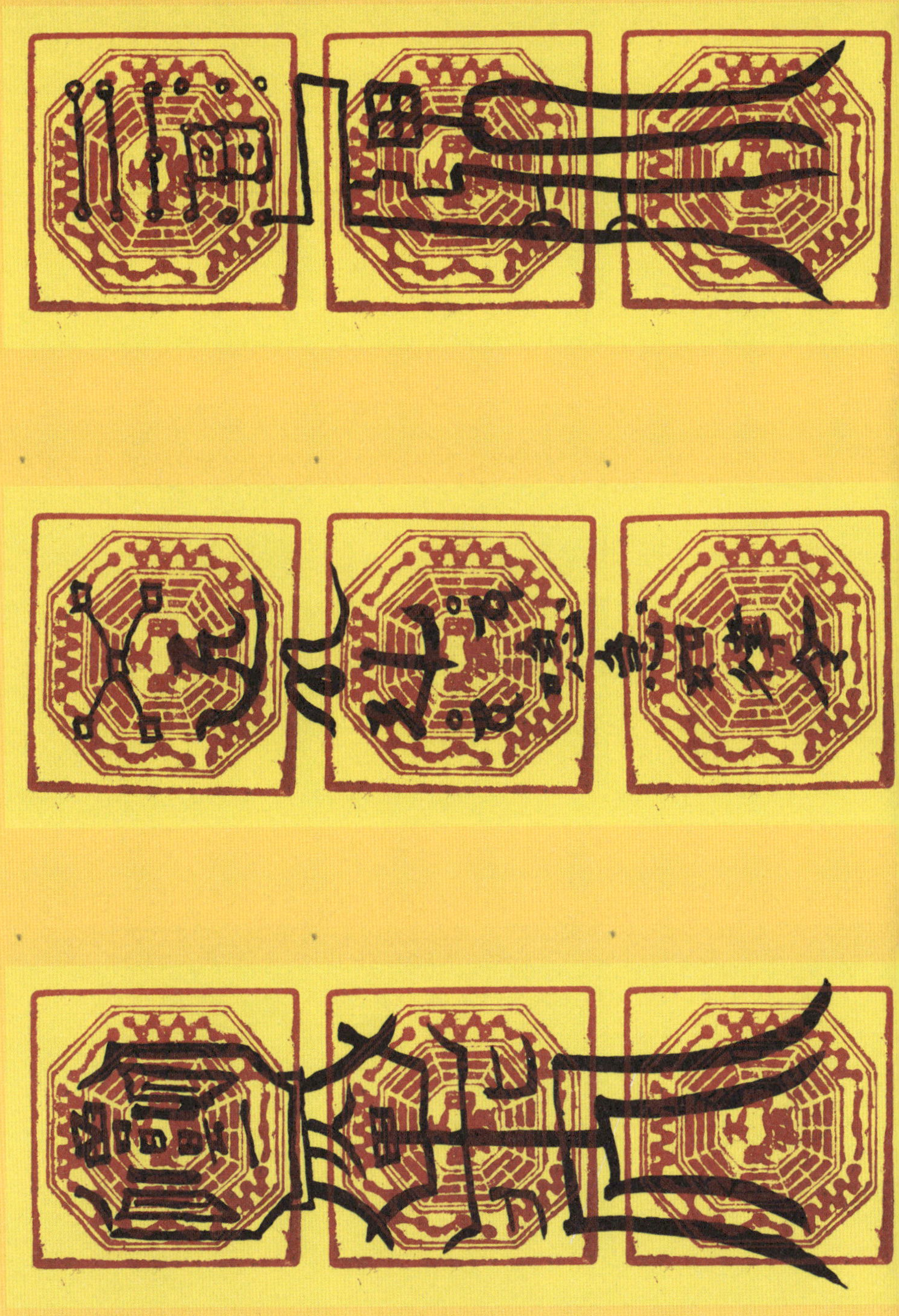

乙巳年個人招財符

謝沅瑾

命理研究中心

瑾

乙巳年居家招財符

謝沅瑾

命理研究中心

瑾

乙巳年店面招財符

謝沅瑾

命理研究中心

瑾

# 個人、店面、居家招財符

## 招財符使用說明

本次隨書附贈之「招財符三連發」（右頁，請讀者自行剪裁），分別為個人招財符、店面招財符與居家招財符。皆由謝沅瑾老師親自繪製開光，希望能帶給讀者一個好運滿滿的乙巳年。

## 使用方法

個人招財符收在皮夾裡，隨身攜帶。居家與店面招財符，則擺放在家裡或店裡的隱密處，一般來說，店面招財符可以擺放在收銀台或櫃台的收銀機、抽屜之中，居家招財符則可以擺放在家裡的財位上，可以更加催動財位。

此符有一整年之效力，使用前可以先拿到陽廟之主爐上過香火，更添效力。擺放或者攜帶一年之後，在農曆十二月廿四日送神日時，同金紙一起燒化即可。謝沅瑾老師在此還要提醒大家，平日若多行善積德，努力工作，則招財效果更佳！

個人招財符置於皮包內，居家店面招財符則置於財位隱密處。

# 謝沅瑾蛇年生肖運勢大解析

## 年年必備全方位開運工具書！


作　　者——謝沅瑾
書籍製作——謝沅瑾命理研究中心
攝　　影——高政全
責任編輯——周湘琦、徐詩淵
封面設計——點點設計×楊雅期
內頁設計——點點設計×楊雅期
副總編輯——呂增娣
總 編 輯——周湘琦

董 事 長——趙政岷
出 版 者——時報文化出版企業股份有限公司
108019 台北市和平西路三段二四〇號二樓
發行專線（02）2306-6842
讀者服務專線　0800-231-705、（02）2304-7103
讀者服務傳真（02）2304-6858
郵撥　19344724 時報文化出版公司
信箱　10899 臺北華江橋郵局第 99 信箱
時報悅讀網— http://www.readingtimes.com.tw
電子郵件信箱— books@readingtimes.com.tw
時報出版風格線臉書— https://www.facebook.com/bookstyle2014
法律顧問——理律法律事務所　陳長文律師、李念祖律師
印　　刷——華展印刷有限公司
初版一刷——2024 年 11 月 15 日
初版二刷——2025 年 1 月 15 日
定　　價——新台幣 499 元

謝沅瑾蛇年生肖運勢大解析：年年必備全方位開運工具書！/ 謝沅瑾著 . -- 初版 . -- 臺北市：時報文化出版企業股份有限公司 , 2024.11
面；　公分
ISBN 978-626-396-963-6( 平裝 )
1.CST: 改運法 2.CST: 命書
295.7　　113016461

ISBN 978-626-396-963-6
Printed in Taiwan

EASE
Eau de Parfum
EASE
Aromatic oils from France
午後1.38
1.38
30ml
Ease your mind and embrace the romantic scent. This is how life should be.
在香氛的殿堂內，放鬆心情，擁抱浪漫的香氣，生活就該如此
Facebook
Instagram
ease官方網站

\ 大象杯S新色 /

# 甜蜜馬卡龍

新升級！

## 光滑細緻無接縫設計

✔ 內層升級「無接縫」版本
✔ 雙層頂級 316 不鏽鋼
✔ 熱飲不燙手、冷飲不流汗

好環保！

## 杯蓋通用隨時切換

✔ 搭配食品級 PP 三代杯蓋
✔ 保溫杯、透明杯隨時切換

超輕盈！

## 輕盈便攜愛不釋手

✔ 大杯僅 0.34 公斤
✔ 小杯僅 0.26 公斤
✔ 比市售重量減少 20%

elephantcuppa.com　elephantcuppaworld　elephantcuppa

elephant
cuppa

## “大象杯與大象杯S－最理想的環保杯”

Elephant Cuppa 團隊的使命是開發出兼具便利性、功能性與耐用性的產品，讓環保不再是一項選擇，而是一種自然而然的生活方式。我們深信，只有當人們在日常中輕鬆自如地使用環保產品，才能真正邁向減塑生活，從而有效降低對環境的污染和損害。

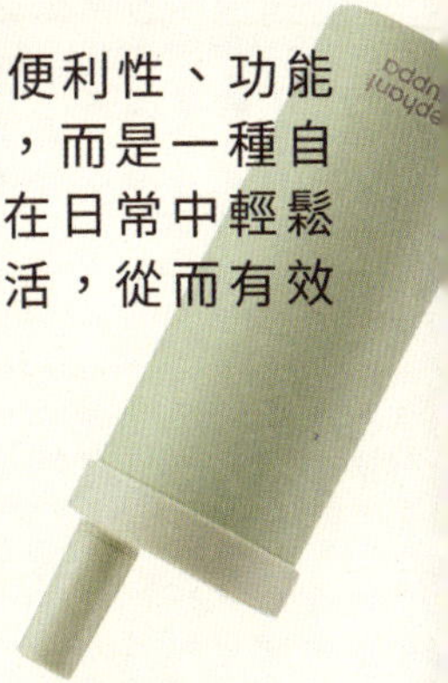

### 六大特色

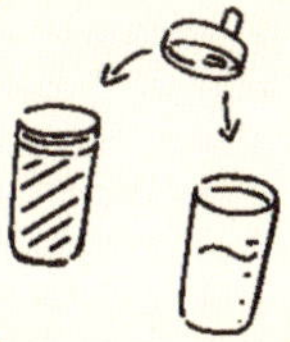

杯蓋共用
盡情搭配

首創吸管蓋
與專屬收納槽

堅固耐用
緊密防漏

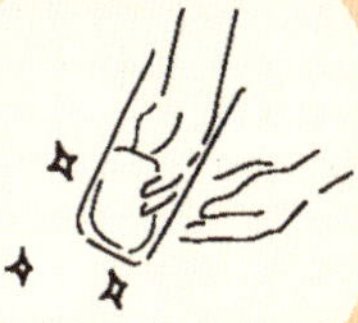

寬口徑杯身
滿足多用途

圓潤觸感
細緻杯口

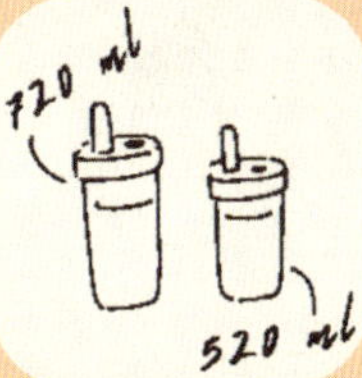


輕巧便攜
時刻相伴